中国智能城市建设与推进战略研究丛书
Strategic Research on Construction and
Promotion of China's iCity

国家出版基金项目
NATIONAL PUBLICATION FOUNDATION

中国
智能商务与金融
发展战略研究

中国智能城市建设与推进战略研究项目组 编

ZHEJIANG UNIVERSITY PRESS
浙江大学出版社

图书在版编目（CIP）数据

中国智能商务与金融发展战略研究 / 中国智能城市
建设与推进战略研究项目组编. -- 杭州：浙江大学出版
社，2016.5
　（中国智能城市建设与推进战略研究丛书）
　ISBN 978-7-308-15897-8

　Ⅰ．①中… Ⅱ．①中… Ⅲ．①商务－经济发展战略－
研究－中国②金融－经济发展战略－研究－中国 Ⅳ.
①F72②F832

中国版本图书馆CIP数据核字(2016)第116941号

中国智能商务与金融发展战略研究

中国智能城市建设与推进战略研究项目组　编

出 品 人　鲁东明
策　　划　徐有智　许佳颖
责任编辑　金佩雯　许佳颖
责任校对　杨利军　汪淑芳
装帧设计　俞亚彤
出版发行　浙江大学出版社
　　　　　（杭州市天目山路148号　邮政编码　310007）
　　　　　（网址：http://www.zjupress.com）
排　　版　杭州林智广告有限公司
印　　刷　浙江印刷集团有限公司
开　　本　710mm×1000mm　1/16
印　　张　15.75
字　　数　233千
版 印 次　2016年5月第1版　2016年5月第1次印刷
书　　号　ISBN 978-7-308-15897-8
定　　价　88.00元

"中国智能商务与金融发展战略研究"
课题组成员

课题组组长

张尧学	中南大学	院士、校长

课题组副组长

黄健柏	中南大学	教授、常务副校长

课题组成员

邓 超	中南大学	教 授
郑传均	中南大学	副教授
杨怀东	中南大学	副教授
邵留国	中南大学	副教授
张红宇	中南大学	副教授
唐 莹	中南大学	博士生
李维特	中南大学	硕士生

序

"中国智能城市建设与推进战略研究丛书"，是由 47 位院士和 180 多名专家经过两年多的深入调研、研究与分析，在中国工程院重大咨询研究项目"中国智能城市建设与推进战略研究"的基础上，将研究成果汇总整理后出版的。这套系列丛书共分 14 册，其中综合卷 1 册，分卷 13 册，由浙江大学出版社陆续出版。综合卷主要围绕我国未来城市智能化发展中，如何开展具有中国特色的智能城市建设与推进，进行了比较系统的论述；分卷主要从城市经济、科技、文化、教育与管理，城市空间组织模式、智能交通与物流，智能电网与能源网，智能制造与设计，知识中心与信息处理，智能信息网络，智能建筑与家居，智能医疗卫生，城市安全，城市环境，智能商务与金融，智能城市时空信息基础设施，智能城市评价指标体系等方面，对智能城市建设与推进工作进行了论述。

作为"中国智能城市建设与推进战略研究"项目组的顾问，我参加过多次项目组的研究会议，也提出一些"管见"。总体来看，我认为在项目组组长潘云鹤院士的领导下，"中国智能城市建设与推进战略研究"取得了重大的进展，其具体成果主要有以下几个方面。

20 世纪 90 年代，世界信息化时代开启，城市也逐渐从传统的二元空间向三元空间发展。这里所说的第一元空间是指物理空间（P），由城市所处物理环境和城市物质组成；第二元空间指人类社会空间（H），即人类决策与社会交往空间；第三元空间指赛博空间（C），即计算机和互联网组成的"网络信息"空间。城市智能化是世界各国城市发展的大势所趋，只是各国城市发展阶段不同、内容不同而已。目前国内外提出的"智慧城市"建设，主要集中于第三元空间的营造，而我国城市智能化应该是"三元空间"彼此协调，

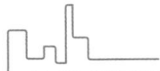

使规划与产业、生活与社交、社会公共服务三者彼此交融、相互促进，应该是超越现有电子政务、数字城市、网络城市和智慧城市建设的理念。

新技术革命将促进城市智能化时代的到来。关于新技术革命，当今世界有"第二经济""第三次工业革命""工业4.0""第五次产业革命"等论述。而落实到城市，新技术革命的特征是：使新一代传感器技术、互联网技术、大数据技术和工程技术知识融入城市的各系统，形成城市建设、城市经济、城市管理和公共服务的升级发展，由此迎来城市智能化发展的新时代。如果将中国的城镇化（城市化）与新技术革命有机联系在一起，不仅可以促进中国城市智能化进程的良性健康发展，还能促使更多新技术的诞生。中国无疑应积极参与这一进程，并对世界经济和科技的发展作出更巨大的贡献。

用"智能城市"（Intelligent City，iCity）来替代"智慧城市"（Smart City）的表述，是经过项目组反复推敲和考虑的。其原因是：首先，西方发达国家已完成城镇化、工业化和农业现代化，他们所指的智慧城市的主要任务局限于政府管理与服务的智能化，而且其城市管理者的行政职能与我国市长的相比要狭窄得多；其次，我国正处于工业化、信息化、城镇化和农业现代化"四化"同步发展阶段，遇到的困惑与问题在质和量上都有其独特性，所以中国城市智能化发展路径必然与欧美有所不同，仅从发达国家的角度解读智慧城市，将这一概念搬到中国，难以解决中国城市面临的诸多发展问题。因而，项目组提出了"智能城市"（iCity）的表述，希冀能更符合中国的国情。

智能城市建设与推进对我国当今经济社会发展具有深远意义。智能城市建设与推进恰好处于"四化"交汇体上，其意义主要有以下几个方面。一是可作为"四化"同步发展的基本平台，成为我国经济社会发展的重要抓手，避免"中等收入陷阱"，走出一条具有中国特色的新型城镇化（城市化）发展之路。二是把智能城市作为重要基础（点），可促进"一带一路"（线）和新型区域（面）的发展，构成"点、线、面"的合理发展布局。三是有利于推动制造业及其服务业的结构升级与变革，实现城市产业向集约型转变，使物质增速减慢，价值增速加快，附加值提高；有利于各种电子商务、大数据、云计算、物联网技术的运用与集成，实现信息与网络技术"宽带、泛在、移动、融合、安全、绿色"发展，促进城市产业效率的提高，形成新的生产要素与新的业态，为创业、就业创造新条件。四是从有限信息的简单、线性决策发展到城市综合系统信息的网络化、优化决策，从而帮助政府提高城市管理服务水平，促进深化城市行政体制改革与发展。五是运用新技术使城市建筑、道路、交通、能源、资源、环境等规划得到优化及改善，提高要素使用效率；使城市历史、地貌、本土文化等得到进一步保护、传承、发展与升华；实现市民健康管理从理念走向现实等。六是可以发现和培养一批适应新技术革命趋势的城市规划师、管理专家、高层次科学家、数据科学与安全专家、工程技术专家等；吸取过去的经验与教训，重视智能城市运营、维护中的再创新（Renovation），可以集中力量培养一批基数庞大、既懂理论又懂实践的城市各种功能运营维护工程师和技术人员，从依靠人口红利，逐渐转向依靠知识与人才红利，支撑我国城市智能化健康、可持续发展。

综上所述，"中国智能城市建设与推进战略研究丛书"的内容丰富、观点鲜明，所提出的发展目标、途径、策略与建议合理且具可操作性。我认为，这套丛书是具有较高参考价值的城市管理创新与发展研究的文献，对我国新型城镇化的发展具有重要的理论意义和应用实践价值。相信社会各界读者在阅读后，会有很多新的启发与收获。希望本丛书能激发大家参与智能城市建设的热情，从而提出更多的思考与独到的见解。

我国是一个历史悠久、农业人口众多的发展中国家，正致力于经济社会又好又快又省的发展和新型城镇化建设。我深信，"中国智能城市建设与推进战略研究丛书"的出版，将对此起到积极的、具有正能量的推动作用。让我们为实现伟大的"中国梦"而共同努力奋斗！

是以为序！

徐匡迪

2015 年 1 月 12 日

前　言

2008 年，IBM 提出了"智慧地球"的概念，其中"Smart City"即"智慧城市"是其组成部分之一，主要指 3I，即度量（Instrumented）、联通（Interconnected）、智能（Intelligent），目标是落实到公司的"解决方案"，如智慧的交通、医疗、政府服务、监控、电网、水务等项目。

2009 年年初，美国总统奥巴马公开肯定 IBM 的"智慧地球"理念。2012年 12 月，美国国家情报委员会（National Intelligence Council）发布的《全球趋势 2030》指出，对全球经济发展最具影响力的四类技术是信息技术、自动化和制造技术、资源技术以及健康技术，其中"智慧城市"是信息技术内容之一。《2030 年展望：美国应对未来技术革命战略》报告指出，世界正处在下一场重大技术变革的风口浪尖上，以制造技术、新能源、智慧城市为代表的"第三次工业革命"将在塑造未来政治、经济和社会发展趋势方面产生重要影响。

在实施《"i2010"战略》后，2011 年 5 月，欧盟 Net!Works 论坛出台了 *Smart Cities Applications and Requirements* 白皮书，强调低碳、环保、绿色发展。之后，欧盟表示将"Smart City"作为第八期科研架构计划（Eighth Framework Programme，FP8）重点发展内容。

2009 年 8 月，IBM 发布了《智慧地球赢在中国》计划书，为中国打造六大智慧解决方案：智慧电力、智慧医疗、智慧城市、智慧交通、智慧供应链和智慧银行。2009 年，"智慧城市"陆续在我国各层面展开，截至 2013 年 9月，我国总计有 311 个城市在建或欲建智慧城市。

中国工程院曾在 2010 年对"智慧城市"建设开展过研究，认为当前我国城市发展已经到了一个关键的转型期，但由于国情不同，"智慧城市"建设在我国还存在一定问题。为此，中国工程院于 2012 年 2 月启动了重大咨询研究项目"中国智能城市建设与推进战略研究"。自项目开展以来，很多城市领导和学者都表现出浓厚的兴趣，希望投身到智能城市建设的研究与实践中来。在各界人士的大力支持以及中国工程院"中国智能城市建设与推进战略研究"项目组院士和专家们的努力下，我们融合了三方面的研究力量：国家有关部委（如国家发改委、工信部、住房和城乡建设部等）专家，典型城市（如北京、武汉、西安、上海、宁波等）专家，中国工程院信息与电子工程学部、能源与矿业工程学部、环境与轻纺工程学部、工程管理学部以及土木、水利与建筑工程学部等学部的 47 位院士及 180 多位专家。研究项目分设了 13 个课题组，涉及城市基础建设、信息、产业、管理等方面。另外，项目还设 1 个综合组，主要任务是在 13 个课题组的研究成果基础上，综合凝练形成"中国智能城市建设与推进战略研究丛书"综合卷。

两年多来，研究团队经过深入现场考察与调研、与国内外专家学者开展论坛和交流、与国家主管部门和地方主管部门相关负责同志座谈以及团队自身研究与分析等，已形成了一些研究成果和研究综合报告。研究中，我们提出了在我国开展智能城市（Intelligent City，iCity）建设与推进会更加适合中国国情。智能城市建设将成为我国深化体制改革与发展的促进剂，成为我国经济社会发展和实现"中国梦"的有力抓手。

目　录
CONTENTS

第3章　智能商务与金融建设与推进的总体战略

第4章 智能商务与金融的产业化发展

第5章 智能商务与金融的重点建设内容

第6章 我国智能商务与金融的发展实践

第7章　智能商务与金融发展战略的实施保障体系和措施建议

第1章

iCity 智能商务与金融的
产生背景和技术环境

在网络、虚拟和移动化的背景下，我们身处的世界正变得更小、更平、更智慧。个人、企业、城市、国家以及一切系统都在实现数字化和互联互通，个人生活、企业运行、金融服务、政府监管都将进行转型。基于互联网的商务与金融活动具有不同于传统经济活动的本质特征。

一、何为智能商务与金融

基于智能城市建设的智能商务与金融研究是一项前沿性课题，现有理论研究及应用还处于起步阶段，对智能商务与金融的内涵、产业范围、运行方式、业务模式等关键问题尚无清晰的界定。

（一）智能商务的概念与内涵

随着信息技术的发展，商务的智能化已成为必然趋势。传统的概念是商务智能（business intelligence，BI）。商务智能又称商业智能，最早由 Gartner Group 的 Howard Dresner 于 1989 年提出。他认为，智能商务是通过建立基于事实的信息系统，利用数据仓库相关技术帮助企业快速地收集、管理和分析数据，进而将数据转化为有价值的信息，辅助企业进行决策，其本质在于利用各种智能技术提升企业的竞争力。

2011 年，IBM 公司针对快速变化的商务环境提出了智能商务（smarter commerce）的概念，即通过沟通、协作、流程优化和分析，帮助企业在各商务环节寻求更智慧的途径，整合运作流程，加强互动，提升价值。IBM 认为，随着互联网、云计算、社交媒体、移动商务等新科技的发展，商务环境已发生显著变化，企业必须通过新的智能商务技术，创造新的商务模式，以更加智能的方式进行商务活动。

目前对智能商务的定义尚未达成共识，关于其定义，大致可分为学术界和企业界两类。学术界侧重于从学科、分析方法、数据整合的角度进行阐述，而企业界则更侧重于从管理和应用的角度来界定。

1. 学术界对智能商务的定义

Davenport（2006）归纳认为，智能商务是通过大量运用数据、统计与数量分析、探索与预测模型以及基于实际的管理来促进决策和行动的。Sircar（2009）进一步指出，智能商务的范围是管理科学（模型和数量方法）、统计（数据分析和数据挖掘）和信息技术（数据库）三者的相交处。Brannon（2010）认为，智能商务是指采用一系列技术和方法进行数据的收集、储存、分析，以便帮助企业做出更优的商务决策，智能商务系统将代替决策支持系统，并使得企业的多种报告工具更加便利。典型的智能商务系统包含数据来源系统、交易数据、数据储存库、数据终端显示、报告和分析工具等组成部分。Business Objects 公司创始人伯纳德·利奥托德（Bernard Liautaud）曾提出，智能商务是通过采用一系列方法、技术、过程和软件，并提供针对不同企业规模和特点的解决方案，帮助企业提高企业决策能力和运营能力的概念。

李维特（2012）和徐绚等（2004）认为，智能商务是一项技能，该技能起到整合与分析企业数据、提炼数据信息、发现知识的作用，从而帮助企业管理者调整产品结构，改进销售渠道，完善业务流程，辅助企业决策者优化企业资源，搜寻新的商业机会，预测企业发展趋势，最终提高企业市场竞争优势。焦慧敏等（2006）定义：智能商务是通过挖掘企业内外部数据信息，加强对竞争者、客户和市场的识别，为企业决策者提供科学决策依据的工具。赵卫东（2009）认为，智能商务是指站在企业战略的角度，结合现代化信息技术和管理模式，通过对企业数据的整合和提炼来创造商业价值，并辅助企业决策层、管理层和业务层充分发挥各自的水平，为企业创造更大的赢利机会，帮助企业提升竞争优势。

2. 企业界对智能商务的定义

Business Objects 公司认为，智能商务是通过对企业数据库中海量的、不完整的数据进行提炼和分析的过程，该过程融合信息共享和知识创造，完

美地将信息转化为知识，最终为企业获得竞争优势和丰厚的利润。微软（Microsoft）公司把智能商务定义为管理者利用应用程序和技术，通过收集、存储、分析、共享企业业务数据并提供数据访问，使企业了解市场和客户，从而做出更好的业务决策，简言之，智能商务是对企业积累的数据信息资产进行再利用，将其转化为企业商务价值的过程。甲骨文（Oracle）公司认为，智能商务是一种商业战略，运用智能商务技术来透析市场状况、竞争对手水平和客户需求，然后有针对性地改变企业自身的管理理念、经营方式和业务流程，使企业价值活动始终围绕客户开展。SAP 公司认为，智能商务就是将企业运营相关的数据系统地、快速地、准确地转化为有助于决策所需的关键业务信息的过程（李维特，2012）。

传统的智能商务主要涉及数据仓库相关技术与应用，其直接目的是利用各种智能技术提升企业的商业竞争力，重点应用于生产制造业，其次是商业服务业。其演进过程经历了事务处理系统（transaction processing systems，TPS）、经理信息系统（executive information system，EIS）、管理信息系统（management information system，MIS）、决策支持系统（decision support system，DSS）等阶段，最终演变成今天的智能商务。

3. 本书对智能商务的界定

我们认为，智能商务（smarter business）是对全部商务活动的智能化改造过程，即综合运用各种现代信息技术和管理方法，对组织及个人的各项商务活动的决策与管理、交易的达成与实现等进行持续智能化改造和优化的过程，简而言之，即生产与服务全部商务活动的数字化—信息化—智能化的不断演进的过程。

智能商务属于新型服务业，服务于智能城市和虚拟城市，是我国战略性新兴产业的重要组成部分。

需要特别说明的是，智能商务不仅包含电子商务，还涵盖商务运营的全部活动过程，从采购、库存、销售、仓储物流，到结算、融资、金融市场等业务环节的决策、管理控制及交易与服务的实现，都可实现智能化。智能商务建设主要集中在电子商务（含跨境电子商务）、供应链管理（如智能物流）、商业服务、行业监管、电子政务等领域。智能商务建设关键在于管理理念、运营模式和赢利模式的创新。由于新技术和运营理念的不断出现与突破，智能商务将是一个不断演进的过程，只有起点，没有终点。

国内外关于智能商务的界定与本书存在较大差异，主要体现在以下三方面。

（1）概念不同。传统的智能商务主要是指信息技术在生产企业内部的应用，而智能商务不仅仅是技术问题，它是一个系统、综合、动态的概念，不仅包含电子商务，而且涵盖制造业和服务业商务运营的全部活动过程。

（2）定位不同。现有的智能商务研究以企业为主体，研究企业市场策略，侧重于超级信息系统建设，而本书指的智能商务是以产业为主体，研究商务产业发展战略，侧重城市与经济社会建设，强调争取产业发展与信息安全的主动权。

（3）研究目的不同。现有的智能商务研究以企业赢利为目的，强调技术输出与战略控制，而本书指的智能商务基于"生活更美好"，将商务智能化的宗旨定位于使人更轻松地工作，更幸福地享受生活。

（二）智能金融的概念与内涵

"智能金融"（smart finance）是随着社会进步、产业发展以及信息技术的广泛应用而逐步衍生出的概念。智能金融概念的正式提出始于 20 世纪 90 年代初期，Robert R. Trippi 于 1996 年出版的《金融与投资中的人工智能》（*Artificial Intelligence in Finance and Investing*）可以说是众多论述中的代表作之一。Robert 在该书中认为，智能金融就是利用基于金融知识的系统进行证券选择和投资组合管理。

随着金融业信息化进程的不断深入以及电子商务、移动互联网的飞速发展，基于互联网的金融交易平台正逐步取代以物理形态存在的传统金融交易场所，金融机构正逐步向虚拟的存在形态演化。以客户需求为核心，各金融主体之间的开放、分享和协作，追求链条整体利润最大化，正逐步成为金融机构越来越广泛认同的经营理念。借助移动互联网实现各种金融活动，如网

络货币、网络银行、网络证券、网络保险和网上清算等新的金融形式，正冲击着传统的金融理念（殷宪龙，2014）。与此相适应，人们对未来金融业发展的认知也在不断深化，学术界和企业界从不同视角对"智能金融"赋予了深刻而广博的内涵。

1. 学术界对智能金融的定义

中国智能金融研究院潘和平教授在第二届智能金融国际学术会议上从科学化的理论视角对智能金融的内涵进行了较为抽象性的描述。他认为智能金融是面向全球金融市场的全面的、预测性的、动态的、战略性的分析技术，是一个新兴的金融投资科学技术体系，也是继经济金融和计量金融之后金融学的最新发展阶段（田丹，2011）。

上海金融学院信息管理学院元如林教授则是从信息化发展阶段的视角分析，认为智能金融通俗地反映了金融信息发展所处的阶段，指出智能金融的目标是利用信息技术帮助人们实现更加便捷的支付结算、更加及时的金融服务、更加安全的财富管理，最终实现更加美好的幸福生活（周欢等，2012）。

2. 企业界对智能金融的定义

2009 年 IBM 公司提出"智慧地球"概念时，从金融产业发展的视角对"智慧金融系统"进行了阐释：基于最新信息技术，对现有金融系统进行智能提升；通过智能分析和海量数据处理，搭建高效、安全、智能的便捷金融服务平台；通过金融创新，为"智慧产业"提供融资渠道和平台，引导城市经济发展方式转型；通过金融系统互联以及金融信息化（例如自助柜台、手机银行等电子支持），构建安全、便利的金融支付系统。同时，IBM 公司提出了智能银行的发展愿景：更透彻的感应和度量、更全面的互联互通、更深入的智能洞察。

上海软件对外贸易联盟理事长赵之凡认为，智能金融概念的内涵在于，在专业软件服务提供商为金融业提供与时俱进的高水平软件和信息服务的情况下，金融企业可以致力于商业模式的创新，并挖掘信息，创新金融服务。

财经撰稿人、常驻首尔的金融业人士芮晓恒（2013）通过对韩国近年来基于移动终端快速发展的智能金融的观察，从银行业的角度定义了智能金融：

智能金融一般是指基于智能终端设备的金融服务新模式，不仅包括查询转账、交易、支付等常规功能，还包括由此而衍生的各种增值金融服务。他还总结了智能金融在银行业的未来发展方向是智能手机银行、智能网点、开放式网上银行、在线网点、便携式银行和社交网络银行。智能金融通过提供更加便捷的平台、更加高效的数据分析以及更加贴近客户需求的服务，改造人们的金融生活方式，改造银行业的运营方式，进而改造整个金融业的面貌。

3. 本书对智能金融的界定

基于智能城市建设的视角，我们认为"智能金融"是智能城市建设的重要组成部分，是金融信息化的高级发展阶段。在这个发展阶段，现代信息技术与金融行业的组织结构、业务流程、产品开发、客户服务、客户体验和风险管理等领域高度融合，是一种以最大限度满足客户需求为核心境界的金融体系运行理念，是一种以"海量信息—知识汇集—科学决策"为核心内容的金融体系运行机制，是一种以更加稳定、高效为核心目标的金融体系运行形态。具体表现在以下五个方面：

（1）通过动态的 IT 基础架构，及时响应客户在金融业务方面的需求；

（2）通过对海量数据、高频数据、大数据的智能分析与优化，提升金融机构、投资者的金融交易决策支持能力；

（3）通过灵活感知客户行为模式的变化，为客户提供个性化、便捷化的金融产品与服务；

（4）通过金融系统之间、金融系统与其他平台的互联，以及自助柜台、移动平台、网络银行、手机银行等电子支持，发展安全、便利、快捷的金融支付系统；

（5）通过各种工具加强金融机构内部风险管理，规避金融风险。

二、智能商务与金融的产生背景

随着社会经济的繁荣、社会需求的发展和变化、科学技术的提升和网络经济的发展，人们开始寻求更加便捷的商业与金融服务和更加安全的财富管

理，以最终实现更加美好的幸福生活。正因为传统商务与金融已无法满足人们的需求，智能商务与金融才应运而生。

（一）社会经济的繁荣

据国家统计局初步核算，2014 年我国 GDP 首破 60 万亿元，达到 636 463 亿元，同比增长 7.4%，增速滑落至 1990 年以来的新低。分季度看，第一季度同比增长 7.4%，第二季度同比增长 7.5%，第三季度同比增长 7.3%，第四季度同比增长 7.3%。分产业看，第一产业增加值为 58 332 亿元，比上年增长 4.1%；第二产业增加值为 271 392 亿元，增长 7.3%；第三产业增加值为 306 739 亿元，增长 8.1%。从环比看，第四季度国内生产总值增长 1.5%。2015 年我国 GDP 达到 67.67 万亿元。

据中国人民银行发布的《中国金融市场发展报告（2014）》，面对复杂多变的国际环境和艰巨繁重的国内改革发展稳定任务，中国经济在全面深化改革和做好宏观调控的预调微调等基础上，实现了合理区间运行，经济结构出现积极变化，为金融市场的持续创新与规范发展提供了现实基础。从全年的运行情况看，金融市场市场规模显著扩大，结构更加完善，创新不断推出，制度规范日益健全，对外开放稳步推进，支持实体经济发展能力进一步提高。

目前，我国经济继续保持持续健康发展，仍具备难得的机遇和有利条件，城镇化、信息化、工业化和农业现代化进程加快，具有巨大的增长空间和潜力。

（二）市场需求的发展和变化

2015 年，全年全社会固定资产投资 562 000 亿元，比上年增长 9.8%，扣除价格因素，实际增长 11.8%。其中，固定资产投资（不含农户）551 590 亿元，增长 10.0%。在固定资产投资（不含农户）中，第一产业投资 15 561 亿元，比上年增长 31.8%；第二产业投资 224 090 亿元，增长 8.0%；第三产业投资 311 939 亿元，增长 10.6%。基础设施投资 101 271 亿元，增长 17.2%，占固定资产投资（不含农户）的比重为 18.4%。民间固定资产投资 354 007 亿元，增长 10.1%，占固定资产投资（不含农户）的比重为 64.2%。高技术产业投资 32 598 亿元，增长 17.0%，占固定资产投资（不含农户）的比重为 5.9%（国家统计局，2016）。由此可见，我国市场消费需求旺盛。

随着消费市场的发展，市场需求层面也在不断变化，呈现出多种新趋势。①用户需求更加多元化和个性化。随着互联网的普及和发展，用户可以享受的应用服务的种类日趋丰富，从而对服务的选择权更大。在满足传统消费需求的基础上，用户能够寻求更为多元和个性化的服务。②用户需求全球化。互联网的发展使用户摆脱了地域的限制，促进了消费需求的全球化。③用户要求便捷化。现代社会的生活节奏越来越快，在实现基本需求的基础上，用户更倾向于选择方便快捷的服务，以节约时间。

（三）科学技术的提升

在社会经济迅猛发展的同时，网络科学技术也在不断提升，物联网、移动互联、云计算等新技术得到蓬勃发展和应用。

1. 物联网技术的发展

物联网是继计算机、互联网和移动通信之后的又一个产值可以达到万亿元级别的新经济增长点。美国咨询机构 Forrester Research 预测，到 2020 年，物联网上物与物互联的通信量和人与人的通信量相比，将达到 30∶1。由物联网应用带动的射频识别（radio frequency identification，RFID）、无线传感器网络（wireless sensor network，WSN）技术，以及互联网、无线通信、软件技术、芯片与电子元器件产业，将会发展成为一个上万亿元规模的高科技市场。物联网将人类生存的物理世界网络化、信息化，将分离的物理世界和信息空间互联整合，这是未来网络的发展趋势。目前，物联网相关技术已成为各国竞争的焦点。物联网是第三次信息化浪潮的战略制高点，其大规模应用将有效促进工业化和信息化"两化融合"，成为经济转型期产业升级、技术进步、经济发展的重要推动力。

物联网作为战略性新兴产业，在政府的高度重视下正迅速推进，《国务院关于加快培育和发展战略性新兴产业的决定》《物联网"十二五"发展规划》《"十二五"国家战略性新兴产业发展规划》等促进物联网产业发展的扶持政策相继出台，为中国物联网产业发展注入了强大动力。目前，我国物联网处于初级发展阶段，与互联网相比，产值差距巨大。在产业规模方面，我国物联网发展与全球同处于起步阶段，初步具备了一定的技术、产业和应用基础，呈现出良好的发展态势（饶小平，2013）。

当下，我国物联网已形成包括芯片和元器件、设备、软件、系统集成、电信运营、物联网服务在内的较为完整的产业链，2014 年产业规模超过 6 000 亿元，其中机器到机器（M2M）终端数量超过 6 000 万台，无线射频识别产业规模超过 300 亿元，传感器市场规模接近 1 000 亿元。国际权威机构估算，未来 20 年，工业互联网的发展至少可以给中国带来 3 万亿美元的 GDP 增量。由于物联网具有知识密集度高、成长潜力大、综合效益好等特点，它已成为中国战略性新兴产业的重要组成部分，这对培育新的经济增长点、推动产业结构转型升级、提升社会管理与公共服务的效率和水平具有重要意义。

2. 移动互联网技术的发展

艾瑞咨询数据显示，2014 年是移动互联网飞速发展的一年：网络环境提升，为移动互联网夯实通信基础；网络入口多元化，使移动互联网全面渗透用户生活；新型垂直服务涌现，商业模式不断创新。2014 年移动互联网之所以持续高速增长，一是因为智能手机大面积普及，移动端庞大的用户基数已定型；二是因为电商、游戏、广告等传统 PC 经济已逐渐适应移动端发展，并且在已有商业模式基础上，不断拓展出创新应用及服务，带来持续的市场增长。据统计，2014 年中国移动互联网市场规模为 2 134.8 亿元，突破千亿元大关，同比增长 115.5%；移动互联网市场保持快速增长，商业环境逐渐成熟。移动互联网正在深刻影响人们的日常生活，移动互联网市场已进入高速发展通道。

3. 云计算技术的发展

云计算是互联网发展的重要阶段，云计算技术的出现极大地提高了互联网资源的使用效率，为数据的计算、存储提供了赖以支撑的技术基础。云计算的发展为大数据的进一步应用提供了充足的条件，使大数据广泛应用于企业、社会、个人生活的各个方面。

2008 年全球云产业产值是 10 亿美元，占全球 IT 产业总产值的 4%，2012 年其产值达 IT 产业总产值的 9%，到 2016 年将达 IT 产业总产值的 15%。根据调研机构 Gartner Group 的数据，2015 年全球云计算产值为 1 750 亿美元，随着更多企业、机构、政府部门使用云计算，未来四年产值将进一步增至 3 120 亿美元。预计到 2020 年，云计算产业产值将达 IT 产业总产值的 30% ~ 50%，产值将突破万亿美元大关。

自 2011 年以来，我国云计算已经从前期的起步阶段开始进入实质性发展阶段，通信基础持续夯实，进入加快跟进阶段。互联网公司、基础运营商、软硬件 IT 企业及各地政府等多方力量都在积极推动云计算发展，涵盖云计算服务（SaaS[①]、PaaS[②]、IaaS[③]、基础设施）、云计算软硬件（软件、硬件）、云计算支持服务（评估认证、咨询设计、系统集成）等主要环节的云计算链初步形成。例如，清华大学已建立一个存储容量为 72TB，可供 1.3 万名用户使用的云存储平台；国家超级计算深圳中心、广东电子工业研究院也纷纷在云计算技术方面占领发展先机。

2015 年是中国云计算的一个重要时间点，亚马逊、微软、IBM 等开始利用技术优势布局中国云计算市场，三大运营商相继推出"大云""天翼云""沃云"等品牌，强势进入云计算市场。云计算本身也度过了概念驱动的阶段，有关云计算市场的需求呈现爆发性增长。

云计算革命将成为人类社会的第三次重大革命。尽管目前无法预知这次革命的具体结果，但是它必定会给人类带来一条新的发展路径，使人类可以

---

① SaaS：软件即服务（software-as-a-service）。
② PaaS：平台即服务（platform-as-a-service）。
③ IaaS：基础设施即服务（infrastructure-as-a-service）。

拥有创造和谐安全的生存环境的能力。

（四）网络经济的发展

作为 20 世纪最伟大的发明，互联网从诞生之日起就被赋予了提升人们生活质量的使命。电子商务、支付缴费、融资理财、网络社交等网络服务日益风行，足不出户享受便捷生活已经成为现实。

1. 电子商务的发展

中国电子商务研究中心数据显示，2015 年中国电子商务市场整体交易规模为 16.2 万亿元，其中企业网购市场交易规模占电商整体交易规模的近八成，同比增长 27.2%。自 2010 年突破 4 万亿元以来，中国电子商务交易额每年以 2 万亿元左右的增幅增长，日益成为拉动国民经济增长的重要动力和引擎。目前，中国已成为交易额超过美国的全球最大的网络零售市场，网络购物也成为推动中国电子商务市场发展的重要力量。

基于传统电子商务和社交网络的社会化商务将成为未来商务的新趋势。目前国内社会化商务主要分为四种：①社会化图片网站对接电子商务；②微博平台多形式对接电子商务；③微信平台多方式对接电子商务；④社会化点评类平台对接电子商务。美国 Pinterest 采用瀑布流的形式展现图片内容，用户无须翻页，新的图片不断自动加载在页面底端，让用户不断地发现新的图片，堪称图片版的 Twitter，被认为是社会化图片分享平台对接电子商务的鼻祖，并因为其与电商网站独特的对接而衍生出社会化商务一词。国内的模仿者中知名度最高的当属蘑菇街和美丽说。

微博是我国比较有特色的应用，在形成巨大的用户群之后，新浪微博与阿里巴巴展开了合作，也为新浪微博的商业化带来了更大空间。微信由腾讯公司于 2011 年 1 月推出，到 2013 年第四季度，其注册用户量已经突破 6 亿，月活跃用户数达到 3.55 亿，截至 2015 年年底，微信月活跃账户数已经达到 6.97 亿，比 2014 年同期增长 39%。微信现已是亚洲地区拥有最大用户群体的移动即时通信软件，先后实现了公众平台、朋友圈、消息推送、钱包等功能。基于微信而研发的微信商城（又名微商城），是一款社会化电子商务系统，同时又是一款传统互联网、移动互联网、微信、易信、APP 商城五网一体化的企业购物系统。

在国外，在社会化点评网站中最初是 Yelp 名气最大，其很早就与商家联系紧密，因此开展社会化商务的条件相对更成熟。国内类似的网站主要以大众点评网等为主。

总之，社会化电商方兴未艾，蕴含着巨大的市场潜力。

2. 互联网金融的发展

我国互联网金融的发展大致可以分为三个阶段：①在 2005 年以前，银行开始"把业务搬到网上"，即"网上银行"兴起；②2005 年后，互联网与金融的结合开始从技术领域深入到金融业务领域，此阶段的标志性事件是 2011 年人民银行开始发放第三方支付牌照，第三方支付机构进入了规范发展的轨道；③2013 年被称为"互联网金融元年"，P2P 网络借贷平台快速发展，以"天使汇"等为代表的众筹融资平台开始起步，一些银行、券商也以互联网为依托，加速建设线上创新型平台（刘瑾，2014）。

目前我国的互联网金融还处于发展的初级阶段，主要发展形态包括第三方支付、P2P 小额信贷、众筹融资、新型电子货币以及其他网络金融服务平台。在互联网支付领域，截至 2013 年 8 月，在获得许可的 250 家第三方支付机构中，提供网络支付服务的有 97 家。2013 年前三季度，支付机构共处理互联网支付业务 122.59 亿笔，金额总计达到 6.55 万亿元。在 P2P 网络借贷领域，截至 2013 年 12 月 31 日，全国范围内活跃的 P2P 网络借贷平台已超过 350 家，累计交易额超过 600 亿元。在非 P2P 的网络小额贷款方面，截至 2013 年 12 月 31 日，阿里金融旗下三家小额贷款公司累计发放贷款已达 1 500 亿元，累计客户数超过 65 万家，贷款余额超过 125 亿元。在金融机构创新型互联网平台领域，以建设银行"善融商务"、交通银行"交博汇"、招商银行"非常 e 购"以及华夏银行"电商快线"等为代表的平台日渐成熟。第一家网络保险公司"众安在线"也于 2013 年 9 月开业（刘士余，2014；戴小平等，2014）。

毫无疑问，随着我国金融行业的持续快速发展，以及大数据、云计算等技术与商业模式的革新，科技在金融创新中的作用将日益突显。

三、智能商务与金融的现实意义

正常、便捷的商务与金融活动，是一个经济社会繁荣、稳定运行的基础。随着现代经济的发展，人们需求的日益多样化，以及移动互联网、大数据、云计算等信息技术的进步，传统的商务与金融活动正朝着信息化、网络化、智能化方向发展。

（一）服务于"四化同步"的需要

根据国家统计局发布的经济数据，2013 年年末，我国城镇化率达到 53.7%，较 2012 年提高了 1.1 个百分点，这标志着我国已经告别以乡村型社会为主体的时代，进入了以城市型社会为主体的新时代（张来明，2014）。

2015 年年末，城镇人口占总人口比重为 56.1%。党的十八大明确提出，"坚持走中国特色新型工业化、信息化、城镇化、农业现代化道路，推动信息化和工业化深度融合、工业化和城镇化良性互动、城镇化和农业现代化相互协调，促进工业化、信息化、城镇化、农业现代化同步发展"。

从本质上来看，"四化同步"是要求"四化"之间实现良性互动，成为一个整体系统，即工业化创造供给，城镇化创造需求，工业化、城镇化推动和促进农业现代化，农业现代化为工业化、城镇化提供支撑和保障，而信息化又促进其他"三化"的发展。没有农业现代化，城镇化就会成为无源之水、无本之木；而没有城镇化，农业现代化也会失去依托目标，广大农民向何处去就会成为一个大问题。因此，只有促进"四化"在互动中实现同步与协调，才能促进社会生产力的跨越式发展，实现现代中国又好又快发展的宏伟蓝图（詹国枢，2012；尹成杰，2014）。

智能商务与金融活动是实现"四化"的重要支撑与平台。在信息化、网络化、移动化的技术支持下，在"四化同步"建设的进程中，全社会的商务与金融活动将更加便捷、智能,智能商务与金融的建设是理想的催化剂和建设纽带,它可以在有效推动信息化建设的同时,大力促进工业化、城镇化和农业现代化的发展和深化,其与"四化同步"的良性结合为国民经济的又快又好发展提供了可能。

（二）提升领域信息化水平的需要

信息技术的发展对人类生活的各个方面都产生了广泛而深远的影响,大幅提升信息化水平是我国建成小康社会、实现中国梦的需要。目前全球信息化已进入智能化发展新阶段,而我国信息化仍处于全球中等偏低水平,发展空间较大。

在全球经济一体化进程加快、资本市场竞争加剧以及互联网冲击的大背景下,我国企业及金融机构的业务模式、市场拓展、管理营运、技术创新、人力资源开发等都在期待着突破,期待通过创新和变革带来新的竞争优势。其中,信息技术已成为其重要竞争力之一。加快信息化发展,已成为世界各国的共同选择。党的十八大报告明确把"信息化水平大幅提升"纳入全面建成小康社会的目标之一。

相比于其他产业,商务与金融产业具有自身的特性,其信息化的内在需求更显迫切,主要体现在以下方面:①商务与金融信息具有时效性、及时性的特点,在信息时代,利用信息技术可更好地实现这一功能;②经济的一体化、全球化要求商品、资本在更广的范围乃至全球范围内流动,而不仅限于一个区域,因此须为商务与金融活动消除地理障碍,建立有形和虚拟交易市场,从而使商品与金融资源在世界范围内得到有效配置;③商务与金融业不同于一般产业,它不仅仅具体生产某种产品或提供某种服务,有时只提供一种交易形式和交易工具,这时完全可以采取虚拟的形式,利用网络货币或虚拟货币完成各项交易活动;④商务与金融行业一直都是回报率较高的行业之一,有着巨大的供给和需求基础,更有经济实力紧紧跟上乃至领导信息化潮流。

美国哈佛大学教授理查德·诺兰（R. Nolan）在 1974 年首先提出了信息

系统发展的四阶段论，之后经过实践进一步验证和完善，于 1979 年将其调整为六阶段论：初始阶段（起步阶段）、普及阶段（扩展阶段）、控制阶段、集成阶段、数据管理阶段和成熟阶段（见图 1.1）。根据诺兰的六阶段模型，当前我国的商务与金融信息化处于集成阶段（第四阶段），即由计算机技术应用为主向以信息技术与业务融合为主的转折点，正准备向数据管理阶段（第五阶段）迈进，在可预见的将来，将迎来新一轮快速发展，其特点是信息技术与商务与金融业务的高度融合（元如林，2011a；2011b）。智能商务与金融反映了我国商务与金融信息化新阶段的特征和目标。

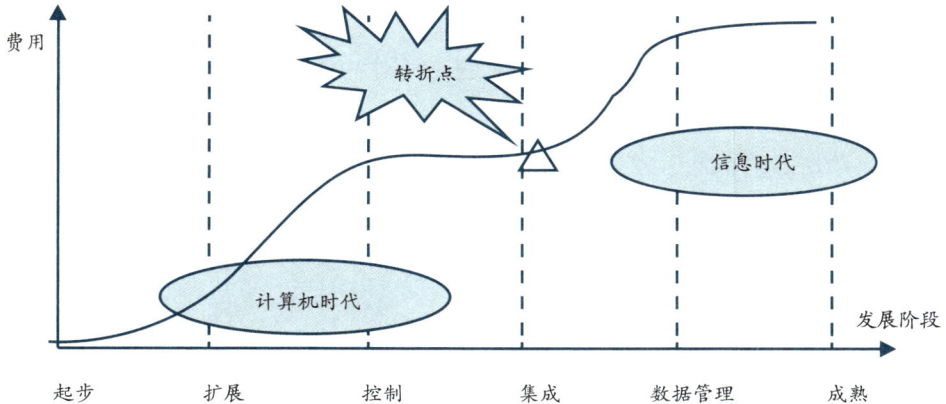

图 1.1 诺兰模型

　　智能商务与金融的关键是数据，无论是金融市场数据还是商务交易数据，都是海量的，而且还在不断增加。截至 2014 年年底，淘宝网拥有注册会员近 5 亿，日活跃用户超过 1.2 亿，在线商品数量达到 10 亿，页面浏览量达到 20 亿，淘宝每天产生 4 亿条产品信息，每天活跃数据量已经超过 50TB。互联网、电信、金融等行业，几乎已经到了"数据就是业务本身"的地步。等待被这些海量数据所吞没，还是通过信息技术从中挖掘信息、发现规律，以支持人们的商务与金融决策，这是区分商务与金融行业是否有智慧的关键（元如林，2011b）。

　　信息化包含两个方面：①信息的产业化，即信息收集、传送、加工的产业化；②产业的信息化，即一、二、三次产业的信息化。商务与金融业的深入信息化是国民经济和社会信息化的核心。商务信息化是企业信息化和产业信息化的集成，是国民经济和社会信息化的重要内容；金融信息化不仅有助于提高金融业务的自动化程度，深刻改变金融业经营方式和组织结构，更是商务信息化的保障之一，影响信息化水平。因此，商务与金融的信息化直接关系到信息化的发展和质量。建设智能化的商务与金融体系是实现《2006—2020年国家信息化发展战略》《电子商务"十三五"发展规划》和《国务院办公厅关于加快电子商务发展的若干意见》的重要举措。

（三）适应网络经济发展的需要

网络经济是建立在计算机网络基础上的生产、分配、交换和消费的经济关系，是一种在计算机网络（特别是互联网）基础之上，以现代信息技术为核心的新的经济形态。它不仅是指以计算机为核心的信息技术产业的兴起和快速增长，也包括以现代计算机技术为基础的整个高新技术产业的崛起和迅猛发展，更包括高新技术的推广和运用所引起的传统产业、传统经济部门的深刻的革命性变化和飞跃性发展。网络经济并不是一种独立于传统经济之外、与传统经济完全对立的纯粹的"虚拟"经济。它实际上是一种在传统经济基础上产生的、经过以计算机为核心的现代信息技术提升的高级经济发展形态（肖叶飞，2012；金国江，2012）。

近年来，随着越来越多的线下行为不断向线上迁移，网络经济整体市场规模增长迅速，其中微博、网购和基于位置服务（location-based service，LBS）表现最为抢眼。以电子商务为例，尽管受全球经济增长迟缓的影响，2012年我国电子商务市场整体增速有所回落，但其交易规模仍达8.1万亿元（陈剑波，2013）。2012年"双十一"购物节，仅淘宝和天猫的用户使用支付宝完成支付金额达191亿元，比2011年美国网络销售单日最高销售额78亿元高出了100多亿元，而北京王府井集团在全国的几十个商场及物业2012年的营业收入仅为182.64亿元。2015年"双十一"购物节，淘宝和天猫成交额再次刷新纪录，达到912亿元。网络经济正成为我国产业投资和居民消费快速增长的新推动力。2013年中国网络经济整体规模达到6 004.1亿元，同比增长50.9%。艾瑞咨询最新数据显示，2015年中国网络经济营收规模首次突破 1.1 万亿元，为 11 218.7 亿元，年增长率为 47.3%。其中，移动互联网经济增长迅速，成为网络经济发展的重要助推力。

随着商务活动的发展，相应的金融活动也在发生质的变化，网上支付、虚拟货币、信用卡等工具层出不穷。互联网金融、网络银行、金融 IC 卡、第三方支付等已全面走入企业与家庭。2008—2011 年，我国使用网上支付的用户增长了 3.2 倍，年均增长 47.5%，是用户年均增长最快的互联网应用之一。截至 2016 年 6 月，我国使用网上支付的用户规模达到 4.55 亿，较 2015 年年底增长 9.3%，我国网民使用网上支付的比例从 60.5% 提升至 64.1%。手机支付用户规模增长迅速，达到 4.24 亿，半年增长率为 18.7%，网民手机网上支付的使用比例由 57.7% 提升至 64.7%（见图 1.2）。

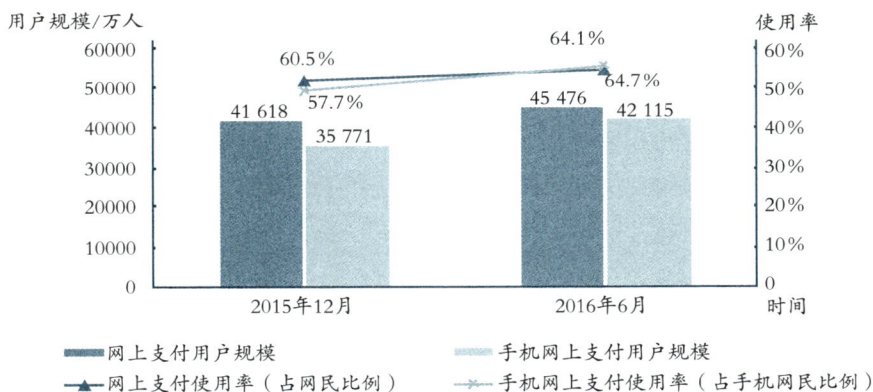

图 1.2　我国网上支付 / 手机支付用户规模及使用率[①]

统计数据显示，2012 年，中国第三方支付市场交易规模高达 12.9 万亿元，同比增长 60.3%。2013 年，市场交易规模达 17.9 万亿元，同比增长 43.2%。2016 年，第三方支付交易规模预计达到 57 万亿元。

统计数据显示，2012 年我国第三方移动支付市场交易规模达 1 511.4 亿元，同比增长 89.2%。2013 年，市场交易规模达 12 197.4 亿元，同比增长 707.0%。2016 年，我国第三方移动支付交易规模预计达到 38 万亿元，同比增长 215.4%，同比增速较 2015 年的 103.5% 大幅提升（见图 1.3）。在移动支付市场上，支付宝和财付通已经覆盖了近90%的用户。第三方移动支付交易规模继续增长，互联网金融市场也再次迎来新的发展机遇。

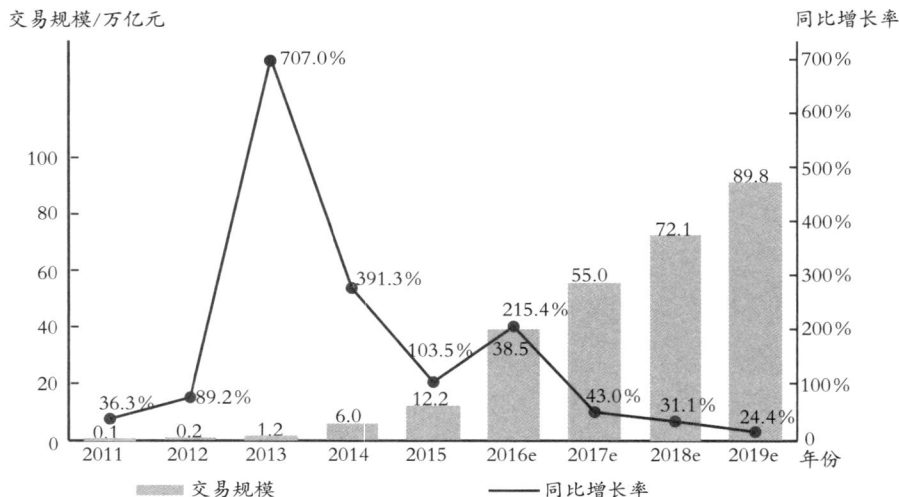

图 1.3　2011—2019 年中国第三方移动支付交易规模①

随着社会网络化、网络社交化，人们可以随时随地交流信息、分享资讯，人与人之间、网与网之间的边界模糊化。同时，社交网络和移动通信将越来越多的权力赋予客户，电子商务、网络金融等从主动、互动、用户关怀等多角度与用户进行深层次沟通，保证能够适时、适地提供价格合理、符合客户需求的产品或服务。显然，现有的关系正发生着巨大改变，商务模式和金融系统也将变得更加虚拟化和无序化。飞速发展的网络经济需要应对日新月异的商业模式变革，为实现资源在世界范围内自动、最优配置，催生更加智能的商务与金融服务。

（四）促进新型城市发展的需要

城市是人类的一种群居行为，最初主要是出于战争和防御的需要，后来城市则成为经济、政治和文化活动的聚集地。目前，我国的城镇化发展已到了关键时期。

---

① 数据来源：艾瑞咨询。"e"表示预测数据（下同）。

从广义上讲，城镇化是社会经济的变化过程，它包括农业人口非农业化、城镇人口规模不断扩张、城市用地不断向郊区扩展、城市数量不断增加，以及城市社会、经济、技术变革进入乡村的过程，是使全体国民享受现代城市的一切城市化成果并实现生活方式、生活观念、文化教育素质等转变的过程。通过实现城乡空间的融合发展——包括产业的融合、就业的融合、环境的融合、文化的融合、社会保障的融合、制度的融合等，真正实现城市和农村人民群众的共同富裕、共同发展、共同进步。

我国的新型城镇化发展将以科学发展观为引领，因地制宜、统筹兼顾、保护生态、集约发展，探索不以牺牲农业和粮食安全、生态和环境为代价的，新型工业化、新型城镇化、农业现代化和信息化融合发展的新模式，努力形成资源节约、环境友好、经济高效、文化繁荣、社会和谐的城乡全面健康协调可持续发展的新格局。它主要包括以下内容：①努力建设以人为本的宜居家园；②更加注重提升质量和效益；③产业聚集，创新驱动，产城融合，"四化"同步；④城乡统筹，公共服务均等，城乡二元结构逐步消除；⑤以生态文明理念为指导，以建设生态城市为目标；⑥体现中国城市地域特色，弘扬优秀文化传统，走中国特色的可持续发展道路。

历经三十多年的高速发展，我国的城镇化已经面临人口、资源、环境、社会等各方面的巨大压力，当前发展模式的不可持续性已成为政府与学界的共识。2015年，经合组织（Organization for Economic Cooperation & Development，OECD）发布的报告 *OECD Urban Policy Reviews*：*China* 2015 显示，中国超过千万人口的大城市有15个。随着城市规模的扩张，城市管理出现了越来越多的矛盾和难题，例如人口规模急剧扩大（见图1.4）、生态环境每况愈下、资源耗竭难以为继、交通堵塞日益严重等。如果不能妥善解决这些难题，选择更合适的城市发展模式和路径，将会严重制约我国的现代化建设和社会和谐发展。

随着现代信息技术特别是互联网等技术的发展，现代网络已形成了人类聚集的第二个空间，该虚拟空间与地球表面的实体空间相平行，其体积也在急剧增长。随着IT技术的发展，网络虚拟空间越来越多地具有了实体空间

城镇人口数量/万人

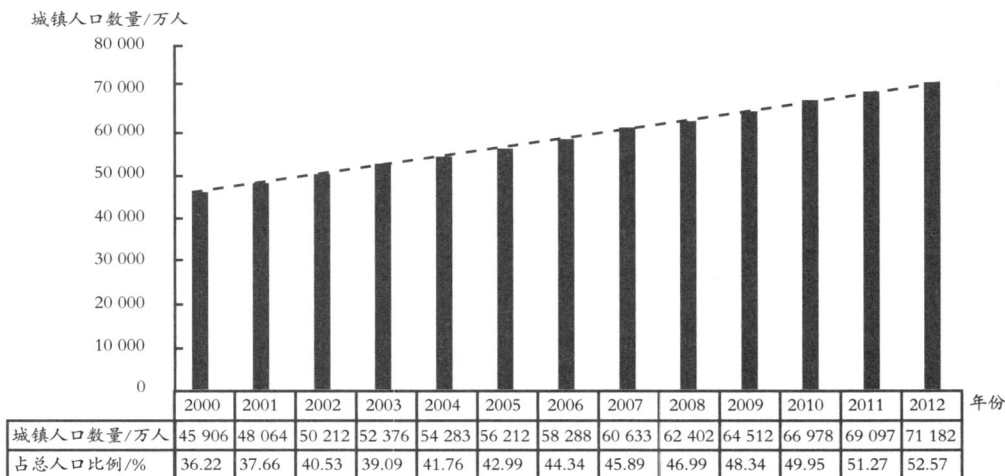

年份	2000	2001	2002	2003	2004	2005	2006	2007	2008	2009	2010	2011	2012
城镇人口数量/万人	45 906	48 064	50 212	52 376	54 283	56 212	58 288	60 633	62 402	64 512	66 978	69 097	71 182
占总人口比例/%	36.22	37.66	40.53	39.09	41.76	42.99	44.34	45.89	46.99	48.34	49.95	51.27	52.57

图 1.4 我国城镇人口增长态势①

的功能和属性，在不久的将来，宽带通信和虚拟现实技术将使人们在网络中的相聚与在实体空间中没有区别，甚至相互间的交流更加生动和丰富。网络正在成为人们的第二个生活空间，因而，虚拟空间将越来越多地承担城市的功能。

从城市的作用和目的来看：城市经济活动正在迅速向网络转移；在社会方面，网络中的舆论和倾向正产生越来越大的影响；网络文化在社会文化中所占的比重已经超过了传统的城市文化媒介。人们在地球上的任何偏远角落都可连入互联网，仿佛置身另一地点。

虚拟空间的一个特点是与地理位置无关，从地球上的任何位置进入虚拟空间所需的时间都相差无几，因而消弭了空间距离的障碍。随着虚拟空间承担越来越多的传统城市的功能，城市中的人口可能因为种种原因（如房价和环境等），向城市边缘和外围移动，这就可能使得未来城市的结构变得越来越稀疏。如此发展下去，必然导致虚拟城市的诞生。未来人们可能同时是多个城市的市民，其中包括一个传统城市和数个虚拟城市。与传统的城市相比，未来的虚拟城市或将具有不同的形态，如虚拟城市将独立于传统国家之外，与传统的国家和城市的关系将变得错综复杂。

---

① 数据来源：国家统计局。

实际上，目前许多的网上实体，比如淘宝和新浪微博等，已经相当于一个大城市了，其中的人口流量和经济、社会、文化活动的数量，不比一个传统的大城市少。因此，为缓解当前城镇化所面临的各种问题，需要不断完善实体城市的功能，同时促进虚拟城市的发展，使城市的经济更快地向虚拟空间转移。

城市的天然经济基础是商业、服务业和金融业。优化城市的产业结构，提高服务业产值占 GDP 的比重，进一步发展智能化的商务和金融产业是完善实体城市功能的重要举措。如纽约、伦敦等城市在 20 世纪 80 年代将大量工业企业外迁，依托服务业、旅游业置换城市功能，使得城市发展更具可持续性。另外，随着信息化的深入，实体城市之间的边界也将模糊化。未来虚拟城市中传感网络将无处不在，协同移动通信网络、无线互联网等重要基础设施，解决城市的实时数据获取和传输问题，为城市提供普适性的信息服务，提高城市运行和管理效率（见图 1.5）。

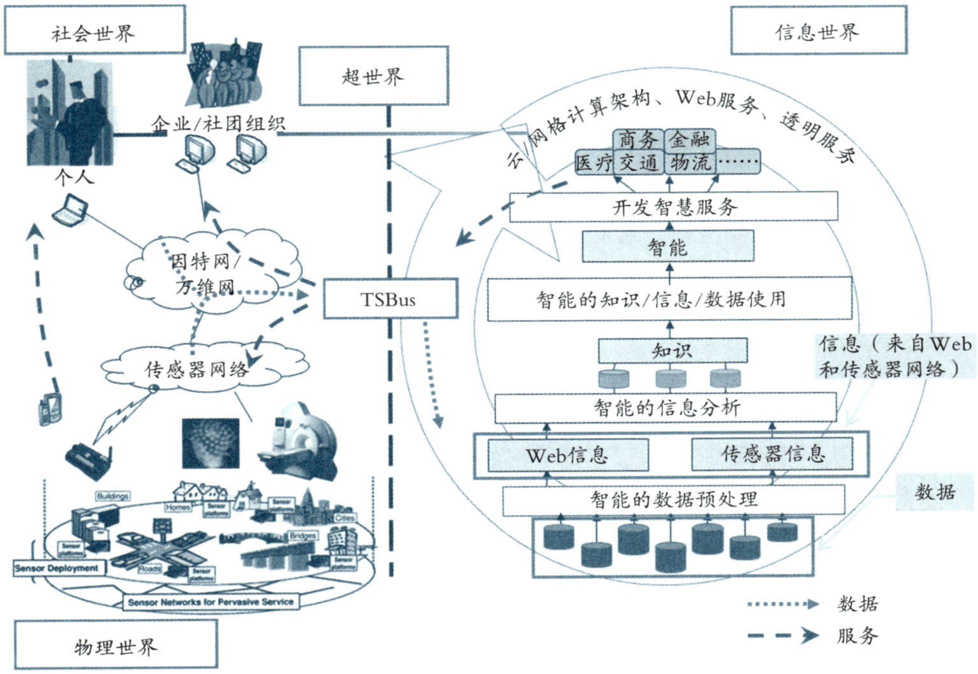

图 1.5　虚拟城市形态

信息世界、物理世界和社会世界融合在一起，形成一个在实体城市之上运行的虚拟城市。虚拟城市模糊了城市边界和城乡边界，有助于缓解目前城市化所面临的问题。智能商务与金融建设能够完善实体城市功能，促进虚拟城市发展，将实现健全、透明、充分的信息获取，通畅、广泛、安全的信息共享，以及有效、规范、科学的信息利用，从而使城市生活更智能、更便捷、更高效。

（五）适应商业模式变革的需要

现代商业模式具有知识密集型、技术密集型、资本微量型、资产轻薄型等特点。新兴信息技术推动商业模式的变革。随着透明计算、云计算、物联网、社交网络、移动商务的发展，社会结构和消费观念正发生变革，消费结构升级加快，年轻一代逐步成为新的消费群体，消费者需求更加多样化、个性化、全球化和便捷化，这些因素均促使商业模式发生变革。

目前，消费者可获取的服务日益多样化（见图1.6）：信息渠道多样化，消费者现在可以通过各种渠道获得无限量的信息，包括门户、社交网络、手机、电视、传统媒体等；购物渠道多样化，消费者可通过实体店、电视购物、邮购、电子商务、移动商务等渠道进行购买；交付模式多样化，消费者可选择店内物流、小件物流、集团物流等交付模式；支付方式多样化，消费者可采用现金、信用卡、移动支付、第三方支付等支付方式。如今，消费者不仅追求多样化的服务，更注重统一渠道的消费体验及服务，希望得到快速、便捷、智能的一站式服务。

信息渠道	门户、社交网络、手机、电视、传统媒体等
购物渠道	实体店、电视购物、邮购、电子商务、移动商务等
交付模式	店内物流、小件物流、集团物流等
支付方式	现金、信用卡、移动支付、第三方支付等

图1.6 消费者可获取的多样化服务

目前，移动互联网时代的个性化消费主要包括以下三种类型。

（1）多样选择。商家为了满足用户多样选择的需求，特别是为了帮助用户进行快速搜索，把自己的产品按大类进行划分，然后在大类中进一步细分，为用户提供清晰的产品导航。当进入每个具体的产品品类之后，商家的"网络货架"给用户提供了多样的分类方式，以帮助用户快速定位满足其个性化需求的产品。而当客户选择了某一款具体的商品之后，商家会向用户提供该款商品的价格、折扣、颜色、尺码等信息，从而帮助客户锁定购买意愿，进入购买状态。

（2）参与设计。如果在商家提供的产品中，消费者仍然觉得缺少独一无二的一款，可以向商家提出其独特的需求。商家会为其生产一款满足个性化需求的产品。在越来越多的个性化服装定制网站上，消费者只需输入身高、领围和胸围三个数据，网站便会提供专属的衬衫。在唯尚的工作室里，只要把户型数据告诉设计师，他们便会把家具做得恰到好处。只要把头部数据告诉适之宝，他们便会送上一款独一无二的枕头。量身定制，从这个意义上，确实已经不再是商家的噱头，而是活生生的现实。

（3）主导创造。在这个过程中，用户成为主导者，主导整个开发过程。为了支持这些用户施展自己的创意，商家向用户提供相应的易于操作的专业化工具。用户利用这些专业化工具完成产品设计，然后将设计交给商家，由商家进行生产。成立于 2005 年的美国电子商务企业 Zazzle 毛利润高达 45%。这家定位为"即需零售"的公司，可以让用户基于 Zazzle 的素材库，轻松设计自己喜欢的 T 恤、杯子和邮票，然后再由 Zazzle 帮助用户完成产品的定制生产。对于 Zazzle 来说，这样的商品更多地意味着"手工匠人制造"，或者是现代 DIY 工艺品。手工包工厂、木匠和巧克力工厂正在利用 Zazzle 广阔的客户基础，把他们自己设计的产品推向大众。Zazzle 并不像 eBay 或 Etsy 那样仅仅是卖东西的商场。事实上，这家公司已花费数年时间设计出了自己的机器人摄像机和印刷机，可以让用户最终个性化定制商品。因此，商品仅在下单后才生产。除了原材料，Zazzle 几乎没有库存，但依然能够在 24 小时内派送出大多数包裹。

电子商务的发展，促进了消费者需求全球化趋势的发展。美国在线支付公司 PayPal 和调研公司 Ipsos 发布的第二届全球跨境贸易报告显示，35% 的中国网购消费者在 2015 年曾以海淘方式购买商品，而 2014 年这一比例为 26%。PayPal 和 Ipsos 于 2016 年联合发布的第三届全球跨境贸易报告显示，中国首次超越美国，成为最受全球网购消费者欢迎的海淘国家。该报告调查了来自 32 个国家的超过 2.8 万名网购消费者的消费习惯。21% 的受访消费者表示，过去一年曾在中国网站进行海淘，美国和英国则以 17% 和 13% 分居第二和第三位。跨境销售对全球商户而言是推动业务增长的重大机遇。PayPal 的跨境贸易额由 2014 年第三季度的 140 亿美元上升到了 2016 年第三季度的 190 亿美元。2016 年移动支付额同比更是大涨 56%。在 2016 年于杭州召开的全球跨境电商峰会上，如何鼓励金融机构、第三方支付机构、电子商务平台和外贸综合服务企业之间规范开展合作，为具有真实交易背景的跨境电子商务交易提供在线支付结算、在线融资、在线保险等完备便捷、风险可控的"一站式"金融服务，成为热议话题。

移动商务的发展也加速了用户需求全球化的趋势。研究数据显示，2013 年，智能手机用户占全球人口的 22%，首次超过 PC 比例。据估计，2017 年，全球将有超过 69% 的人使用智能手机。而且，每一次移动终端计算能力的革命带来 10 倍用户增长。eBay 全球副总裁兼大中华区首席执行官林奕彰表示："移动商务技术正彻底改变传统的购物和支付方式，并日渐成为消费者数字化生活的中心，这无疑提升了跨境零售出口电商的机遇。"在线支付平台 PayPal 于 2013 年 7 月发布的首份全球跨境电子商务报告显示，2013—2018 年美国整体跨境电子商务的复合年均增长率预计将达 15%，而移动跨境电子商务的增速则将达到 22%。2018 年，仅美国市场的移动跨境网购消费总人数就将超过 2 500 万。此外，在意向调查中，全球五大市场中 76% 的消费者表示愿意更多地使用移动终端设备完成跨境网上交易（吕红，2014）。

用户需求的便捷化趋势将惠及商务活动的整个过程。在消费者购买前，用户希望商家能够提供方便、快捷、有效的服务，帮助其快速定位产品。这就要求商家通过对消费数据的分析，准确定位用户需求，即提供智能化的商

务服务。在消费者购买时，用户希望通过快捷、安全的支付方式进行支付，即需要快捷、安全的智能化金融服务。在消费者购买后，用户一方面希望得到快捷的物流服务，另一方面也希望获得方便、快捷、有保证的售后服务。

在消费者需求更加多样化、个性化、全球化和便捷化的今天，急需更加智能的商务与金融服务与当今商业模式变革相适应。

四、智能商务与金融的技术环境

（一）云计算

1. 云计算的概念和特点

近年来，云计算作为一种新的服务模式已成为计算机科学领域的一个研究热点。2006 年 8 月 9 日，Google 首席执行官埃里克·施密特（Eric Schmidt）在搜索引擎战略大会（SES San Jose 2006）上首次提出"云计算"（cloud computing）的概念。自此，许多专家、研究机构以及相关厂家从不同的研究视角给出了云计算的定义。目前关于云计算的定义已有上百种，现阶段广为人们所接受的是美国国家标准与技术研究院（National Institute of Standards and Technology，NIST）的定义：云计算是基于互联网的相关服务的增加、使用和交付模式，通常涉及通过互联网提供的动态易扩展且常为虚拟化的资源。

云计算使计算分布在大量的分布式计算机上，而非本地计算机或远程服务器中，企业数据中心的运行与互联网更相似，这使得企业能够将资源切换到需要的应用上，根据需求访问计算机和存储系统。这就像从古老的单台发电机模式转向了电厂集中供电的模式，这意味着计算能力也可以作为一种商品进行流通，同煤气、水电一样，取用方便，费用低廉。

云计算具有如下几个显著特点。

（1）超大规模。"云"具有相当的规模，谷歌云计算已经拥有 100 多万台服务器，亚马逊、IBM、微软、雅虎等的"云"均拥有几十万台服务器，企

业私有"云"一般拥有数百上千台服务器。"云"能赋予用户前所未有的计算能力。

（2）虚拟化。云计算支持用户在任意位置使用各种终端获取应用服务。所请求的资源来自"云"，而不是固定的、有形的实体。应用在"云"中某处运行，用户无须了解，也不用担心应用运行的具体位置，而只需要一台笔记本或者一部手机，就可以通过网络服务实现需要的一切，甚至包括超级计算等任务。

（3）高可靠性。"云"使用了数据多副本容错、计算节点同构可互换等措施来保障服务的高可靠性，因此，使用云计算比使用本地计算机更可靠。

（4）通用性。云计算不针对特定的应用。在"云"的支撑下可以构造出千变万化的应用，同一个"云"可以同时支撑不同的应用运行。

（5）高可扩展性。"云"的规模可以动态伸缩，满足应用和用户规模增大或减小的需要。

（6）按需服务。"云"是一个庞大的资源池，用户可以按需购买；云可以像自来水、电、煤气那样计费。

（7）极其廉价。由于"云"具有特殊容错措施，可以采用极其廉价的节点来构成云。"云"的自动化集中式管理使大量企业无须负担日益高昂的数据中心管理成本，"云"的通用性使资源的利用率较之传统系统大幅提升，因此用户可以充分享受"云"的低成本优势。

（8）潜在的危险性。云计算服务除了提供计算服务外，还必然提供了存储服务。云计算中的数据对于数据所有者以外的其他云计算用户是保密的，但是对于提供云计算的商业机构而言确实毫无秘密可言。所有这些潜在的危险，是商业机构和政府机构选择云计算服务，特别是国外机构提供的云计算服务时，不得不考虑的一个问题。云计算可以彻底改变人们未来的生活，但技术环境问题也不容忽视。

2. 云计算为商务与金融带来无限机遇

随着云技术和云产业的发展，云计算在商务与金融领域的应用已经越来

越多。这些应用操作简单，效率高，覆盖广，自动化程度高，可使得企业和个人获得更廉价的资源，发展更完善的服务，拥有更广阔的前景。云计算的兴起为各行各业都带来了无数机遇，对于商务和金融行业也不例外，具体表现如下。

（1）降低成本，提高效率。云电子商务平台能为用户提供高效数据处理服务，把后台复杂的计算放到"云"中，将各个业务作为任务发送给"云"中处于不同物理位置的服务器。服务器进行处理并返回结果之后，用户只需要通过简单的操作就可以完成复杂的交易过程。

（2）提高客户满意度。"云"具有动态扩展性，可以根据企业需要提供可伸缩扩展的应用部署，实现负载自适应，用户打开网页即可快速完成交易。

（3）带来更安全的数据存储模式。云安全最重要的技术特点在于其分布式运算的强大能力和客户端的安全配置精简化。在"海量威胁"的压力下，传统的基于"签名"的安全防御技术受到了挑战，而这恰恰为云安全技术拓展了空间。

（4）提供更加智能的经营决策模式。企业以及银行企业在用户数据海量增加时，往往处理和管理能力不强，深度挖掘能力不够，导致不能做出明智的经营决策；而云计算所提供的大型数据中心具有海量数据存储、运算、分析、挖掘能力，正好为商业智能提供了良好的基础，"租赁＋服务"的资源分配和交付模式也为电子商务企业发展商业智能提供了巨大的成本优势。

3. 云计算创新商务模式

云计算技术将带来商务模式的改变，具体表现在以下几个方面。

（1）基于云平台的商务平台。企业在商务的实施过程中，面临着电子支付、安全、信用、物流等一系列电子商务支撑服务的问题。与现有的互联网模式相比，云计算为这些商务支撑服务的实现提供了更便捷、可靠、快速的方案。云资源池轻松实现所有用户的数据共享、知识共享、知识推理和资源合理分配。云存储能在客户有需要时，及时提供几乎无限多的空间和服务

（吴卫华，2011）。电子商务企业在此基础上实现在线销售、电子支付、企业推广、商务资讯交流、搜索引擎设置、安全认证、商务沟通、商务社区建立等一系列功能。云平台是电子商务企业实现资源整合并提供优质服务的基础。

（2）基于云供应链的全程电子商务模式解决方案。利用分布在全球各个角落的"云"，可以构筑起一个庞大的云供应链系统，利用这个系统，我们可以实现以供应链管理为核心的全程电子商务模式。由于使用了公有云，云供应链系统与传统的供应链系统相比，共享数据增多，可以有效削弱"牛鞭效应"，并且增强生产商与销售商在制订销售计划与补货计划时的协调性。产品的需求预测也将更为科学、准确和清晰，增强供应链的整体性（郑丹青，2011）。

（3）基于移动云的电子商务终端。随着云计算的发展，移动电子商务模式迅速发展。云计算技术使得电子商务系统的信息处理能力、运算效率等大幅度提高；3G 的普及则带来全新的移动终端，提供高速的移动终端上网体验。基于移动云的电子商务模式，可以解决终端的移动性、网站访问的便捷性以及在线下单的高效性等问题。

云计算将为企业提供电子商务交易和电子商务服务的综合性平台。云计算技术必将推进商务服务模式的升级，优化用户的购物体验，最终引领商务开启公用计算时代的新模式。

4. 云计算为互联网金融创新带来巨大空间

云计算是互联网金融战胜传统金融的一项核心技术，因为只有在互联网上才可以真正运用大数据、云计算技术，而大数据是金融的核心资源。云计算与数据挖掘技术结合，能够增强金融机构对大数据的处理能力，提高商业决策的效率。

云计算是互联网环境下避免金融危机的关键性技术。经济危机，往往是由金融危机或金融活动的不确定形式引发的。金融波动具有非线性，这是人类很难把控的问题。而云计算技术的推出，为金融业处理突发事件提供了一种更有效的新型技术和服务方式。

云计算数据的安全性直接影响金融机构数据传输的安全性以及数据共享的能力，故防止各种病毒威胁和恶意入侵十分关键。

如今，金融的互联网化已经成为一种趋势，云计算必然会为未来金融机构提供金融服务带来巨大的发展空间。

5. 云计算为智能商务与金融提供技术支撑

（1）对计算机系统的影响

智能商务与金融的计算及运行与计算机系统息息相关。从计算机系统方面来说，云计算能够影响操作系统设计，通过"云计算""云存储"这类操作方式对计算机系统进行操作处理。

在计算机云操作中，网络化是最鲜明的特点。通过这样的操作方式将计算机的任务分配和发送到不同位置的服务器，并将处理得到的计算结果返回到用户端。

在计算机云操作中还有一个鲜明的特点就是安全。这种安全是指"云计算""云存储"在逻辑上的安全性，通过云计算，能够利用各种安全措施，确保用户数据安全。在云操作中，采用软件的计时服务，杜绝软件盗版，并通过系统本身网络布局的安全性，能够将这种软件计时服务提供给用户，既保护了软件知识产权，同时最大限度保障了软件资源安全，使得云计算过程真正实现数据安全、数据共享等特点。

（2）对计算机数据库的影响

尽管大型关系数据库在很多数据处理中心都得到应用，但云计算需要一种不同的设置来充分发挥其潜力。如 10gen 副总裁 Geir Magnusson 所指出的，"在云计算计划里将找不到关系数据库的影子，这并非偶然，因为关系数据库不适用于云计算环境"。同时他还指出："云计算是一种不同的技术，不同得足够改变开发者看待问题和解决问题的方式。"许多专门被开发用于云计算环境的新型数据库都不是关系型的，例如 Google 的 BigTable、亚马逊的 SimpleDB、10gen 的 MongoDB、AppJet 的 AppJet 数据库以及 Oracle Berke-ley DB。

有专家认为，云计算对关系型数据库的应用将产生巨大的影响，而绝大多数电子商务系统所使用的数据库还是基于关系型的数据库。云计算的大量应用，势必对电子商务数据库的构建产生影响，进而影响电子商务技术的整体发展。

（3）对搜索引擎的影响

在电子商务中，通过云计算这样的操作系统，用户能够全面细致地搜索网页。当前全球网页众多，所需容量巨大，原有的搜索引擎很难适应这样的需求。云计算系统将各个任务分散到各个服务器中，使各个服务器得到最大限度的应用，从而能够适应网页变化多、更新快的趋势，并根据网页动态更新结果为用户提供优质高效的搜索服务。

（二）透明计算

1. 透明计算的概念和结构

张尧学院士认为，透明计算是一种用户无须感知计算机操作系统、支持工具以及应用程序的所在，并能根据自己的需求，从所使用的各种设备（包括固定的和移动的各类设备）中找到相关计算服务，而这些服务又是存储于分布式网络的服务器中的计算模式。用户使用的设备（统称为客户机）与服务器之间的连接依靠内部的通信协议完成（张尧学，2004；Zhang et al.，2006；Zhang et al.，2007）。

透明计算的体系结构分为服务器端和客户机端。服务器端的功能层次由下至上依次为物理驱动层、透明计算层、Multi-OS层和应用计算层，客户机端的功能层次则依次为物理驱动层、透明计算层以及虚拟OS和应用计算层。透明计算中的服务器端和客户机端的功能层次是不对称的，这是因为所有的应用计算和各种操作系统与支持工具都在服务器端。

在透明计算体系结构中，物理驱动层提供服务器和客户机之间的网络连接，它由相应的硬件驱动卡和驱动程序以及其上的网络连接程序组成；透明计算层是透明计算的核心，它包括多操作系统启动协议、应用程序调度与管理模块、用户请求管理模块、用户管理模块和服务器资源管理模块等几个部分。

（1）多操作系统启动协议（Multi-OS Remote Booting Protocol，MRBP）。MRBP 启动客户机，并从服务器下载用户所需操作系统内核镜像的功能。

（2）应用程序调度与管理。除了没有操作系统之外，客户机上也没有任何应用程序和支持工具。需要的任何计算服务都由客户机通过网络从服务器上调用相关程序来执行得到。

（3）用户请求管理。由于服务器不再进行用户应用计算，而客户机上没有任何系统或应用信息，因此，服务器必须管理和处理所有来自于不同客户机的用户请求，并要在考虑用户请求的性质（例如多媒体实时响应或数据传输响应等）的基础上，在用户可以接受的时间内响应。分类排队方法和根据优先级的调度方法可用于服务器端用户请求的 I/O 管理。

（4）用户管理。由于透明计算采用服务器管理所有用户信息资源的方式，用户在客户机上没有自己的存储空间，用户除了要从服务器上请求包括操作系统、支持工具和应用程序等在内的各种计算资源外，其执行结果也要通过网络存储到服务器的硬盘中去。用户管理模块应包括以下功能：用户注册、用户存储区的分配、用户内部地址分配、用户安全、用户使用过程记录与计费等。

（5）服务器资源管理。服务器资源管理解决服务器中资源访问的效率和有效存储问题。由于连接服务器的客户机较多，而且访问类型比较复杂，在透明计算模式中，尽管服务器不为用户应用进行计算，但响应用户请求和管理用户资源仍需要耗去较多的时间。而且，服务器在为用户存取磁盘数据时也要花去较多的处理时间。再者，由于用户数据量可能较大，服务器面临着一个如何增加存储容量的问题（张尧学，2004）。

透明计算不同于云计算。张尧学院士认为，第一，云计算是由厂商通过服务器端的架构提供计算资源的服务，用户终端仅仅作为服务的接收端而存在，而透明计算主要关注用户端，用户需要服务时，就从服务器端将需要的软件或数据通过块或页的方式碎片化调用并主要在终端完成计算，而且终端

可以装或不装任何数据、软件（包括操作系统）；第二，云计算主要解决数据的海量存储和使用问题，对软件的云化特别是操作系统的云化没有提出好的解决方案，而透明计算则较好地解决了这个问题；第三，透明计算还包括云计算不具备的全过程管理、带宽与缓冲管理等功能；第四，由于云计算的重点不在终端的使用情况上，因而其在终端安全性上没有突破，而透明计算在终端安全性上有很好的考虑。

2. 透明计算环境下信息管理的变革

信息管理（information management，IM）是人类为了有效地开发和利用信息资源，以现代信息技术为手段，对信息资源进行计划、组织、领导和控制的社会活动（Zhang et al.，2007）。

云计算的出现为信息数据提供了强大的存储能力和计算能力，但在透明计算环境下，由于存储和运算的分离，在透明网络或透明服务器上对流经的指令和数据都能进行有效的监视和控制，而不会受到透明终端上运行的各种代码的干扰和威胁。同时，透明计算跨操作系统、硬件设备，并且不受地理位置的限制，因此其数据的安全性将比私有云更安全。

所有透明计算模式下的信息和数据都会被存储在服务器的存储器中，使得数据管理工作得以集中进行，从而提高了信息管理的效率，使其更加安全可靠，同时也在信息资源整合方面发挥了巨大的作用，有效地解决了信息资源建设重复的问题，使得数字资源建设的速度得到提高。透明计算也为管理信息系统提供成本低、可靠性高而且易于安装、使用和维护的运行支撑环境，有效降低了用户的总体拥有成本（张尧学等，2009）。

在透明计算过程中，数据是分布式动态调度执行的，调度在透明终端和服务器之间随计算而循环往复，形成基于"块流"的动态调度过程，使得于毫秒之间处理大规模的计算成为可能，优化了数据资源处理过程，提高了响应速度。

3. 透明计算环境下资源共享到服务共享

微处理器和微型计算机自问世以来极大地推动了计算机的应用和发展，

使得人们能够利用计算机互相沟通、获取信息并共享信息和资源。在网络和普适计算的新时代，用户关心的主要是服务和服务共享，计算机也将从以"资源共享"为特征的计算过渡到以"服务共享"为特征的计算。然而随着移动设备和数字家电的出现，计算机进一步小型化、微型化，其种类和形态变得日益丰富多彩。泛在网络和普适计算的时代已经来临，在此时代下计算将变得不可见，即计算透明，用户将不再要求资源，而只关心服务尤其是个性化服务。用户希望从任何一台计算设备上都能获取所需要的服务，或者能够从任何计算设备上都能获得同一服务，而且无须关心这些服务的来源、安装以及维护管理等问题。我们将这种以人或服务为中心的计算需求称为服务共享（张尧学等，2009）。

透明计算的特点之一就是跨硬件和软件平台的操作系统，而且用户根本不知道所提供的服务是由何种操作系统来完成的。因此，在透明计算环境下，能够实现存储和计算分离以及服务的任意选择等问题，这使得用户需要的操作系统和应用服务能够被分布式装载、动态地调度执行。在网络环境下将终端、网络和服务器联合，前端面向用户、提供服务，而操作系统和应用服务的存储和支持等工作放在后端的服务器上来完成。由此，在透明计算环境下，将以人为本的服务共享推广到普通用户，使得个人和企业的使用成为可能（张尧学等，2009）。在此环境下，用户终端可跨越所有操作系统，实现个人在任意地点"不知不觉、用户可控"的统一体验，并且各类应用都统一安装在"透明计算服务器"内，还能统一更新应用程序，彻底将用户文件、音频、视频、图像等数据从计算机内部硬盘或附属存储器中解放出来。此外，透明计算模式下的管理工作是集中进行的。所有的操作系统和应用对终端用户来说是透明的，终端用户只需考虑如何使用。管理工作（包括安全性和可靠性的问题）都由专业的技术人员集中处理，这可以提高整个系统的安全性和可靠性。

可以看出，透明计算在用户界面、系统部署、维护和安全性等方面具有传统计算模式不可比拟的优势，能够从根本上解决服务共享面临的诸多问题。因此，在新的历史条件下，透明计算具有巨大的机会和发展潜力。

4．透明计算为商务与金融带来的变革

在服务共享的时代，透明计算一定会催生新的产业链以推动商务的发展和变革。

在透明计算模式下，厂家开发出的一套软件（包括操作系统）可以由多个用户共享并自由选择和运行，实现了软件即服务的按需服务，即按照用户实际使用和购买的情况来收费。

下一代 BIOS（basic input output system，即基本输入输出系统）的新接口标准 UEFI（unified extensible firmware interface，即统一的可扩展固件接口）的出现，同样摆脱了传统操作系统。体量轻巧而可控的透明计算展示出了迷人的魅力，一旦透明计算的核心技术融入 UEFI，两者捆绑后，将为现有的操作系统和软件业生态带来深刻影响。同样，从透明计算来说，前端系统可以做出很多新的终端设备，如移动互联网设备（mobile Internet device，MID）、数字家电等。

透明计算可以应用到许多新的领域，如移动互联网、数字家庭等。这个新市场是一个巨大的潜在市场，对于透明服务器以及提供的服务而言，也可以产生新的需求和市场。因此，在合适的条件下，透明计算会对信息产业的发展产生新的巨大影响，从而拉动信息产业链甚至产业群的发展。

经过这些年的发展，透明计算已经成功地解决了小终端和软件如何跨平台的理论问题，使"云手机""云 Pad""云家电"等成为可能。相比云计算，透明计算具有更大的实用前景和价值，作为一种领先的计算概念和创新技术，它当然不会是计算的终点，而是代表着计算模式与服务模式发展的一个重要方向，具有很大的发展空间（张尧学等，2009；李明丽，2011）。

目前，基于透明计算研发的局域网桌面终端，在简化用户使用、降低设备成本、提高系统安全性等方面有着显著的优势，已被成功地应用于教育、军事、农业及政务等领域，取得了良好的社会和经济效益。可以预见，随着透明计算技术的成熟，透明计算应用将向移动互联网等领域拓展。以基于透明计算的智能手机为代表的智能移动终端，可被推广应用到医疗、交通、

工程等与国计民生密切相关的各个领域，有着广阔的市场需求和产业发展空间。

（三）物联网

1．物联网的概念和特点

1991 年，美国麻省理工学院的 Kevin Ashton 教授首先提出"物联网"的概念。1999 年，美国麻省理工学院建立了"自动识别中心"（Auto-ID），提出"万物皆可通过网络互联"，阐明了物联网的基本含义。他们认为，物联网就是将所有物品通过 RFID 等信息传感设备与互联网连接起来，实现智能化识别和管理的网络（尹彦霖，2013）。2005 年，国际电信联盟（International Telecommunication Union，ITU）发布了《ITU 互联网报告 2005：物联网》，对"物联网"的含义进行了扩展。报告认为，无所不在的"物联网"通信时代即将来临，世界上所有的物体都可以通过互联网主动进行信息交换，RFID 技术、传感器技术、纳米技术、智能嵌入技术将得到更加广泛的应用。

我国也有学者认为，物联网是一种"泛在网络"，这种泛在网就是利用互联网将世界上的物体都联结在一起，使世界万物都可以上网。具体可以理解为，通过 RFID 装置、外感应器、全球定位系统（global positioning system，GPS）、激光扫描器等种种装置与互联网结合成一个全新的巨大网络，实现将现有的互联网、通信网、广电网以及各种接入网和专用网相互联结，实现智能化识别和管理（姚万华，2010）。

为了更好地定义物联网、描述物联网的特征，我们将物联网与传感网、互联网、泛在网各自的基本特征进行了比较，如表 1.1 所示。物联网与传感网、互联网和泛在网有着显著的区别，同时也存在着密切的联系。物联网是基于互联网之上的一种高级网络形态。物联网的联结主体从人向"物"延伸，网络社会形态从虚拟向现实拓展，信息采集与处理从以人工为主向以智能化为主转化。可以说，物联网是互联网发展创新的伟大成果，是互联网虚拟社会联结现实社会的伟大变革，是实现泛在网目标的伟大实践。

表 1.1　物联网、传感网、互联网、泛在网的特征比较分析

名称	链接主体	信息采集	信息传输	信息处理	网络社会状态
物联网	人与物	自动	数字化、网络化	智能化	现实
传感网	物与物	自动	数字化、网络化	智能化	现实
互联网	人与人	人工	数字化、网络化	交换	虚拟
泛在网	人与人	自动、人工	数字化、网络化	智能化、交换	现实虚拟

综合以上分析，我们可以定义，物联网（internet of things）是一个基于互联网、传统电信网等信息承载体，让所有能够被独立寻址的普通物理对象实现互联互通的网络。

由以上定义我们可以发现，物联网具有如下三个方面的重要特征。

（1）互联网特征。物联网是解决物与物、人与物之间通信的网络形态，在互联网基础之上延伸和扩展的一种网络。尽管终端多样化，但其基础和核心仍然是互联网。

（2）识别与通信特征。纳入物联网的"物"一定要具备自动识别与物物通信（machine to machine，M2M）的功能：通过在各种物体上植入微型感应芯片，使任何物品都可以变得"有感受、有知觉"。物联网的这一神奇功能是互联网所不能具备的，它主要依靠 RFID 技术来实现。

（3）智能化特征。网络系统应具有自动化、自我反馈与智能控制等特点。

2. 物联网的关键技术

物联网的产业链可细分为标识、感知、信息传送和数据处理四个环节，其中的核心技术主要包括 RFID 技术、传感技术、网络与通信技术，以及数据的挖掘与融合技术等。

（1）射频识别（RFID）技术。RFID 技术是一种无接触的自动识别技术，利用射频信号及其空间耦合传输特性，实现对静态或移动待识别物体的自动识别，对采集点的信息进行"标准化"标识。鉴于 RFID 技术具有可实现无接触的自动识别、识别穿透能力强、无接触磨损、可同时实现对多个物品的

自动识别等诸多特点，将这一技术应用到物联网领域，使其与互联网、通信技术相结合，可在全球范围内实现物品的跟踪与信息的共享。RFID 技术在物联网"识别"信息和近程通信中起着至关重要的作用。另一方面，产品电子代码（electronic product code，EPC）采用 RFID 电子标签技术作为载体，大大推动了物联网的发展和应用。

（2）传感器技术。信息采集是物联网的基础，而目前的信息采集主要是通过传感器、传感节点和电子标签等方式完成的。将传感器应用于物联网中可以构成无线自治网络，这种传感器网络技术综合了传感器技术、纳米嵌入技术、分布式信息处理技术、无线通信技术等，使各类能够嵌入到任何物体的集成化微型传感器协作进行待测数据的实时监测、采集，并将这些信息以无线的方式发送给观测者，从而实现"泛在"传感（黄孝彬等，2011）。

（3）网络与通信技术。物联网的实现涉及近程通信技术和远程运输技术。近程通信技术涉及 RFID、蓝牙等，远程运输技术涉及互联网的组网、网关等技术。作为为物联网提供信息传递和服务支撑的基础通道，通过增强现有网络通信技术的专业性与互联功能，以适应物联网低移动性、低数据率的业务需求，实现信息安全可靠的传送，是当前物联网研究的一个重点。传感器网络通信技术主要包括广域网络通信和近距离通信等两个方面。广域方面主要包括 IP 互联网、2G/3G 移动通信、卫星通信等技术，而以 IPv6 为核心的新技术的发展，更为物联网用户提供了高效的传送通道；在近距离方面，当前的主流技术则是以 IEEE 802.15.4 为代表的近距离通信技术。

（4）数据的挖掘与融合。从物联网的感知层到应用层，各种信息的种类和数量都成倍增加，需要分析的数据量也呈指数级增加，同时还涉及各种异构网络或多个系统之间数据的融合问题。如何从海量的数据中及时挖掘出隐藏信息和有效数据的问题，给数据处理带来了巨大的挑战。因此，怎样合理有效地整合、挖掘和智能处理海量的数据是物联网的难题。运用 P2P、云计算等分布式计算技术，成为解决以上难题的一个途径。

3．物联网对智能商务的影响

物联网是一个智能的网络，面对采集的海量数据，必须通过智能分析和处理才能实现智能化。因此,智能商务将大有可为。虽然我们看到物联网对智能商务的需求很强烈,但是智能商务在物联网上的部署也不是一步到位的,物联网的海量数据对智能商务提出了更高的要求(黄浩等,2011)。

简单地说,物联网在电子商务中进行运用,如同计算机接入互联网一样,每个物品分配得到一个 IP 地址,从而实现物与人的"交流"。物联网对智能商务的影响,主要体现在对商品服务提供方的影响、对商品服务使用方的影响,以及对整个电子商务环境的影响这三个方面。

(1)物联网对商品服务提供方的影响。①物联网的运用提高了电子商务服务市场的门槛。物联网是高端技术,其各种设备的购置需要花费更大的成本。②物联网改善了供应链管理,节省了信息传递成本,把实物、设备的信息采集从人工采集变为自动采集。通过物联网,企业不仅可对产品在供应链中的流通过程进行监督和信息共享,还可对产品在供应链各阶段的信息进行分析和预测。通过物联网,企业可以更为快速地与供应商交流买方市场的消费信息与要求,保证自己的货源充足,让顾客有较高的满意率。

(2)物联网对产品服务使用方的影响。①物联网提升了物流服务质量。物联网通过对包裹进行统一的 EPC 编码,并在包裹中嵌入 EPC 标签,在物流途中通过 RFID 技术读取 EPC 编码信息,并传输到处理中心供企业和消费者查询,从而实现对物流过程的实时监控。由此,企业或消费者就能实现对包裹的实时跟踪,以便及时发现物流过程中出现的问题,有效提高物流服务的质量,切实提高消费者网络购物的满意度。②物联网完善了产品质量监控。消费者在网上购物时,只要根据卖家所提供的产品 EPC 标签,就可以查询到产品从原材料到成品再到销售的整个过程以及相关的信息,由此决定是否购买。这一技术彻底解决了目前网上购物中商品信息仅来自于卖家介绍的问题。利用物联网,消费者可以主动了解产品信息,而这些信息是不因卖家的意志而改变的。③物联网在一定程度上解决了电子商务网上诈骗问题。有了唯一识别的厂商信息和货物信息,顾客就不再只是单一地从卖家提供的信息了解商品。物联网在电子商务中的运用,使顾客不再只是简单地看到平面化的产品,而是可以实时体验各种性能,从而可以更放心地购买看中的

商品。

（3）物联网对整个电子商务环境的影响。①物联网可能会改变交易实现方式。物联网在电子商务中的应用，可能会促进或者改变现在的现金交易模式。当物联网在电子商务中发展到一定程度，我们就不再需要第三方支付平台，如现在被广泛使用的支付宝。②物联网可能会促进电子商务立法。当前电子商务立法问题一直未能得到解决，物联网的发展可能会促进这一进程。

4．物联网金融

物联网的发展，可实现物理世界数字化，实现所有物品的网络化、数字化，金融信息化的发展，也可使金融服务与资金流数字化。数字化的金融与数字化的物品有机集成与整合，可以使物联网中物品的物品属性与价值属性有机融合，实现物联网金融服务。物联网金融是指面向所有物联网的金融服务与创新，涉及所有的物联网应用，不仅仅局限于物联网金融的应用。

物联网金融具有如下四个特点。①物联网金融使得金融服务由主要面向"人"的金融服务延伸到可以面向"物"的金融服务。②物联网金融技术与理念可以实现商品社会各类商品的智慧金融服务。③物联网金融可以借助物联网技术整合商品社会的各类经济活动，实现金融自动化与智能化。④物联网金融将金融服务创新融入、整合到物理世界，可以创造出很多新型的商业模式。

物联网金融的创新模式主要有如下三种。①仓储物联网金融。仓储物联网金融是在仓储金融基础上发展起来的金融服务，是借助物联网技术对仓单质押、融通仓、物资银行等服务的进一步提升。借助物联网技术，可以对仓储金融的监管服务实现网络化、可视化、智能化，使得过去独立的仓储金融服务得到融合发展，也可使金融创新服务风险得到有效控制。②货运物联网金融。货运物联网金融是在货运车联网技术的基础上创新的金融服务，货运物联网金融服务由华夏物联网研究中心首先提出，并进行了很多开拓性研究。货运物联网金融服务，提供了一个双向管理（金融管理与物联网管理）的手段，货运物联网金融可集成与整合的服务众多，未来创新空间巨大。③公共服务物联网金融。公共服务物联网金融可以实现远程金融直接结算。

为控制风险，可增加手机或网络实时授权确认功能。

（四）移动互联网

1. 移动互联网的概念和特点

从 20 世纪 90 年代开始，学术界和产业界陆续开展有关移动互联网的研究与讨论。随着移动互联网的迅猛发展，对移动互联网的研究成为热点。从字面来理解移动互联网，就是将移动通信和互联网结合起来，成为一体。就技术层面而言，移动互联网定义为以宽带 IP 为技术核心，可以同时提供语音、数据和多媒体业务的开放式基础电信网络；就终端层面而言，移动互联网是指用户使用手机、笔记本电脑、平板电脑等移动终端，通过移动网络获取移动通信网络服务和互联网服务。由于移动互联网目前的趋势为互联网产品移动化强于移动产品互联网化，因此移动互联网的核心是互联网。一般认为，移动互联网是桌面互联网的补充和延伸，应用和内容仍是移动互联网的根本。

移动互联网具有便捷性、便携性、即时性、定向性、精准性、感触性等特点。

（1）便捷性。移动互联网像一个立体的交通网络，GPRS[①]、EDGE[②]、3G[③]、4G[④]、WLAN[⑤]及 Wi-Fi[⑥]等的无缝覆盖，使得移动终端可便捷地接入因特网。

（2）便携性。移动互联网的基本载体是移动终端。顾名思义，这些移动终端不仅仅是智能手机、平板电脑，还有可能是智能眼镜、手表、服装、饰品等各类随身物品。

（3）即时性。由于移动互联网具有上述便捷性和便携性特点，人们可以

---

① GPRS：通用分组无线业务（general packet radio service）。
② EDGE：增强型数据速率 GSM 演进技术（enhanced data rate for GSM evolution）。
③ 3G：第三代移动通信技术（third generation mobile communication technology）。
④ 4G：第四代移动通信技术（fourth generation mobile communication technology）。
⑤ WLAN：无线局域网（wireless local area network）。
⑥ Wi-Fi：无线保真（wireless fidelity）。

在工作生活之余，充分利用其中的碎片化时间，接收和处理互联网的各类信息，再也不必担心错过任何重要信息或时效信息。

（4）定向性。使用基于位置服务（LBS）的不仅能够定位移动终端所在的位置，还可以根据移动终端的趋向性，确定下一步可能去往的位置，使得相关服务具有可靠的定位性和定向性。

（5）精准性。无论是什么样的移动终端，其个性化程度都相当高。尤其是智能手机，每一个电话号码都精确地指向了一个明确的个体，使得移动互联网能够针对不同的个体，提供更为精准的个性化服务。

（6）感触性。这一点不仅仅体现在移动终端屏幕的感触层面，更重要的是体现在照相、摄像、二维码扫描，以及重力感应、磁场感应、移动感应、温度与湿度感应，甚至人体心电感应、血压感应、脉搏感应等无所不及的感触功能上。

2. 移动互联网的发展前景

放眼互联网行业的发展，移动互联网无疑是主旋律，从移动支付到移动社交、移动商务，都开展得有声有色。未来移动互联网的发展前景可能存在于以下几个方面。

（1）手机游戏领域将快速发展。近年来，手机游戏一直是投资者关注的重点领域，同时也是移动互联网产业中发展最早也最为成熟的一块领域。用户习惯逐年养成，但产品种类、创意开发以及运营模式仍存在一定欠缺，因此这一市场仍存在巨大的发展潜力。

（2）位置服务将得到运营商青睐。位置服务方面存在一定的政策壁垒，是运营商一直占据较大优势的领域，而利用成熟的3G和飞速发展的4G网络，以位置服务为基础整合移动互联网其他内容服务（如社区、搜索等）将成为运营商值得探索的领域。

（3）移动搜索将向垂直化方向发展。受到终端、资费等多种因素的影响，移动搜索的用户需求存在较大的特定性，因此呈现出垂直化发展的趋势。例如生活服务类信息、音乐类信息、地图及交通等都是移动搜索发展较快的领域。此外，"搜索＋位置服务"将成为移动互联网服务整合的重要平台，例如移动互联网与电子商务、移动互联网与社区的整合。

（4）移动社区发展潜力巨大。移动社区是以移动互联网为传输基础，以手机、平板电脑等移动设备为媒介，实现多人分享沟通的社会性网络系统。移动社区不仅是传统社区在手机上的功能延伸，还增强了用户的真实性与地域性，帮助提高广告、合作分成的收入。同时，围绕短信、彩信、位置等利用移动通信服务的创新型应用将会不断涌现。这些也为移动社区带来了新的赢利点。随着用户的关系在社交网站平台上逐渐积累和扩大，越来越多的交互和信息传递都会在移动社区平台上进行。

3. 移动互联网推动移动商务快速发展

移动互联网创造、引领了全新的商业模式。移动互联网融入了交流沟通、信息获取、商务、娱乐等各类互联网服务，正在创造着全新的商业消费模式。电商应用是移动互联网应用的一大亮点，随着4G到来，移动互联网正在向生产生活领域深度渗透，成为我国经济转型升级的"新引擎"。

移动互联网改变了商务销售模式。传统商业中的4P（product，price，place，promotion，即产品、价格、渠道、促销）原则以销售渠道为王，谁先掌握销售渠道，谁就能称霸商场、驰骋商界。然而，如今随着移动互联网技术的发展，销售渠道的地位已渐渐下降。顾客随时随地均可进行线上订购、线下享受服务的交易。

4. 移动互联网带来新的商务与金融模式

随着中国的互联网产业进入一个持续、快速、稳定的发展时期，丰富多彩的互联网应用已成为国人生活中必不可少的部分。移动互联网应用缤纷多彩，娱乐、商务、信息服务等各种各样的应用开始渗入人们的基本生活。移动互联网也带来了下述新的商务和金融模式。

（1）移动互联网带来的新的商务模式

① O2O 模式。O2O（online to offline）就是线上订购、线下消费模式，最热门的例子就是团购。Groupon 的迅速成长说明了这种模式的可行性，但

是其他的 O2O 商业模式还有待发现。

② LBS+anything 模式。LBS 被广泛用于移动定位附近优惠商户，消费者通过"签到"（check in）获得积分等。比如 PayPal 将签约商户标注在其手机应用上，这样会使商家获得更多的线下消费者。

③手机娱乐。手机娱乐不仅仅是指手机游戏。关于手机娱乐最近被提到比较多的一个概念是"碎片时间"。每天都有若干个"几分钟"，设计良好的手机娱乐应用（APP）应满足单回合时间短、信息量大的特点，使得用户可以在无聊的时候用这些有趣的小应用打发时间。

④移动安全。移动互联网是一个新兴的市场，在给人们带来快捷、便利的同时，安全问题也已经浮现。目前的智能手机中存储了用户的各种账号和信息，而手机窃密、手机病毒都已不仅仅停留于科幻电影里。相信软件安全将是移动生态系统中不可或缺的一部分。

（2）移动互联网带来的新的金融模式

①移动支付。移动支付作为一种快捷、高效的支付手段，能够克服地域、空间、时间的限制，极大地提高交易效率，为商家和消费者提供便利。特别是在现代支付中，小额、多笔成为常态，移动支付更为方便快捷，深受广大用户的欢迎。

②移动理财。如今，各大银行的手机银行除了手机充值、转账汇款等简单功能外，还加入了更多的金融服务，例如理财计算器、银行网点查询、基金资讯等。为了推广手机银行业务，农业银行、建设银行等多家银行均发力移动客户端，推出了手机银行的专属理财产品。除了银行，越来越多的公司进入移动理财市场。各种移动理财 APP 的风靡，大大方便了用户，也为用户提供了更便捷的理财渠道。

③移动交易。互联网金融已成为最为热门的话题。以第三方支付、P2P网络借贷、电商金融、众筹及金融机构线上平台为代表的互联网金融模式发展较快。

④微信银行。微信银行即银行与腾讯合作，利用微信社交平台，开通银行金融服务，具有代表性的是浦发银行推出的微信银行。2013 年 8 月，浦发

银行推出业内首个深入融合微信交互模式的微信银行，浦发银行在业内相继首推微信取款、微信购火车票、微信"融资易"等功能，完成微理财、微取款、微汇款、微支付、微融资的微信银行全功能布局，搭建全面覆盖线上线下各项业务的超级微信银行。

⑤ APP 模式。如今，移动互联网飞速发展，以苹果 APP 模式为代表的各种 APP 应运而生，丰富和繁荣了移动互联网产业，更好地满足了广大用户差异化、个性化、多元化的需求。APP 模式是典型的平台模式，APP 模式的成功构建于平台方、开发者和客户三方共赢的生态系统。以有利网为例，2014 年 1 月，有利网抓住移动金融迅猛发展的机遇，推出 APP，抢占先机，率先占领移动端，实现对用户理财 PC 端和移动端的全面覆盖。APP 的赢利模式呈现多元化，主要包括单纯销售收费、移动广告收费、月租费、增值收费和授权收费等。但在中国，APP 用户更喜欢免费模式。移动金融 APP 要能获得更好的发展，就必须把握客户核心价值需求，注重客户体验，开发出满足客户需求的创新产品，提高平台运营能力，不断做大平台用户规模和用户流量。唯有如此，APP 模式才能最终走向成功（胡世良，2014）。

第2章

iCity   智能商务与金融的
研究与发展现状

我们的社会生活正经历着一个无比广泛的数字化、网络化、智能化的进程。目前，宽带、融合、安全和泛在的下一代国家信息基础设施加快建设，新一代移动通信网、下一代互联网和数字广播电视网加快布局，三网融合全面推进。同时，信息技术已经进入大数据时代，其数据处理和存储能力几乎已经无所不能。以云计算、透明计算和物联网为代表的新一轮信息技术变革正在兴起，社区网络、搜索引擎和移动支付等应用形式不断涌现。从社交媒体到基于元数据分析的智能商务，都为智能商务与金融的发展提供了新的机遇，也提供了良好的基础。

一、智能商务与金融的研究动态

（一）智能商务的研究动态

1．研究基础

智能商务是智能商务的演化。1989 年 Gartner Group 的 Howard Dresner 首次提出"商务智能"（business intelligence，BI）的概念。商务智能是由企业终端查询和报表、数据仓库、联机分析处理、数据挖掘、企业决策支持等一系列信息技术组合而成的应用，这些信息技术开发的软件集合完成企业中从数据搜集、信息整合到智能决策的过程（陆海鹰，2011）。20 世纪末期，国外的研究主要集中在数据库和数据建模上。21 世纪初，越来越多的企业把智能商务作为一种帮助决策层管理、经营企业的有效手段。随着智能商务在企业中应用的普及，对智能商务的研究逐渐从技术层面上升到了企业战略层面（李维特，2012）。

Davenport（2006）归纳认为，智能商务是通过大量运用数据、统计与数量分析、探索与预测模型以及基于实际的管理来促进决策和行动的。Sircar（2009）进一步指出，智能商务的范围是管理科学（模型和数量方法）、统计（数据分析和数据挖掘）和信息技术（数据库）三者的相交处。Brannon（2010）认为，智能商务是指采用一系列技术和方法进行数据的收集、储存、分析，以便帮助企业做出更优的商务决策，智能商务系统将代替决策支持系统，并使得企业的多种报告工具更加便利。典型的智能商务系统包含数据来源系统、交易数据、数据储存库、数据终端显示、报告和分析工具等组成部分。Business Objects 公司创始人伯纳德·利奥托德（Bernard Liautaud）曾提出，智能商务是通过采用一系列方法、技术、过程和软件，并提供针对不同企业规模和特点的解决方案，帮助企业提高企业决策能力和运营能力的概念。

尽管近年来国内众多企业开始了商务业务智能化的进程，但相关理论研究尚未形成规模，国内学者的理论研究成果较少，理论滞后于实践。

陈贤（1998）指出，因特网一类的通信技术及其服务呈爆炸式增长引出了新型的社会经济视角。他认为，信息管理是业务进程的中心问题，利用信息交付战略决策的能力已成为制定业务决策强有力的工具，而处理信息的力量也已成为所有机构保持竞争力的关键。因此，智能商务是企业全新的管理方式。

徐绚等（2004）认为，智能商务是一项技能，该技能起到整合分析企业数据、提炼数据信息、发现知识的作用，从而帮助企业管理者调整产品结构，改进销售渠道，完善业务流程，辅助企业决策者优化企业资源，搜寻新的商业机会，预测企业发展趋势，最终提高企业市场竞争优势。

焦慧敏等（2006）定义智能商务是通过挖掘企业内外部数据信息，加强对竞争者、客户和市场的识别，为企业决策者提供科学决策依据的工具。

夏国恩（2007）通过分析国内大量相关文献指出，智能商务在系统功能上应具有全局性、可扩展性，应注重对企业全局动态性的分析、评价。他认为，融合联机分析处理技术与数据挖掘技术会使分析操作智能化，使挖掘操作目标化，从而全面提升智能商务技术的实用价值。

赵卫东（2009）认为，智能商务是指站在企业战略的角度，结合现代化信息技术和管理模式，通过对企业数据的整合和提炼来创造商业价值，并辅

助企业决策层、管理层和业务层充分发挥各自的水平，为企业创造更多的利润，帮助企业提升竞争优势。

夏国恩等（2006）分别对 SCI、EI 以及 CNKI 进行了检索。检索内容为 1994—2004 年在国内期刊上发表的相关文章，以及被 SCI 和 EI 收录的我国有关智能商务方面的研究文章。整理发现，国内的研究文章对智能商务核心技术理论的研究主要集中在数据仓库（data warehouse，DW）、联机分析处理（on-line analytical processing，OLAP）、数据挖掘（data mining，DM）和企业信息门户（enterprise information portal，EIP）四项技术上。

（1）数据仓库技术

目前比较通用的对数据仓库的定义最早是由 W. H. Inmon 提出的。他认为，数据仓库是一个用于支持管理决策而制定的面向主题的、集成的、稳定的、包含历史数据的数据集合。数据仓库是实现商业智能的数据基础，是企业长期事务数据的准确汇总。数据仓库完成了数据的收集、集成、存储、管理等工作，而智能商务面对的是经过加工的数据，使得智能商务能够更专注于信息的提取和知识的发现。数据仓库为智能商务撷取或载入大量原始信息，归并各种数据源的数据，用于支持企业管理和商业决策。智能商务要充分发挥潜力，就必须和数据仓库的发展结合起来。

国内在该领域的研究时间较短，相关的研究集中在简单介绍和一般系统的结构设计上。目前数据仓库的供应商很多，比较著名的有 IBM、Sybase、甲骨文、微软等。IBM 和 Sybase 等公司的数据仓库技术中含有不同的策略和算法。以 IBM 和 Sybase 为例，IBM 在其数据仓库系统中集成了 Intelligent Miner，能够进行典型数据集自动生成、关联发现、序列规律发现、概念性分类和可视化呈现，它可以自动实现数据选择、数据转换、数据发掘和结果呈现这一整套智能商务解决方案。Sybase 公司研发的行业数据仓库架构 IWS 是 Sybase 专家长期实施数据仓库所积累的知识和经验的结晶，它不仅提供了各个行业的 CRM 模型，而且提供了各行业特定的绩效分析模型。它的产品可以帮助客户识别最有潜力的客户群，并揭示其中的特性；分析用户访问路径的规律，改善电子商务的策略；通过精确的评分机制提高客户的利润贡献度；实现欺诈检测、客户流失管理、非法侵入检测以及其他需要预测的应用。因此，数据仓库技术是智能商务发展的基础，其发展决定了智能商务的未来。

（2）联机分析处理技术

联机分析处理是关系数据库之父 E. F. Codd 博士在 1993 年提出的，它为准确定义多维模型、操纵多维立方体提供了技术基础。利用联机分析处理技术可以对基于数据仓库中多维的商务数据进行在线分析处理，生成新的商业信息，又能实时监视商务运作的成效，使管理者能自由地与商务数据相互联系。该技术可用于多个领域，例如市场利润分析、后勤分析、经济预算和预测、税收计划、成本会计等。

国内由于受到数据仓库技术应用发展的限制，联机分析处理技术缺少具体的实现环境，关于该技术在智能商务方面的应用的综述性文章较多，但是缺少较深入的理论研究。国内的研究内容主要集中在对技术和概念的介绍以及简单系统的构造应用等方面，如对联机分析处理、数据立方体等基本概念和特点的介绍以及对基础立方体集概化算法的应用。

（3）数据挖掘技术

数据挖掘是指从存放在数据库、数据仓库或其他信息库中的大量数据中挖掘人们感兴趣的知识的过程。利用该技术的智能商务的智能化程度最高，在海量数据和文档中发现以前未知的、可以理解的信息，以预测未来的企业行为。其理论依据是：如果能根据现有客户的特征，预测其未来变化趋势，就能掌握制胜先机。数据挖掘可以发现复杂或精细的答案，而这些是联机分析处理所不能做到的（李振国等，2007）。

国内对于数据挖掘技术应用于智能商务的研究开展得比较晚，主要有如下研究方向。①分类使用：分类商业问题涉及商业规则的查找，类的描述为显式的或隐式的。②侧面生成 Best N：分类方法的变种，用于目标市场、测试邮件及恰当处理的决策。③神经网络使用：从结构上模仿生物神经网络，是一种通过训练来学习的非线性预测模型应用。④规则发现和决策树的使用：规则发现算法用于带有属性或描述的数据项中，目的是要显式描述抽

取的规则，显式规则有时模型化为决策树，典型例子是信用卡的信用风险分析。⑤关联的使用：关联描述一组数据项目的密切度或关系，通过发掘事务数据可以派生关联规则。⑥顺序模式和顺序序列使用：分析数据仓库中一组同类型的数据，如订购了打印机，以后还可能订购打印纸，可借此发起促销，增加效益和提高顾客满意度。⑦聚簇分析：当要分析的数据缺乏描述信息，或者无法组织成任何分类模式时，利用聚簇函数自动找到类，可实现一组顾客的现金流分析或市场细分。

（4）企业信息门户技术

企业信息门户技术提供了一个用户与企业的商业信息和应用软件间的接口。企业的商业信息，不只是被储存在数据仓库中，而是分布在不同的系统和应用软件之中。智能商务系统是通过企业信息入口来收集、组织和集成整个企业范围内的商业信息，并且对不同的用户提供不同的访问信息权限的系统。

国内对企业信息门户技术的分析和研究近几年逐渐增多，并逐渐深入。国内的企业信息门户技术研究主要集中在以下内容。

①全客户门户技术。全客户门户也称为非网络化门户，这种技术采用客户机/服务器结构，以高速处理器运行应用程序，预留存储空间存储数据文档以及安装高容量内存处理并发任务。同时，采用数据库中间件，允许客户透明地访问后台各种异质的数据源。其结构强壮，可以进行离线分析，但成本较高。

②瘦客户门户技术。瘦客户门户也称为网络化门户，采用浏览器/服务器结构。不同的是，这种应用在通过采用数据库中间件允许客户透明地访问后台各种异质的数据源的同时，采用 Web 服务器中间件提交 Web 客户的请求。其结构没有全客户门户结构强壮，作用与功能相对较弱，但成本较低，结构部署更快、更容易。该结构允许用户通过网络访问个性化的界面和应用，以实现商务应用，可以把现有的业务应用与数据、实时的数据流、业务事件和 Web 的内容集成到一个统一的信息窗口，具有持续的可用性和端到端的安全性，将客户、雇员、合作伙伴和供应商的业务流程直接联结，从而帮

助现代企业达到节约资源、拓展市场的目的。

2．研究前沿

2011 年，IBM 公司针对快速变化的商务环境提出了智能商务（smarter commerce）的概念，认为智能商务是一种能力，可以利用隐藏在企业各部门系统中的数据来帮助决策者做出更明智的决策，业务人员通过提取、转换、加载数据仓库中的数据，对数据进行联机分析、处理和挖掘后，得到可以辅助领导层的决策知识，从而更好地帮助企业提高决策效率和竞争力，最终帮助企业获得更多利润。

黄浩等（2011）从技术角度讨论了云计算和物联网对智能商务技术产生的影响，并总结了目前智能商务依然面临的具有挑战性的问题。晏楚瑜（2011）认为，现有的智能商务系统存在过于依赖结构化数据而无法满足分析人员或决策者的个性需求的缺陷，缺乏必要的商业背景信息，需要决策者自己去理解和判断这些数据，并且缺少协同功能。故提出了一种将智能商务和协同技术结合起来，以满足企业协同决策和协同业务处理的需要的协同智能商务系统。

朱张祥（2013）认为，随着智能商务系统对自身性能要求的不断提高，云计算与智能商务的结合成为一种必然，在此观点上，他分析了传统智能商务在企业中应用存在的问题以及对企业竞争力的影响，并深层次地讨论了云计算给传统智能商务带来的影响，进而分析了基于云计算的智能商务对企业核心竞争力产生影响的途径，以期为今后的相关实践提供理论支持。

刘乐乐等（2014）通过分析智能商务的研究现状，探讨了物联网与云计算技术对智能商务的影响，提出了基于云计算与物联网技术的智能商务发展趋势，并对智能商务发展面临的挑战进行了探讨。

（二）智能金融的研究动态

1．研究基础

中国智能金融研究院潘和平教授在第一届中国智能金融论坛上谈到，金

融学到目前为止共经历了三个阶段：①经济金融，它是从原来的经济学中引申出来的；②计量金融；③现在发展的智能金融。与传统的金融学分散研究和投资业界经验探索不同，智能金融一方面专注于全面系统地理解国际金融市场的运作规律，另一方面致力于全球投资交易系统的完整设计、开发和运营。智能金融的现实意义在于研究和开发高度自动化、面向全球金融的投资交易系统。上海金融学院信息管理学院元如林教授从信息化发展阶段的视角出发，分析认为智能金融通俗地反映了金融信息发展所处的阶段，指出智能金融的目标是利用信息技术帮助人们实现更加便捷的支付结算、更加及时的金融服务、更加安全的财富管理，最终实现更加美好的幸福生活。

陶倩等（2006）对代理（agent）使用相应学习机制的内在原因——代理不同适应属性的研究，提出了代理适应性的分级结构框架及其实现机制，更全面地理解代理适应属性的差异对金融市场价格动态所产生的影响。薛耀文等（2006）依据行为金融理论和复杂网络理论，提出了在复杂金融网络中基于成本约束的效用最大化条件下智能节点洗钱路径的两种计算方法。周宁等（2007）设计的一种基于移动代理的智能商务系统，能为客户快捷便利地寻找所需的商品信息，推荐合理的商品，实现客户与商家的双赢。马卫民等（2009）从目前对智能商务中数据挖掘技术研究的现状出发，设计了神经网络数据挖掘方法的算法，构建了基于神经网络数据挖掘方法的智能商务应用研究模型，并将此模型应用于金融客户信用等级的分析评估中，结果表明，这种方法模拟精度高、可操作性强，具有一定的使用价值。叶秀敏（2012）认为，智能金融代表未来金融业的发展方向，与传统金融有着本质的差别。智能金融将在信息社会伴随着社会化网络、物联网、云计算等技术在金融领域的深入应用而带来金融体系和商业模式的变革，这种变革将推动资金获得更顺畅的流通、更合理的配置以及更安全的使用。智能金融的实现是基于大规模的真实数据分析达成的，因此智能金融的决策更能贴近用户的需求。另外，金融主体之间的开放和合作，使得智慧金融表现出高效率、低风险的特点。

2. 研究前沿

自 2009 年 IBM 公司提出"智慧地球"概念以来，全球对于智慧地球的相关讨论一浪高过一浪，智能金融也得到更多研究者的关注。

林媛（2010）针对基金、外汇、黄金、股票等普通金融投资者，构建了一个具有自主特性的智能金融资产管理系统，该系统将分布于各金融市场的实时文本数据作为基本信息源环境，使用文本分类技术中的数据预处理技术和概率混合模型进行决策分析，预测各金融市场的运行方向，并监控市场行为，智能、动态地产生交易指令并完成交易。对于目前资本市场上的股票行为分析系统需要高效的人工智能技术用于分析大型金融数据集的问题，Rodríguez-González 等（2011）提出了基于人工智能技术与相对强弱指标（relative strength indicator，RSI）技术的结合，建立图表分析交易平台（Chartist Analysis Platform for Trading，CAST），以有效提高交易系统的实用性。Magoč 等（2010）使用模糊测度和模糊积分从决策理论的角度来探讨金融最优投资组合选择问题。Díaz-Martínez 等（2011）采用两种人工智能方法——粗糙集理论和 C4.5 算法（rough sets theory and C4.5 algorithm），分析了在银行危机中宏观经济和金融变量的作用，证明了粗糙集和决策树两种方法在预测金融危机中的适用性。Divsalar 等（2011）提出了用线性遗传编程（linear genetic programming，LGP）和径向基函数（radial basis function，RBF）神经网络方法建立企业破产预测模型并进行了实证，结果表明 LGP 模型具有较好的预测性能。杨建卫（2011）提出了基于代理的金融生态环境智能决策支持系统，探讨了在多代理通信与合作环境下实现金融生态环境数据的动态收集、分析、评价、预测及优化等功能的工作原理。祁雅倩等（2013）构建了基于云的智能金融的框架体系，该智能金融的总体框架是在金融物联网的基础上，通过金融云，使金融行业在业务流程、业务开拓和客户服务等方面得到全面的智能提升，实现金融业务、管理、安防的智慧化。郭伟（2013）提出了金融系统计算机安全问题。他认为随着金融电子化步伐的加快，金融系统计算机安全问题日益社会化、严重化，并提出了如何加强计算机系统科学化、规范化管理，保证金融信息安全，以及消除金融电子化存在的各种隐患的应对措施。

二、国外智能商务与金融的发展现状

随着商务与金融的发展，其智能化是未来趋势之一。目前全球已启动或在建的智能城市项目约 1 000 个，而商务与金融的智能化建设是其中重要的组成部分，国外相关领域既有的发展成果及路径等经验为我国智能商务与金融建设提供了参考。

（一）欧　盟

1997 年 4 月，欧盟出台了《欧洲电子商务动议》，并于 1999 年 2 月提出制定旨在协调全球通信特别是电子商务的国际宪章，自此，欧洲电子商务的发展非常迅速。但欧盟各成员的电子商务水平不同，电子商务市场 70% 的营业额集中在三个关键的市场：英国、德国和法国。据欧盟通信委员会统计，电子商务为欧洲贡献了大约 5% 的 GDP，欧盟已经决定在 2015 年之前将这一数字增加一倍。为达到欧盟提出的 2015 年电子商务总量翻番的目标，通信委员会提出了迅速实现欧洲知识产权战略，进一步开发银行卡支付、网络或移动电话支付市场，就包裹递送尤其是国际递送业务当中出现的问题向公众咨询可能的解决方案，加强对在线交易者的培训，了解数字单一市场中他们的义务与机遇等行动方案。

（二）美　国

1. 电子商务

电子商务在美国起源，高度发达的市场经济体系提供了良好的经济、技术和社会条件，因此，美国的电子商务发展异常迅猛，迄今一直保持全球领先的地位。美国电子商务的发展主要集中在两个领域：B2C（business-to-customer）电子商务和 B2B（business-to-business）电子商务。

B2C 电子商务也称网上零售，该模式着重于以网上直销取代传统零售业的中间环节，创造了商品零售业的一种新的经营模式。亚马逊书店开创了网上零售的先河，掀起了美国电子商务的热潮。在它的带动下，美国出现了众多的网上商店，如雅虎、美国在线等知名的网站或接入服务商也都设立自己的网上商店，开展网上销售业务。传统的零售业企业也逐渐转变观念，开始接受网上零售这种新的商业方式，像美国第一大零售业连锁企业沃尔玛集团、第二大连锁企业西尔斯集团，纷纷开设自己的网上业务。2011年，美国购买了上网套餐的移动设备数量达到3.276亿部，超过了美国人口总数3.124亿人。根据美国商务部公布的数字，2001年美国的网上销售额为326亿美元，比2000年增长19.3%，大大高于同期美国商品零售总额3.3%的增速，网上零售额占零售总额的比重达到1%，网上零售业在美国经济中的地位和作用也在日渐上升。B2C电子商务在美国的顺利发展，得益于良好的信用和金融支付系统，以及发达的物流体系。像美国邮政局、UPS、FedEx这样著名的大型物流企业，有遍布全国的现代物流网络，为网上零售商品的配送提供了不可或缺的支持（刘宝辉，2003）。

B2B电子商务是指发生在企业与企业之间的网上交易行为。美国的电子商务从B2C模式起步，但B2B电子商务很快成为主流。推动这种模式发展的主要力量是传统产业对电子商务的大规模应用，现在几乎所有的美国大企业都在使用电子商务，电子商务在美国已经显示出强大的发展动力。现在在美国，电子邮件已经在很大程度上取代了信件，在一定程度上取代了电话和传真；信息发布功能已经取代了一部分的报纸、电台、电视台的新闻发布功能，几乎所有的大报都有了免费的电子版本供读者查阅。许多日常工作，尤其是信息搜集工作，点击鼠标即可完成。事实表明，网络和电子商务的应用已经产生了不可估量的经济和社会效益。

美国电子商务的高速发展，在很大程度上得益于政府的大力支持。电子商务一经出现，美国联邦、州两级政府都以极大的热情关注电子商务的发展，并且制定了大量与之相关的法规和政策来促进电子商务的发展。另外，美国政府创建的横跨全国的免费超级Wi-Fi网络，为电子商务的发展提供了良好的信息网络基础设施。

据eMarketer测算，2012年美国的移动电子商务零售总额增长81%，达到近 250 亿美元（王胜开等，2013）。美国福里斯特研究公司副总裁兼首席分析师朱莉·阿斯克表示，2014 年零售商在移动端的销售额达到 1 000 亿美元，美国已迎来移动电子商务时代。

2. 智能金融

在智能金融方面，花旗银行与美国 M1 公司于 1999 年 1 月携手推出手机银行。客户可以用 GSM 手机银行了解账户余额和支付信息，向银行发送文本信息执行交易，还可以从花旗银行下载个性化菜单，阅读来自银行的通知，查询金融信息。美国电信业巨头 AT&T 通过 Cingular Wireless 商业模式，联合四家银行开展了手机银行业务，使移动电话变成了一张信用卡。

美国独立社区银行协会（Independent Community Bankers of America，ICBA）的调查显示，越来越多的社区银行正在上架移动支付服务。2011 年，只有 23% 的社区银行推出移动支付服务，ICBA 预计，到 2015 年，43% 的社区银行都将推出移动支付服务（慕楚，2013）。

比特币[①]

比特币（Bitcoin）是一种用户自治的、全球通用的加密电子货币。

其概念最早由中本聪（化名）在 2008 年提出。随后，他以公开对等、共识主动性的理念为基准，结合密码学原理、对等网络技术和开源软件，开发出能自我完善的、免费的比特币应用体系。2009 年 1 月 3 日，比特币问世。经过相关人士的不懈努力，比特币的应用系统不断完善，认可、使用、参与的个人、组织和企业在全球迅速增加，重视它的国家和权威机构也越来越多，使之成为一个适应于互联网时代的、独立于传统金融系统的新型金融生态体系。

---

① 资料来源：（李钧，2014）和（罗强，2014）。

与传统货币不同，比特币的运行机制不依赖中央银行、政府、企业的支持或者信用担保，而是依赖对等网络中种子文件达成的网络协议。去中心化、自我完善的货币体制，理论上确保了任何人、机构或政府都不可能操控比特币的货币总量，或者制造伪币。它的货币总量按照预定的速率逐步增加，增加速度逐步放缓，并最终在 2140 年达到 2 100 万个的极限。

比特币的本质其实就是一堆复杂算法所生成的特解。特解是指方程组所能得到无限个（其实比特币是有限个）解中的一组。而每一个特解都能解开方程并且是唯一的。若以人民币来比喻，比特币就是人民币的序列号，知道了某张钞票上的序列号，就拥有了这张钞票。挖矿的过程就是通过庞大的计算量不断寻求这个方程组的特解，由于该方程组被设计成了只有 2 100 万个特解，所以比特币的上限就是 2 100 万。

（三）日 本

相对于美国而言，日本的电子商务起步较晚，但却总能在电子商务的浪尖上"嬉戏逐浪"。日本政府将发展电子商务作为新经济时代的一项重要国策，试图借助电子商务提升日本企业的国际竞争力，振兴日本经济。从提高效率、降低成本的方面来看，许多日本企业通过电子商务，切实提高了企业生产、企业经营、库存管理、客户管理和网上采购等环节的效率，效果十分明显，一般降低成本 10% ~ 30%。

日本电子商务具有以下特点。

（1）移动上网成为特色。日本连入互联网的大部分终端并不是 PC 机，而是形式多样的移动无线通信设备，主要以手机为主。通过移动上网服务，移动互联网用户可以随时随地、随心所欲地完成各种交易，对于日本那些经常奔波于旅途中的商人来说格外方便。2004 年 3 月末，日本移动电话用户有

8 152 万户，其中移动电话上网用户数达到 6 973 万户，移动电话上网比例高达 89.5%。日本拥有世界上最多的与互联网连接的移动上网用户群体。

（2）便利店方兴未艾。与美国庞大的配送体系有所不同的是，日本 B2C 电子商务配送体系是以遍布全国的几万家便利店为据点，实行就近配送。便利店不仅方便了消费者，而且提高了包裹邮寄的效率和安全性，使在线零售商因为集中配送而降低了成本（李理，2009）。这些便利店配备了网络终端，提供 24 小时服务，可以轻松满足消费者网上购物的需求。以 7-11 和罗森（Lawson）这两家日本最大的便利店为例，它们分别在自己的几万家分店内设置了在线多媒体终端。消费者可以通过网络或便利店订货，选择取货付款店并确认订单；核心本部网站和合作网站收到订货信息之后会及时传送给配送中心，再通过配送中心与企业之间建立的在线管理系统进行信息处理；最后，配送中心将商品送至消费者指定的便利店，消费者取货付款，完成整个网上购物全过程。

（3）多种支付方式。日本电子商务的支付方式不是单一地采用信用卡支付，而是根据大众的消费心理采取现金支付、信用卡支付、互联网银行转账及会员制、记账式等多种支付方式。日本人在网上购物时对于"在线支付方式"的使用相当谨慎，他们往往根据购买商品的形态（有形商品或无形商品）而采取不同的支付方式。通常情况下，消费者大多采用"货到付款"的方式，这也就形成了极具日本特色的"网上预定＋网下支付"的 EC 购物方式。由于日本人担心信用卡的安全性，因此更多的日本网站向消费者提供直接用银行存款支付货款的服务。

（四）其他国家

1．韩　国

作为亚洲地区网络覆盖率最高的国家，韩国的移动通信、信息家电、数字内容等居世界前列。

（1）电子商务

韩国电子商务的基础设施被国际社会公认为世界级水平。据 2012 年

IDC 的一项调查，在信息化社会的排名中，韩国居世界第八位。2003 年，韩国电子商务规模达 2 040 亿美元；2014 年，韩国电子商务规模达 1 万亿美元。韩国的电子商务显示出了迅猛的态势和持续的增长。

（2）智能金融

韩国银行业在 IT 强国的光环笼罩下，智能金融竞争日益白热化，其分支网店智能管理系统开启了智能金融的大门，从根本上改变了消费者的"就近支行"意识。如新韩银行在 2012 年新开设通过网络、智能手机等在视频商谈中就可以购买商品的虚拟支行，并于 2013 年 2 月开始运营。目前运行中的网银和移动银行能够智能支持金融交易，而智能金融中心则能够提供基金商谈、贷款、资产管理等实体店中提供的金融服务。在网上搜索所需基金商品后，若有疑问，即可马上通过视频商谈向专业人员咨询。

国民银行也于 2013 年 5 月中旬在首尔国际金融中心开设了智能支行。与其他支行不同的是，顾客使用新概念金融服务终端即可自行办理所需业务，提供了一个完美的"个人空间"。该终端外观上和自动取款机（ATM）相似，但存取款、基金购买、支付卡申请等通过银行窗口才能办理的业务，可以在此自行办理。顾客在个人空间结束业务办理后，该支行里设有的求助窗口将读取其个人存折，并通过商谈窗口接受财务咨询。

韩国外换银行也于 2012 年 12 月携手韩国三大集团之一的 SK 电讯开发了韩国首个智能型无人银行 Q-Plex。"Q-Plex"意为快捷（quick）和多元化（complex）的结合，是能向客户提供在最先进的设备上享受快捷且多元化金融服务的新概念银行营业网点。Q-Plex 智能银行网点配有无须用纸的电子文件系统和综合金融设备，客户可以在独立的专用型柜台利用尖端的智能设备，根据电子文件及视频中的说明办理存款、购买基金、贷款、开卡、汇款等 100 余种银行业务。该设备不仅能保护个人隐私，还能通过多媒体显示屏获得在银行窗口无法看到的金融商品信息。

2. 新加坡

（1）电子商务

在电子商务方面，新加坡从 20 世纪 80 年代初就开始起步，目前基础条件较为成熟，在国际上处于领先地位。为推动企业应用电子商务，新加坡采取了多方面的措施，包括通过各机构为企业提供便捷的、形式多样的财务援助计划，如本地企业融资计划、商务开发计划、本地企业技术援助计划、培训补助计划、公司研究奖励计划等；运用教育宣导方式协助企业了解电子商务在提高生产力与竞争力方面的效力；提供易于使用的交易方式或平台，鼓励中小企业的参与；以补助等方式鼓励企业在管理与技术性专业人力培养上的投资。

以针对中小企业的资讯通信计划为例。该计划旨在帮助中小企业全面应用资讯通信技术，以降低成本，提高效率。该计划为企业提供轻松易得、安全可靠的资讯通信服务，使企业可享受一站式客户服务体验。中小企业开发的第一个网站可以享受高达 2 000 新元的补贴。该计划自推出以来，已有超过 1 500 家中小企业从中获益。

（2）智能金融

在智能金融方面，2011 年 10 月，由包括花旗银行和三家新加坡电信公司在内的七家公司组成的财团负责建立全国性的近场通信（near field communication，NFC）系统，让持有 NFC 功能的手机用户能用手机进行支付。在此项合作中，金雅拓（Gemalto）负责开发和经营可信任第三方（trusted third party，TTP）基础设施；星展银行（DBS）、易通公司（EZ–Link）和花旗银行（Citibank）负责通过金雅拓提供的基础设施，无线发行其各类信用卡、借记卡和储值支付产品，并将其与客户手中具有 NFC 功能的手机的安全芯片进行结合，用户便能使用手机在配备 NFC 零售终端的地方进行交易支付。

从 2013 年起，手机用户在新加坡超过两万个零售点购物或搭乘出租车，只需挥一挥具有近场通信功能的手机即可付款。通过 600 多个遍布新加坡大型商场和办公楼的 NFC 智能海报，商家也可以向消费者提供具有互动性和针对性的内容。

（五）对我国的启示

尽管智能商务与金融的发展已初见优越性，但是其应用广泛分布于发达国家或我国的垄断性企业，我国在发展智能商务与金融方面仍处于比较滞后的阶段。

1. 智能商务

智能商务的建设是以全面信息基础设施和平台为基础，由政府投资拉动和居民需求结合驱动的多层次综合应用体系。作为将先进技术全面融入城市精细化管理和企业经营管理中的有效手段，智能商务本身就是一个涵盖了新一代信息技术各个领域的综合应用体系。目前，我国企业迫切地想把智能商务应用到企业中以提高绩效，但是由于缺乏统一的标准，有的企业甚至存在着几个不同的信息应用软件，造成了企业各部门数据重复、交叉和难以整合的局面，形成信息孤岛，导致企业花费巨资构建智能商务系统，却没有为企业解决任何商业问题，最终使企业在市场竞争中失去竞争优势。针对目前国内智能商务的问题和我国的实际情况，借鉴国外的经验，有如下启示。

（1）无论是智能城市建设还是企业发展智能商务，都离不开政府的支持和引导。政府对企业实施商务智能化应给予政策和金融上的扶持，对信息网络基础设施的建设要进一步完善。

（2）各企业应加强对商务智能化的认识。虽然说企业的智能商务能够发现隐藏的成本和潜在增加营业收入的机会，但是并非所有的企业都适合实施商务智能化。这需要从企业发展的规模、战略目标设定等角度来考虑。实施商务智能化，必须具备相当的软、硬件条件，从业务领域着手，结合业务部门和 IT 部门协同制定数据框架，把智能商务作为企业战略的一部分来看待，确保智能商务在企业中的战略地位。

（3）研发产品应注意各种学科知识的综合应用。对数据、信息进行处理时必须将定量分析与定性分析结合起来，把模型的计算结果和专家的知识、经验、判断结合起来，这正是智能决策型智能商务的基本功能，因此智能决策型智能商务将是今后的发展方向。由于系统的复杂性和动态性，单个用户不可能做出比较正确的决策，那么只能靠集体智慧，集思广益，因此群体决策型智能商务将有广阔的应用前景。

2．智能金融

在当今信息社会，智能金融是伴随着互联网络、物联网、云计算等高科技技术在金融领域的深入应用而发展的。

我国现行金融体系具有三个重要特征：①金融体系以银行为主；②金融市场的运作受政府干预较多；③很多金融活动和金融决策的后果最终都由政府承担。这些特点对智能金融的建设以及智能城市的建设都形成了一定的遏制。结合国外智能金融发展实施的经验，我国智能金融的发展过程应该注意以下几点。

（1）政府应积极规划、引导和协调智能金融的建设。首先，政府应该维持市场规则和秩序，建立完善的金融监管体系，保证企业和个人用户的财产安全。其次，政府应提供基本的基础设施。第三，政府应降低金融准入门槛，允许更多的中小金融机构到市场上来，以促进智能金融的建设（黄益平，2014）。

（2）由于我国大众掌握的金融知识不足，对智能金融时代各种金融产品以及新兴的支付方式的风险承受能力较弱，这对我国发展智能金融也是一大阻碍。所以，应该全面普及金融知识，让人们掌握金融知识，提高金融服务和金融安全意识，增强公众的非现金结算意识。

三、国内智能商务与金融的发展现状

我国智能商务与金融近年来有较快的发展，也取得了一些成果。

智能商务内涵广泛，往往涉及多领域、多层次的内容，因此某个行业的智能商务的应用无法全面地反映其在我国国内的发展现状。从理念方面讲，智能商务比智能金融更早进入中国，我国学者对其研究也较早，目前已经有了比较丰富的学术成果。因此下面我们将从理论研究和实际应用两个方面阐述我国智能商务的发展现状。

至于智能金融，现有的理论研究成果非常有限，且多是着眼于地方特色，无法很好地反映我国智能金融发展的现实状况，因此我们将分别通过智

能金融在传统金融领域（银行、证券和保险）的应用现状以及互联网金融这两个视角来分析我国智能金融发展状况。

（一）智能商务的发展现状

自 IBM 推出智慧城市概念后，世界各地围绕智慧城市进行了广泛的实践，我国北京、上海、宁波、厦门等许多城市与地区相继推出了"智能（慧）城市"的发展战略。该战略内容涵盖城市建设的诸多方面，其中一个重要的方面就是智能商务的实际应用。自 2012 年以来，我国除了在智能商务理论研究方面取得了一些成果，一大批已经建成、正在建设和将要建设的智能商务应用如雨后春笋般涌现。通过对这些实际应用的讨论，我们可以从另一个方面了解智能商务在我国的发展现状。

在商务领域，许多城市的智慧城市（或智能城市）建设规划中均有一定的涉及。如 2012 年北京市发布的《智慧北京行动纲要》提出了不停车电子收费系统（ETC）、"电子绿标"等智能化应用，并提出了推广"市民卡"（包括社保和实名交通等功能），使市民能持卡享受医疗、就业、养老、消费支付等社会服务，此外，还提出推广电子商务应用。2012 年武汉市提出将在需求最迫切的 15 个重要领域开展应用重点项目建设（包括智慧旅游、智慧教育、智慧水务、智慧食品药品安全、智慧社区、智慧物流、智慧空间等），将着力发展"武汉通"卡、无线城市、智能交通综合管理与 ETC、"未来商店"、公共物流信息平台等一系列应用。2011 年宁波作为国内第一个系统部署建设智慧城市的城市，明确提出"六个加快"重大战略，建设智慧物流、智慧健康保障、智慧信用管理等项目。2008 年厦门市的无线城市建设走在全国前列，其商务领域的智能化工作正在逐步推进，在政务信息化、智能物流、企业信息化及生活信息化等方面的智能应用正在深入。厦门海关以电子智能化技术加快物流流通，厦门象屿保税物流园区与厦门港区间实现了货物 24 小时直通。

2012 年，广东明确提出了重点建设包括智慧物流和智慧商务在内的 11 大应用领域。其中，在智慧物流方面，提出以机场、港口、铁路等物流枢纽为依托，建设一站式行业物流公共服务信息平台，开展"一票到底""无缝衔接"的多式联运全程信息跟踪追溯服务，推进多式联运的可视化和智能化管理。在智慧商务方面，提出建立智慧商务支撑体系，支持建立广东国际电子商务信用服务平台，推动银行、企业跨行业合作，建设安全、快捷、方便的在线支付管理平台，发展在线支付增值服务。在移动支付平台建设方面，结合国家移动电子商务试点示范城市建设，以广州手机 RF-SIM 移动电子支付、惠州移动惠民卡为试点，逐步推进移动电子支付应用，扩大手机身份认证和电子支付服务，支持二维码技术的推广与应用。

目前，已有不少国际智能商务公司进入中国，其中不乏 MicroStrategy、Business Objects、Cognos 等国际知名的传统智能商务软件厂商，以及一些著名的企业管理应用软件厂商，比如 SAP、甲骨文和冠群等公司投资开发分析软件，其他在中国大陆发展的跨国厂商纷纷通过寻求合作伙伴或者直接设立办事处加快进入中国市场的步伐。面对国际顶尖公司对中国市场的进攻，国内厂商（如金蝶、用友、创智等）一方面与这些巨头建立良好的合作关系以维持发展，另一方面也在积极提升产品和解决方案的内在品质，向客户提供更完美的决策支持服务，与国外厂商展开激烈竞争。

反观我国智能商务的实际应用，我们不难得出以下认识：①我国智能商务应用仍处于初级阶段，其应用多集中于信息化程度偏高的电信、银行、保险、医疗领域。这是因为智能商务是建立在大量数据分析的基础上的，而我国各行业各企业的信息化基础薄弱，虽然近几年有了一定的发展，但仍然缺少必要的数据积累。②智能商务应用得到了我国政府的高度重视，国家及地方政府陆续颁布了多项政策规定以促进我国智能商务的发展，不仅仅将其应用于商业领域，还应用于构建智慧城市的大框架中，以提高政务水平和人民生活质量，赋予了智能商务更加广泛的内涵。③智能商务的发展紧紧围绕我国经济发展现状。得益于近年来世界市场的稳定恢复和我国电子商务贸易的迅速发展，我国物流业也得到了巨大的发展。为了提高物流效率，全国各地涌现出了大量基于智能商务思想的物流应用项目。

（二）智能金融的发展现状

1．传统金融领域

为鼓励商业银行加快金融创新，防范金融创新风险，促进银行业金融创新持续健康发展，中国银监会于 2006 年颁布了《商业银行金融创新指引》，明确提出商业银行通过引入新技术、采用新方法、开辟新市场、构建新组织，在战略决策、制度安排、机构设置、人员准备、管理模式、业务流程和金融产品等方面开展金融创新，以适应实体经济发展的要求。在此背景下，我国银行业在经营管理方面的市场化取向日益凸显，对金融创新的重视程度不断提高，充分运用金融创新工具，不断推动科技创新、服务创新、产品创新，提升客户体验，成效斐然。在新形势下，目前国内银行的金融创新内容主要体现在服务模式、服务渠道、支付方式、服务终端的功能等方面。

在服务模式创新方面，广发银行 2011 年制定的五年发展规划明确指出，坚持以特色化、专业化战略赢取市场，以清晰的区域战略进行业务拓展和渗透，并将网络金融提升到全行战略高度，通过已有的手机银行、网上银行、电话银行和智能网点的电子网络，继续创新网络渠道，逐步构建起全新的服务模式。此外，民生银行直销银行于 2014 年 2 月正式上线，突破了传统实体网点经营模式，主要通过互联网渠道拓展客户，具有客群清晰、产品简单、渠道便捷等特点。

在服务渠道创新方面，中国邮政储蓄银行于 2011 年推出国内首家全国性银行在总行层面组织建设的电视银行系统，即依托数字电视运营商的双向数字网，以有线电视机与机顶盒作为客户终端，以遥控器作为操作工具，为客户提供各种银行服务的交易平台和服务渠道。

在支付方式创新方面，作为手机银行支付方式创新的硕果，二维码收付受到了广泛的关注与推广。二维码收付凭借时尚、便捷的客户体验，在支付领域得到了初步应用和推广，并深受用户喜爱。在互联网企业中，一个典型的例子是腾讯微信支付。在商业银行中，民生银行是国内首家推出该业务的银行，其二维码支付业务的发展一直居于较领先的地位。中国电子商务研究

中心监测数据显示，2013 年民生银行二维码支付业务行付款总交易笔数近 10 万笔。中信银行也紧跟其后，推出了"异度支付"。

在服务终端创新方面，我国商业银行也进行了大胆尝试，设立了许多智能银行。"智能银行"这一理念最先由美国花旗银行引入中国，智能银行只是一台智能银行机，与传统的 ATM 机比较像。它可以提供全天候的远程人工服务，不但能实现传统 ATM 的存取款和转账功能，还能做到传统 ATM 不能做到的事情，例如自助开户、自助申领储蓄卡和信用卡。当有客户来办理业务时，智能银行的屏幕上会出现客服人员的真人视频，客服人员与客户现场沟通，指导客户填写电子单据并按步骤办理业务。24 小时智能银行通过科技创新开拓新型服务模式，有机融合了本地客户自助和远程业务人员协助，在远程终端进行操作、授权等应用，替代普通柜员在柜台的业务操作。2009 年 11 月，花旗银行在上海新天地开设了第一家智能银行，截至 2012 年年底，已在中国 13 个城市开设了 24 家智能零售银行网点。此外，交通银行推出的远程智能柜员机 iTM，汇丰银行的"流动理财"的服务模式也与此类似（梁春丽，2012）。

除此之外，手机银行也是我们需要关注的一个方面。从目前国内各银行开展的手机银行服务上可以看出，国内手机银行的发展还处于起步阶段，大多以提供查账等信息类服务为主，而存在巨大市场需求且能为银行带来收益的交易类服务（如移动购物、移动支付等）却不多。这除了银行自身的交易服务和应用功能尚待完善外，实现移动交易的安全加密技术难度大和市场发展涉及的层面多是制约其发展的关键所在。2005 年，我国首家真正意义上的手机银行——交通银行手机银行业务正式启动，招商银行也推出了全新概念的"微信银行"。

在证券和保险领域，智能金融多体现在通过最新的数据处理技术和大量的基础设施，实现对数据的高效处理，以便辅助监管和决策。

2．互联网金融

我国智能金融发展的另一个具有代表性的领域是互联网金融。目前，我国的互联网金融主要有三种发展模式：①传统的金融机构借助互联网渠道提供服务，如网上银行等，互联网金融主要发挥渠道功能；②阿里金融模式，电商背景为其产生与发展起到了强有力的支撑作用，互联网金融主要发挥信用功能；③类似人人贷的 P2P 模式，这种互联网金融模式更多的是提供信息中介服务，能够将资金供给方与需求方的供求信息进行有效衔接。

具体而言，现阶段我国互联网金融的发展模式主要涵盖以下六种类型：第三方支付、P2P 网络借贷平台、大数据金融、众筹、信息化金融机构和互联网金融门户。就现阶段而言，我国的互联网金融模式主要有成本低、效率高、覆盖广、发展快、管理弱、风险大这几个特点。

我国智能金融发展迅速，当前已经呈现遍地开花的局面。人们已经在日常生活中切实感受到智能金融所带来的影响。与其他行业不同，金融业作为信息化程度较高的代表行业，已经积累了其智能化所需的数据储备，我国的金融业正在从信息化走向智能化。但需要我们注意的是，智能金融作为互联网、信息技术和金融的结合，对人才提出了更高的要求，而我国目前还没有专门培养智能金融人才的教育机构，所以当前科技公司和金融行业的合作成为十分常见的现象。此外，我国目前还没有建立相应的机构或颁布相应的法规对智能金融催生的金融创新产品和互联网金融进行监管和规范。

（三）产业发展政策

近些年来，随着国际经济与金融的发展，我国经济生活中涌现出一些新情况、新问题，政府有关部门为支持商务与金融产业的信息化、智能化发展，纷纷出台了鼓励其发展的相关产业政策（见表2.1、表2.2和表2.3）。这些政策的推出与落实，对我国智能商务与金融的发展起着巨大的规范、推动作用。

表 2.1 发展互联网金融的主要政策一览

颁布时间	政策名称	颁布部门	政策要点
2010年6月	非金融机构支付服务管理办法	中国人民银行	1）设立"许可证"申请门槛，对支付机构主要出资人身份进行限制； 2）禁止业务外包； 3）客户备付金管理方面，禁止挪用客户备付金，支付机构实缴货币资本与客户备付金日均余额比例不低于10%，支付机构不得按接受的客户备付金额开具发票； 4）实名制管理方面，支付机构应核对客户有效身份证明文件，并登记客户身份基本信息
2010年12月	非金融机构支付服务管理实施细则	中国人民银行	1）在客户合法权益保障方案方面，明确对客户知情权的保护措施、对客户隐私权的保护措施、对客户选择权的保护措施； 2）在收费项目和收费标准方面，明确支付机构应当根据法律法规、部门规章的有关规定，确定其支付业务的收费专案和收费标准； 3）支付机构调整支付业务的收费专案或收费标准的，应当综合考虑市场供求关系、客户承受能力等因素
2011年8月	关于人人贷有关风险提示的通知	中国银监会	1）主要问题与风险：一是影响宏观调控效果，二是容易演变为非法金融机构，三是业务风险难以控制，四是不实宣传影响银行体系整体声誉，五是监管职责不清、法律性质不明，六是信用风险偏高，贷款质量远远劣于普通银行业金融机构，七是人人贷公司开展房地产二次抵押业务同样存在风险隐患； 2）监管措施与要求：一是建立与人人贷中介公司之间的"防火墙"，二是加强银行从业人员管理，三是加强与工商管理部门的沟通，商请针对"贷款超市""融资公司"等不实宣传行为予以严肃查处
2013年3月	证券投资基金销售管理办法	中国证监会	1）明确各类基金代销机构的准入标准，有利于建立多层次的基金销售体系； 2）明确了基金宣传推介材料的事前报备程序，保护投资人权益； 3）在基金费率方面，不但重申了基金认购、申购、赎回费的费率上限和披露标准，而且增加了行业协会可以规定认购、申购、赎回费的最低标准的内容； 4）在销售业务规范方面，不但对禁止性行为进行了补充，还对基金管理人、基金代销机构办理基金销售业务要遵守的规则进行了明确界定； 5）强化了基金管理人的合规营销意识和自我约束责任，要求基金公司在募集基金前、后均应安排合规自查

续 表

颁布时间	政策名称	颁布部门	政策要点
2013年3月	证券投资基金销售机构通过第三方电子商务平台开始业务管理暂行规定	中国证监会	1）明确了基金销售机构通过第三方电子商务平台开展基金销售业务的监管要求，同时对第三方电子商务平台的资质条件和业务边界也做出了规定； 2）明确规定了第三方电子商务平台和基金销售机构的备案要求、服务责任、信息展示、投资人权益保护、第三方电子商务平台经营者责任、账户管理、投资人资料及交易信息的安全保密、违规行为处罚等内容
2013年12月	关于防范比特币风险的通知	中国人民银行等五部委	1）明确了比特币的性质，认为比特币不具有法偿性与强制性等货币属性，不是真正意义的货币； 2）现阶段各金融机构和支付机构不得以比特币为产品或服务定价，不得买卖或作为中央对手买卖比特币，不得承保与比特币相关的保险业务或将比特币纳入保险责任范围，不得直接或间接为客户提供其他与比特币相关的服务； 3）作为比特币主要交易平台的比特币互联网站，应当根据《中华人民共和国电信条例》和《互联网信息服务管理办法》的规定，依法在电信管理机构备案； 4）金融机构、支付机构在日常工作中应当正确使用货币概念，注重加强对社会公众货币知识的教育
2014年1月	关于加强影子银行监管有关问题的通知	国务院	1）确立堵疏结合、加强协调监管，以求趋利避害的基本立场； 2）确立监管体系，明确监管责任归属；分业监管，严控风险；协调交叉性金融业务多头监管；统一归口监管和资本约束理财业务；统一归口监管和表内表外并重的监管原则；强化资本约束使得业务规模与风险承担能力相适应的原则
2014年3月	政府工作报告	国务院	促进互联网金融健康发展，完善金融监管协调机制，密切监测跨境资本流动，守住不发生系统性和区域性金融风险的底线，让金融成为一池活水，更好地浇灌小微企业、"三农"等实体经济之树
2015年3月	政府工作报告	国务院	要求促进"互联网金融健康发展"。总理寄希望于互联网金融发挥草根金融的优势，在解决中小微企业融资难、融资贵中发挥作用，希望互联网金融可以加快改革和转型步伐
2015年5月	关于2015年深化经济体制改革重点工作的意见	国家发改委	2015年深化经济体制改革的重点工作包括制定完善金融市场体系实施方案，出台促进互联网金融健康发展的指导意见，制定推进普惠金融发展规划

续　表

颁布时间	政策名称	颁布部门	政策要点
2015年7月	关于积极推进"互联网+"行动的指导意见	国务院	促进互联网金融健康发展，培育一批具有行业影响力的互联网金融创新型企业；规范发展网络借贷和互联网消费信贷业务，鼓励互联网企业依法合规提供创新金融产品和服务，更好地满足中小微企业、创新型企业和个人的投融资需求
2015年11月	中共中央关于制定国民经济和社会发展第十三个五年规划的建议	国务院	坚持创新发展，着力提高发展质量和效益，规范发展互联网金融。这是互联网金融首次被写入中央五年规划

表 2.2　发展电子商务的产业政策一览

颁布时间	政策名称	颁布部门	政策要点
2004年8月	中华人民共和国电子签名法	第十届全国人民代表大会	规定可靠的电子签名与手写签名或者盖章具有同等的法律效力
2005年1月	关于加快电子商务发展的若干意见	国务院办公厅	提出了加快电子商务发展的指导思想和基本原则以及一系列促进电子商务发展的具体措施，包括： 1）完善政策法规环境，规范电子商务发展； 2）加快信用、认证、标准、支付和现代物流建设，形成有利于电子商务发展的支撑体系； 3）发挥企业的主体作用，大力推进电子商务应用； 4）提升电子商务技术和服务水平，推动相关产业发展等
2005年10月	电子支付指引（第一号）	中国人民银行	对银行从事电子支付活动提出了指导性要求，主要包括五个方面的内容： 1）界定了电子支付的概念、类型和业务原则； 2）统一了电子支付业务申请的条件和程序； 3）规范了电子支付指令的发起和接收； 4）强调了电子支付风险的防范与控制； 5）明确了电子支付业务差错处理的原则和要求
2007年3月	关于网上交易的指导意见（暂行）	商务部	1）确立了网上交易的基本原则； 2）从网上交易方和网上交易服务提供者两个方面来规范网上交易参与方的行为； 3）为各级政府和行业协会以及大专院校、研究机构等在推进网上交易发展方面指明了方向

续　表

颁布时间	政策名称	颁布部门	政策要点
2007年12月	关于促进电子商务规范发展的意见	商务部	1）规范电子商务信息流，制止恶意链接；规范电子商务信息传播行为，优化网络交易环境。 2）规范电子商务商流，强化售后服务；提倡合法规范、公平公正的网上销售、电子签约和售后服务等行为，防范和化解电子商务中的各类交易纠纷。 3）规范电子商务现金流，打击非法套现；防范电子支付金融风险
2009年11月	关于加快流通领域电子商务发展的意见	商务部	1）提高网购消费比重。到"十二五"期末，力争网络购物交易额占我国社会消费品零售总额的比重提高到5%以上。 2）培育名牌网购企业。培育一批知名度高、实力强、运作规范的专业网络购物企业，建设交易商品丰富、服务内容多样的新型商业网站。 3）完善争端解决机制。有效维护网上交易市场秩序，防范和化解互联网虚拟性带来的各类交易风险
2010年5月	网络商品交易及有关服务行为管理暂行办法	国家工商总局	1）在立法指导思想上，贯彻促进发展的基本思路； 2）在主体资格确认上，采取务实宽松的政策规定； 3）在消费者权益保护上，做出了一些创新性规定； 4）在网络监管重点上，突出强调提供网络交易平台； 5）在网络监管方式上，鼓励支持经营者诚信自律
2010年6月	关于促进网络购物健康发展的指导意见	商务部	1）提出"十二五"期末全国网络购物交易额达到社会消费品零售总额的5%，部分电子商务发展起步较早的地区达到10%左右的发展目标； 2）要求各级商务主管部门要明确培育网络主体、拓宽网络购物领域、鼓励线上线下互动、重视农村网络购物市场、完善配套服务体系、保护消费者合法权益、规范网络市场秩序的七大工作任务
2011年1月	关于规范网络购物促销行为的通知	商务部	1）引导企业依法促销； 2）保证促销商品质量； 3）保护消费者合法权益； 4）严厉查处不实宣传； 5）加强知识产权保护； 6）引导科学合理消费； 7）建立长效机制

颁布时间	政策名称	颁布部门	政策要点
2011年3月	关于开展国家电子商务示范城市创建工作的指导意见	国家发改委等部门	1）强调创建一批具有典型带动作用的国家电子商务示范城市，推动电子商务的规制与政策在局部地区取得突破性进展，并加强网上信用、电子认证、在线支付和物流配送等支撑体系及相关基础设施建设； 2）提出要完善电子商务政策环境，健全电子商务支撑体系，加强电子商务基础设施和交易保障设施建设，积极培育电子商务服务以及深化电子商务应用等多项重点任务
2011年4月	第三方电子商务交易平台服务规范	商务部	1）确定了第三方电子商务交易平台的运行原则、设立条件与服务规则； 2）调整了第三方电子商务交易平台、站内经营者与消费者之间的关系； 3）明确了网络交易中的禁止行为
2011年10月	"十二五"电子商务发展指导意见	商务部	1）明确电子商务发展的指导思想、原则，提出了2015年电子商务的发展目标； 2）提出完善电子商务发展环境、重点鼓励发展电子商务服务业、深化普及电子商务应用三大工作任务； 3）提出九大重点工程和一系列保障措施
2011年12月	关于"十二五"电子商务信用体系建设的指导意见	商务部	提出力争到2015年，电子商务信用法规基本健全，电子商务信用环境明显改善，建成覆盖全国的电子商务信用信息基础数据库，并提出一系列的具体工作任务
2011年12月	关于开展国家电子商务示范基地创建工作的指导意见	商务部	1）指出创建国家电子商务示范基地工作的重要意义、总体目标和基本原则； 2）提出九大重点任务和相应的保障措施
2012年2月	关于促进电子商务健康快速发展有关工作的通知	国家发改委等八部委	1）联合成立国家电子商务示范城市创建工作专家咨询委员会； 2）促进国家电子商务示范城市各项创建工作任务落实； 3）推动商贸流通领域电子商务应用的健康快速发展； 4）规范电子支付，推广金融IC卡应用； 5）建立电子商务信用服务体系； 6）开展网络（电子）发票应用试点； 7）加强网络商品交易监管，构建诚信交易环境； 8）研究跨境贸易电子商务便利化措施，提高通关管理和服务水平； 9）积极推进电子商务标准化建设

续　表

颁布时间	政策名称	颁布部门	政策要点
2012年3月	关于利用电子商务平台开展对外贸易的若干意见	商务部	1）全面增强电子商务平台对外贸易服务功能； 2）着力提升企业利用电子商务平台开展对外贸易水平； 3）加强对利用电子商务平台开展对外贸易的支持； 4）加强对利用电子商务平台开展对外贸易的监督
2012年3月	电子商务"十二五"发展规划	工信部	电子商务"十二五"发展的具体目标是，到2015年，电子商务交易额翻两番，突破18万亿元。其中，企业间电子商务交易规模超过15万亿元。同时，企业网上采购和网上销售占采购和销售总额的比重分别超过50%和20%
2012年3月	关于加强网络团购经营活动管理的意见	国家工商总局	1）规范主体资格，把好网络团购市场准入关； 2）加强行政指导，督促团购网站切实履行责任义务； 3）加大监管力度，维护网络团购市场秩序
2012年5月	关于确认首批国家电子商务示范基地的通知	商务部	原则同意34个基地报送的创建国家电子商务示范基地工作方案
2013年2月	网络发票管理办法	国家税务总局	1）明确指出开具发票的单位和个人必须如实在线开具网络发票，不得利用网络发票进行转借、转让、虚开及其他违法活动； 2）省以上税务机关在确保网络发票电子信息正确生成、可靠存储、查询验证、安全唯一等情况下，可以试行电子发票
2013年4月	关于进一步促进电子商务健康快速发展有关工作的通知	国家发改委等十三部委	提出了十四项继续加快完善支持电子商务创新发展的法规政策环境的工作任务
2013年6月	电子合同在线订立流程规范	商务部	包括电子合同的定义、订立的基本原则、电子合同订立系统的创建、主体识别、订立流程、合同的备份与查询、保密与安全以及电子合同的推荐性条款
2013年8月	关于实施支持跨境电子商务零售出口有关政策的意见	商务部等九部委	提出了一系列具体的支持政策，包括对电子商务出口经营主体的分类，建立适应电子商务出口的新型海关监管模式并进行专项统计，建立相应的检验监管模式，支持企业正常收结汇，鼓励银行机构和支付机构为跨境电子商务提供支付服务，实施相适应的税收政策，以及建立电子商务出口信用体系

续　表

颁布时间	政策名称	颁布部门	政策要点
2013年10月	商务部关于促进电子商务应用的实施意见	商务部	1）设定了到2015年的工作目标，即使电子商务成为重要的社会商品和服务流通方式，电子商务交易额超过18万亿元，应用电子商务完成进出口贸易额力争达到我国当年进出口贸易总额的10%以上，网络零售额相当于社会消费品零售总额的10%以上，我国规模以上企业应用电子商务比例达80%以上。 2）提出了十项重点任务，包括引导网络零售健康快速发展、加强农村和农产品电子商务应用体系建设、支持城市社区电子商务应用体系建设、推动跨境电子商务创新应用、加强中西部地区电子商务应用、鼓励中小企业电子商务应用、鼓励特色领域和大宗商品现货市场电子交易、加强电子商务物流配送基础设施建设、扶持电子商务支撑及衍生服务发展、促进电子商务示范工作深入开展
2014年5月	关于组织开展移动电子商务金融科技服务创新试点工作的通知	国家发改委、中国人民银行	推动移动金融安全可信公共服务平台建设，开展国家电子商务示范城市移动电子商务金融科技服务创新试点工作。要求针对移动电子商务支付存在的安全隐患、身份认证标准不一、移动金融服务难以互联互通等问题，加快移动金融可信服务管理设施建设
2015年4月	确定加快发展电子商务的措施	国务院常务会议	推动电子商务与贸易物流、工业生产、金融服务等领域联动发展，推进网络购物、网络化制造和经营管理、跨境电商等新业态成长。建立适应电子商务发展的多元化投融资机制，引导创业投资基金加大对电子商务初创企业的支持，放开外商投资电子商务业务外方持股比例限制等

表2.3　发展物流产业的产业政策一览

颁布时间	政策名称	颁布部门	政策要点
2008年3月	关于加快我国流通领域现代物流发展的指导意见	商务部	拟利用5年左右的时间，使流通领域现代物流总额稳定增长，流通业存货周转次数逐年提高，物流费用占GDP的比率逐年下降；培育出10~20家能够为流通企业提供综合性一体化服务、初步具有国际竞争力的物流企业；连锁企业生鲜物流配送能力和水平逐步提高，批发市场物流功能普遍增强；流通领域现代物流运行质量、控制能力和效益得到提高，组织化、集约化、国际化程度进一步增强，为生产和消费提供更好的物流环境

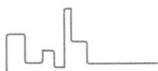

续　表

颁布时间	政策名称	颁布部门	政策要点
2008年7月	快递市场管理办法	交通运输部	1）规定了快递服务的基本规范； 2）规定了快递安全的基本规范； 3）规定了快递市场管理的主要方式
2009年3月	国务院关于印发物流业调整和振兴规划的通知	国务院办公厅	提出十项主要任务、九项重点工程和一系列保障措施。十项主要任务包括： 1）积极扩大物流市场需求； 2）大力推进物流服务的社会化和专业化； 3）加快物流企业兼并重组； 4）推动重点领域物流发展； 5）加快国际物流和保税物流发展； 6）优化物流业发展的区域布局； 7）加强物流基础设施建设的衔接与协调； 8）提高物流信息化水平； 9）完善物流标准化体系； 10）加强物流新技术的开发和应用
2011年4月	商贸物流发展专项规划	商务部、国家发改委、供销总社等	到2015年，初步建立一套与商贸服务业发展相适应的高效通畅、协调配套、绿色环保的现代商贸物流服务体系；形成城市配送、城际配送、农村配送有效衔接，国内外市场相互贯通的商贸物流网络；引导和培育一批能够适应商贸服务业发展需要、具有较强国际竞争力的商贸物流服务主体，较好地满足城市供应、工业品下乡、农产品进城、进出口贸易等物流需求
2011年5月	关于快递企业兼并重组的指导意见	国家邮政局	鼓励快递企业行业内以及跨行业、跨地区、跨所有制的企业兼并重组，旨在在五年内培育出一批年收入超百亿的快递企业。中小快递企业面临洗牌，民营中小型企业互相联合，以及跨行业纵向发展将成为未来兼并重组的趋势
2011年8月	关于促进物流业健康发展政策措施的意见	国务院办公厅	1）切实减轻物流企业税收负担； 2）加大对物流业的土地政策支持力度； 3）促进物流车辆便利通行； 4）加快物流管理体制改革； 5）鼓励整合物流设施资源； 6）推进物流技术创新和应用； 7）加大对物流业的投入； 8）优先发展农产品物流业； 9）加强组织协调
2011年12月	快递服务"十二五"规划	国家邮政局	到2015年快递服务要努力实现三大目标：行业要做大；企业要做强；品牌要做优

颁布时间	政策名称	颁布部门	政策要点
2012年2月	关于促进快递服务与网络零售协同发展的指导意见	国家邮政局、商务部	1）优化协同发展政策环境； 2）推动双方信息共享、标准对接； 3）推动信用体系建设； 4）鼓励快递企业构建与网络零售配套的服务体系； 5）积极探索创新服务模式； 6）深化安全领域合作； 7）提升快递服务网络零售科技应用水平
2013年1月	快递市场管理办法（新版）	交通运输部	对快递验收、赔偿等消费者关心的问题做出新规定
2013年1月	关于推进物流信息化工作的指导意见	工业和信息化部	提出"十二五"期间要具体实施好提高全社会物流信息资源开发利用水平、提高政府部门物流服务和监管的信息化水平、提高物流行业和物流企业的信息化水平、提高企业物流信息化和供应链管理水平、加快物流信息化标准规范体系建设、加快物流信息化军民结合体系建设、推进物流相关信息服务业和信息技术创新与发展等七项主要任务
2013年2月	关于推进物联网有序健康发展的指导意见	国务院办公厅	提出实现物联网在经济社会各领域的广泛应用，掌握物联网关键核心技术，基本形成安全可控、具有国际竞争力的物联网产业体系，成为推动经济社会智能化和可持续发展的重要力量的总体目标
2013年10月	关于印发全国物流园区发展规划的通知	国家发改委等十二部门	这是我国物流园区方面的第一个专项规划，提出了物流园区发展方向。强调物流园区的公共性和基础性，提出了物流园区的服务对象和发展方向；确定了99个城市为物流园区布局城市，提出了八项主要任务和八项保障措施。特别提出要开展国家级物流园区示范工程，由国家发改委等有关部门和行业协会组织国家级示范物流园区评定工作
2014年9月	关于印发物流业发展中长期规划（2014—2020年）的通知	国务院	通知要求大力提升物流社会化、专业化水平；进一步加强物流信息化建设；推进物流技术装备现代化；加强物流标准化建设；推进区域物流协调发展；积极推动国际物流发展；大力发展绿色物流
2015年10月	关于促进快递业发展的若干意见	国务院	到2020年，基本建成普惠城乡、技术先进、服务优质、安全高效、绿色节能的快递服务体系，形成覆盖全国、联通国际的服务网络。为此，培育壮大快递企业；推进"互联网+"快递；构建完善服务网络；衔接综合交通体系；加强行业安全监管

第3章

iCity 智能商务与金融建设与推进的总体战略

一、战略思想

以党的十八大精神为统领，适应转变经济增长方式、全面建设小康社会的需要，发挥市场的决定性作用，以企业为主体，持续创新和深化应用模式，同时更好地发挥政府作用，加强资源共享，通过重大公共基础设施建设、服务平台支撑和应用项目试点示范带动，推动商务、金融领域信息化、智能化程度进一步升级，提升国家"四化同步"战略的发展水平。

国务院总理李克强2014年3月5日在十二届全国人大二次会议上做政府工作报告时，提出要促进互联网金融健康发展、扩大跨境电商试点、加快4G发展等，推进城市百兆光纤工程和宽带乡村工程，大幅提高互联网网速，在全国推行"三网融合"，鼓励电子商务创新发展。

以下是涉及金融与电子商务行业的内容摘录。

（1）推动重要领域改革取得新突破

深化金融体制改革。继续推进利率市场化，扩大金融机构利率自主定价权。保持人民币汇率在合理均衡水平上的基本稳定，扩大汇率双向浮动区间，推进人民币资本项目可兑换。稳步推进由民间资本发起设立中小型银行等金融机构，引导民间资本参股、投资金融机构及融资中介服务机构。

促进互联网金融健康发展，完善金融监管协调机制，密切监测跨境资本流动，守住不发生系统性和区域性金融风险的底线。让金融成为一池活水，更好地浇灌小微企业、"三农"等实体经济之树。

（2）开创高水平对外开放新局面

从战略高度推动出口升级和贸易平衡发展。今年进出口总额预期增长 7.5% 左右。要稳定和完善出口政策，加快通关便利化改革，扩大跨境电子商务试点。鼓励实施进口政策，增加国内短缺产品进口。

统筹多双边和区域开放合作。推动服务贸易协定、政府采购协定、信息技术协定等谈判，加快环保、电子商务等新议题谈判。积极参与高标准自贸区建设，推进中美、中欧投资协定谈判，加快与韩国、澳大利亚、海湾合作委员会等自贸区谈判进程。

（3）增强内需拉动经济的主引擎作用

要促进信息消费，实施"宽带中国"战略，加快发展第四代移动通信，推进城市百兆光纤工程和宽带乡村工程，大幅提高互联网网速，在全国推行"三网融合"，鼓励电子商务创新发展。维护网络安全。

要深化流通体制改革，清除妨碍全国统一市场的各种关卡，降低流通成本，促进物流配送、快递业和网络购物发展。充分释放十几亿人口蕴藏的巨大消费潜力。

二、战略定位

（一）智能化现代服务业成为经济社会发展的助推器

我国零售市场中，实体零售商虽然也在慢慢增加，但早已赶不上互联网零售商的飞快增速。我国国土面积辽阔，相对而言，实体店覆盖面积有限导致三四线城市居民以及农村居民无法享受到优质的实体店购物服务，特别是小城市中产生的富裕消费者，想寻找更高品质的商品和服务，但是线下实体

店的扩张速度远不能满足这些消费者的需要，通过网购方式来达到这个需求自然而然是一种捷径。

类似的，智能商务与金融的推进对创新企业、金融机构的生产经营模式、拉动国内市场需求、推动我国企业特别是中小企业走向世界具有重要的促进作用，对带动新兴服务业发展、提升居民工作生活便利程度和幸福感也具有重要的促进作用，智能化的商务与金融环境将为新型工业化、城镇化、城乡一体化以及农业现代化提供服务和支持。随着物联网、云计算等信息技术的发展和应用、管理理念和运营模式的创新，商务与金融服务范围将进一步拓展，服务方式将更加多样，服务质量将更加优质、便捷、安全、高效，对经济转型、价值创造和社会变革的贡献潜力将进一步显现。

（二）重要的战略性新兴产业成为新的经济增长点

智能商务与金融是商务、金融产业与信息产业的深度融合，其产业形态灵活多样，产业规模迅速壮大，必将成为我国重要的战略性新兴产业。商务与金融的智能化还将进一步发挥其在第三产业中的引领作用，带动信息技术、物流、创意产业等相关产业快速发展和国内市场需求的迅速扩大，成为新的经济增长点。

中国电子商务研究中心市场监测报告数据显示，中国 2014 年度电子商务市场交易规模达到了 13.4 万亿元，较上年增长了 31.4%，其中，B2B 电子商务市场交易额达到了 10 万亿元，较上年增长了 21.9%，网络零售市场交易规模达 2.8 万亿元，较上年增长了 49.7%。2014 年 3 月，我国互联网金融业首次进入政府工作报告。在政府的鼓励促进和规范引导下，互联网金融得到迅猛发展，新型机构与市场规模不断扩大（吴悠悠，2015）。尤其以第三方支付和 P2P 发展最为迅猛，P2P 贷款规模达 2 515 亿元，第三方支付达 23 万亿元。

（三）主要的要素配置市场成为智能城市发展的经济基础

商业、金融业与城市发展之间存在相互依存、相互促进的关系，两者相辅相成，商业、金融业发展的重要性不言而喻。当前实体经济的商业模式发生了变化，很大程度上从需求层面对新的业态、新的金融支持方式产生了影响，最典型的是网络经济、电子商务的发展。这个过程中必然带来金融需求的变化。同样的，过去金融体系中最多见的一个短板就是小微企业支持不足，这也是像 P2P 等互联网金融模式风起云涌的主要动因。互联网金融对金融的促进作用，不在于增加多少新的组织、增加多少新的产品，更大程度上在于对现有金融结构的优化，在于存量金融资产的优化。互联网金融业扩充了现有的金融体系，为资金供应和需求双方提供了新的渠道，并较传统银行业和证券市场有更高的资金融通效率（吴悠悠，2015）。互联网金融在更大程度上应该是优化现有的金融机构，提高金融的运行效率，如弥补现有金融体系缺乏零售金融机构、缺乏小微金融服务的短板，弥补直接融资发展的严重不足等（曾建光，2015）。互联网金融借助互联网的优势，增加了信息搜集和处理的便捷性和透明度，使得个体商户、小微企业以及普通民众都能利用互联网金融，扩大了原有金融服务范围，同时，在降低交易成本和风险评估方面较传统金融机构更有优势。

总之，智能商务与金融实现了城市中物质流、资金流、信息流的交互和优化配置，促进城市经济的快速发展；同时，智能商务与金融作为服务业的带头产业，将促进城乡一体化便民服务体系的发展，也将带动居住、工作方式的转变和相关服务业的发展，对完善实体城市功能和促进虚拟城市发展具有不可替代的保障作用，智能商务与金融的快速发展有利于改变现代城市的空间形态，使城市发展跳过"城市化陷阱"，实现更具可持续性的发展目标。

三、发展愿景

（一）广泛互通，全面感知

以互联网、物联网、电信网、广电网、无线宽带网等网络组合为基础，以新一代通信网络、物联网、三网融合和云计算等信息技术为助力，以感知化、互联化和智能化为手段，连接城市中的物理、信息、社会和商业各方面的基础设施成为新一代的智能基础设施，实现更加智能化的商务和金融活动。

（二）商务融合，城乡无界

智能商务与金融的建设将带动相关产业链发展与整合，促进新兴产业跨领域融合，并扩大相关产业规模，使企业边界更加模糊。

（1）智能商务与金融的开展将逐步淡化生产企业的商务活动，传统的采购、销售、物流由专业公司统一承担，实现更加全面的专业化分工；资金的融通和支付逐步由传统银行外的金融机构或金融方式来承担。

（2）形成全国性乃至全球性多边创新合作，使网络成为组织、研发、设计的平台，分散的合作创新将成为主流。

（3）智能化的商务与金融活动可使城乡界限越来越模糊，缩小城乡差异，助推城镇化和城乡一体化建设，使人们在城市、郊区乃至乡村的生活和工作逐步趋同，同样便捷、轻松、高效。

（三）智能决策，全程服务

（1）智能化的决策管控。以智能的设备代替人类完成庞大的信息数据处理（知识发现、预测），并根据程序指令服务于企业的商务决策、监控与协调、交易的实现过程以及各类商业服务与消费领域。应用面向全球市场的全面的、预测性的、动态的、战略性的分析技术，通过感知化、互联化、智能化的方式，对大规模数据进行及时的分析处理，探寻用户需求和用户行为规律以及未来的发展趋势，从而针对不同的细分市场制定高效的营销策略，提供优质的服务（刘澜飚等，2013）。

（2）全程化的电子商务。实现企业的供应链从供应商到分销商再到客户的各环节之间的信息共享与业务协同，促进内部业务与电子商务相互融合，外部商业活动与品牌传播和商品推广相结合，使得电子商务与传统商业活动、品牌传播、商品推广以及企业内外部组成和谐的整体（毛华扬等，2008）。

（3）一站式的金融服务。所有金融节点的专业化服务依托于开放的服务平台，全都能在平台中完成。

（四）交易透明，过程可"视"

（1）整个交易过程更加透明，信息来源与信息内容更加丰富，客户能够体验到更满意的服务。

（2）对供应、库存和销售渠道的完全可见性。使用基于规则的订单管理系统，公司可以预测库存、管理需求并协调整个合作伙伴网络中的配送和采购过程。以新的方式完成供应商开发、采购以及货物和材料配送——从供应商和贸易合作伙伴平台到供应链可视化工具——使得供应链决策者能够使供求保持同步，并更好地控制不可避免的中断。

（3）物联网等新技术实现物流作业智能化、网络化和自动化，使整个物流供应链更加透明化、高效率。此外，智能化发展使得人的感知、思维、学习与判断能力在物流作业流程中显现，物流系统将更加人性化，并具备部分自行解决问题的能力。

（五）轻松生活，随时随地

（1）以客户为中心。智能商务以满足客户多样化和个性化需求为基本要求，为商业交易提供精确的数据，以主动、互动、用户关怀等多角度与用户进行深层次沟通，保证能够适时适地提供价格合理、符合客户需求的产品或服务；智能金融利用信息技术帮助人们实现更加便捷的支付结算、更加及时的金融服务以及更加安全的财富管理。

（2）随时交易，随地交付。随着智能商务中心、零售业智能销售系统、智能支付系统、智能银行、智能金融交易系统等逐步建立，各类商业交易活动（个人消费、社团及政府采购、企业供应与销售等）可以在任何时间和任意地点完成合同签订及结算，智能化的物流配送系统可以将上述交易的货物交付到任何指定的地点。购买地点不再局限于商场，购买时间不再局限于营业期间，商务决策的形成不再局限于会议讨论。

（3）我消费，你付费。智能商务与金融的发展将会在网络基础上生产更多免费或第三方付费的产品。

畅想"智慧银行"[1]

智慧城市建设如火如荼，与此同时，银行是城市的一部分，"智慧银行"的建设也在悄然进行中。

一般来说，我们进入银行时，如果对业务不了解，就会找大堂经理咨询。但是，不远的将来，你会看到，当你进入银行大厅时，可能是一位憨态可掬的机器人站在你面前。拍拍这款"智慧小达人"，选择需要办理的业务，他就伴随你到相应的窗口前办理。

当你上班劳累一天后发现还有些事情需要去银行办理。不幸的是，银行营业厅的上班时间和你同步，怎么办？"VTM远程视频柜台机"将为你解决这个问题。

当你办理业务时，通过在线视频的方式，一位甜美可爱的服务人员24小时在线，随时为你提供服务。包括自助办理银行卡、跨行转账、缴纳费用等各种日常性的业务。通过视频交互方式，顾客购买理财产品时，还可以随时和喜欢的理财专家，进行在线视频沟通和交流。

"什么时候银行卡能够像公交卡一样刷就好了，又快捷，又简单。"这是人们的心声。顾客的需求就是银行要做的事情。据悉，现在，越来越多的"闪卡"具备这种支付功能，支付账单时，无须签字和密码，刷卡就能够完成。

---

[1]　资料来源：（马会，2013）。

四、战略方针

（一）需求牵引，企业主体

党的十八届三中全会公报明确指出，全面深化改革的重点是经济体制改革，核心问题是处理好政府和市场的关系，使市场在资源配置中起决定性作用，同时更好地发挥政府作用。要促进智能商务与金融的发展，就要充分发挥相关企业在智能商务与金融发展中的主体作用，坚持市场导向，切实地将市场机制在资源配置中的决定性作用发挥出来，探寻实效高、成本低的商业模式。

智能商务与金融的建设要大力推动供给导向型向需求导向型转变，明确企业在市场中的主体地位，完善公众真实需求的反馈渠道与机制，以市民的基本生活需求、企业的生产管理需求与政府的服务管理需求为出发点，利用信息化对资源有效配置的促进能力，让全体市民真切地感受智能商务与金融建设带来的便捷、创新与高效。要着眼转变经济发展方式和提升社会治理能力，构建"以人为本"的开放性服务体系，促使公众在获得服务的同时能参与其中，使得政府与企业对服务的供给与公众对服务的需求之间形成双向的良性互动，从而提升服务水平（胡斌等，2013）。

（1）构建快速的需求响应系统。智能商务与金融应针对客户多层次、多方位的需求进行建设，及时应对社会需求，满足社会建设对智能商务与金融的要求。

（2）转变服务模式。将以服务供给方为中心、供给方单方面提供服务、渠道单一的服务模式转变为以客户为中心、双方互动促进服务、渠道多样的一体化服务模式，更全面地满足社会需要。

（3）以客户需求为出发点规划服务项目。深入了解公众需求，最大限度地满足客户的多样化和个性化需要，提升服务质量，增加服务价值。

（二）资源共享，政府推动

对于公共信息资源，在保障安全的基础上，主要依靠政府行政和法律的

力量，打破存在于各部门、各行业间的信息壁垒和信息孤岛现象；对于行业信息、企业信息，政府要推动信息安全、信息标准等领域法规制度建设，为充分的互联互通和信息共享扫除障碍。

政府要充分发挥好引导作用，为智能商务与金融建设发展制定战略，明确发展目标和主要任务；要加大建设所需投入，为智能商务与金融发展提供良好的环境条件；要制定好政策措施，规范智能商务与金融发展的有序性与制度性；要充分发挥市场资源配置的作用，推动智能商务与金融建设要素的流动与聚集。政府要起到统筹规划的作用，促进社会资源的优化配置，杜绝建设重复与无序发展，营造智能商务与金融发展的市场环境和法治环境。

总的来说，要从市场和政府两个方面进行智能商务与金融建设。从市场的角度出发，要充分发挥市场需求的导向作用，利用"倒逼"机制（即利用利益诱导、市场约束和资源约束的方式）创新科技，使得市场在资源配置中的基础作用得以充分发挥；从政府的角度出发，要做到统筹规划，统领全局，针对不同的情境采取差异化措施发展智能商务与金融，以弥补市场失灵的缺陷。为此，政府须从以下几个方面着手发挥其指导作用。

（1）从全局出发，针对智能商务与金融的特点，提前制定好可操作性强的发展战略规划，相关部门各司其职，规划好各区域的发展定位和目标，以构造智能产业链为重点，加大财政投入和税收优惠政策力度以促进产业链发展与完善，推动各区域之间分工合作以促进资源在各区域中得到充分利用和合理配置，避免重复建设。

（2）树立典型，先发展部分城市配备先进的医疗、教育、交通等信息化工程设施以服务群众，建造信息化程度较高的智能社区，然后通过借鉴成功城市的经验，逐步推广智能城市建设。

（3）建立健全与信息安全相关的法律法规体系，如电子商务、个人信息安全、知识产权保护等法律法规，发展完善信息安全标准组织体系，从信息源认证、主体授权、客体接收等各方面明确信息传播各阶段受众的责任与监管，为智能商务与金融建设营造健康良好的法制条件，确保其稳定、高效、安全运转。

（三）创新发展，深化应用

智能商务与金融的发展，需要以技术创新和金融创新为驱动力，完善技术创新的激励机制和风险分散机制，需要推动信息技术与各行业协同发展，诱发新产业的诞生，需要促进各种形式的技术创新、模式创新与业态创新。通过创新，丰富信息技术应用内容，扩展服务应用的模式和手段，促进智能应用与产业发展的互通互助，为智慧城市建设构建基础。

（1）坚持技术与应用创新。智能商务与金融业务能否充分发展，主要取决于其应用是否真正满足市场需求。要以人为本，坚持创新务实，注重实用性、惠及全民，更多地关注民生领域，创造广大群众用得上、用得起、用得好的应用形态，努力实现应用与网络、技术、产业的良性互动。将优势产业和新兴产业智慧化作为智能商务与金融建设的要点，通过智慧应用促进智慧产业发展，提升智慧产业的创新能力和竞争力，增加智能商务与金融发展在城市经济发展中的比重，提高城市经济发展质量。

（2）推动金融创新。智能商务与金融是高投入、高风险的行业，亟待风险偏好的金融资本的投入，因而需要构建以风险投资、私募股权投资、天使投资为主的多层次金融支持体系，推动资本、技术与管理等要素涌入智能商务与金融建设，促进其技术与产业的发展。通过主板与创业板的优化壮大、产权交易市场的发展以及多层次资本市场的构建，拓宽智能商务与金融建设的融资渠道。在增加智能商务与金融建设投入的同时，可以通过引导民间资本流入智慧产业领域等方式分散其技术创新风险。推动社区银行和中小商业银行等间接融资体系建设，使得民间金融规范化、透明化，建设好银行组织体系以适应技术创新型企业的规模和资金需求，实现间接融资与直接融资优势的互利互补，建设好企业融资的渠道。

（四）统筹规划，有序推进

智能商务与金融的发展取决于经济实力、国民受教育程度和社会信息化程度等方面。脱离本区域经济实力和信息化发展阶段而建立起来的智能商务与金融必然缺乏牢固的根基。依据智能商务与金融发展的内涵及特征，可以从信息基础设施体系、信息感知和智能应用体系、智慧产业体系与其支撑体系等方面进行智能商务与金融的建设，建设过程阶段性明显，故智能商务与金融应分阶段统筹规划、有序推进。

五、建设目标

（一）总体建设目标

商务与金融领域智能化水平进一步提升，基础设施和服务支撑平台逐步完善，实现相关信息资源的充分共享和深度综合利用；智能商务与金融应用进一步创新、深化，对国民经济和社会发展的贡献度显著提高；智能商务与金融活动在现代服务业中的比重明显上升；智能商务与金融安全保障体系健全、稳定、可靠。

（二）"十二五"期间的具体目标

1. 建成一批重大基础平台和综合服务平台

建成一批容量宽裕、运行稳定的智能商务与金融基础设施平台，实现全面感知和互联；实现商业基础设施与信息基础设施、社会基础设施、城市信息资源的充分共享和知识发现。

2. 建成一批具有示范效应的重点行业应用

不断拓展智能商务与金融在工业、农业、商贸流通、交通运输、金融、旅游和城乡消费等各个领域的应用范围。推进智能移动商务在农业生产流通、企业管理、安全生产、环保监控、物流和旅游服务等方面的试点应用。推广卫星定位、货物跟踪、多维条码等信息技术在物流业中的应用，建设基于物联网的第三方及第四方物流信息平台，树立智能物流标杆。推动智能银行、智能证券和智能保险建设，实现银行业务、证券业务、保险业务的网络化、移动化经营，探索移动支付、手机银行、客户中心、网上银行、网上证券和网上保险等新型金融服务，在金融客户、员工、管理者和监管部门之间建立一种新的交互和协作模式。

3．培育一批具有创新商业模式的运营服务企业和金融机构

一方面，建成全程电子商务模式，促进电子商务与企业管理融合，即促进电子商务与企业的研发、生产与经营等业务协同发展。另一方面，促进网络增值服务、专业信息服务、电子金融、现代物流、咨询中介、连锁经营等新型服务业智能化。同时，培育一批拥有自主核心技术的智能商务与金融领域的研发企业，并形成产业规模，为智能商务与金融提供技术基础。

4．培养一批适应智能商务与金融建设的专门人才

制定高效、适用的人才培养体系，鼓励企业委托专业培训机构和行业组织培训智能商务与金融领域建设所需的专业技术人才和高端人才，提高人才素质及岗位适应能力。

六、战略步骤

（一）总体建设步骤

智能商务与金融是新一轮信息技术变革和知识经济进一步发展的产物，是商务、金融领域与信息领域深度融合的必然趋势，是以"智慧"引领商务与金融发展模式变革、以人为基础、以信息技术为先导、以资本为后盾的复合性系统工程。在建设智能商务与金融的过程中，需要应用物联网、智能科学、云计算与高性能计算等新兴信息技术，从而感知、协调和处理与商务金融相关的需求，改善民众的工作环境与生活质量，构建企业可持续发展的前景，提升城市经济运行效率和发展潜力。

智能商务与金融的框架不能脱离城市的实际，需要根据不同时期城市发展战略、技术演进趋势、社会民生需求，分阶段、有序地推进智能商务与金融建设。首先要选择能在短期内突破的重点领域，再逐步扩展到其他领域。按现阶段发展的条件，应以城市感知系统的建设为重点，建设高效便利的信

息感知和智能应用体系，发展新兴信息技术产业。在一定的发展基础之上，将海量信息处理与智能决策支持纳入建设范围，实现专项和多项的智能决策系统整合。此外，智能商务与金融建设还需要进行内外部环境变化预测，寻求短期需求与动态扩展之间的平衡点，保障建设过程稳定、有序进行。

（二）智能商务的主要建设内容

1. 智能商务的建设架构

智能商务的建设宗旨是，使生活更美好（便捷），使工作更轻松（高效）。

基本路径是在新技术和公共平台之上实现商务活动（如商务决策、供应链）的高效、安全、智能化，提升商务活动的效率和效益，进而推进智能产业的建设，为人们提供智能化服务。

主要建设领域包括生产制造企业供销及经营决策智能化，物流（供应链）智能化，商业服务智能化，个人消费智能化等。

智能商务建设主要相关方有：政府——职能部门、公共服务部门（开放信源）；供应商——软件（系统集成）、硬件、信源整合；运营商——网络、通信；企业——生活服务企业、生产服务企业、生产企业；家庭及个人。

智能商务带动了以下几个方面的变革：新的商务环境，新技术，新平台（网络等基础设施），新理念（商务活动组织及管理、商务决策），新的决策方法与工具，新的流程及行为（商品、价格、支付、物流、客服、会员、促销、推广等）。

智能商务应用及建设架构如图 3.1 所示。

2. 智能商务的公共平台建设途径

发达国家经验证明，政府的支持、鼓励和引导是加强商务产业智能化建设的至关重要的一个因素。就我国这样的发展中国家而言，企业要在国际贸易竞争中取得优势，政府就需要支持企业的智能商务发展，从智能商务的基础设施建设、配套体系建设和法律法规制定等各方面提供服务，为企业智能商务的应用营造良好的宏观环境。

95

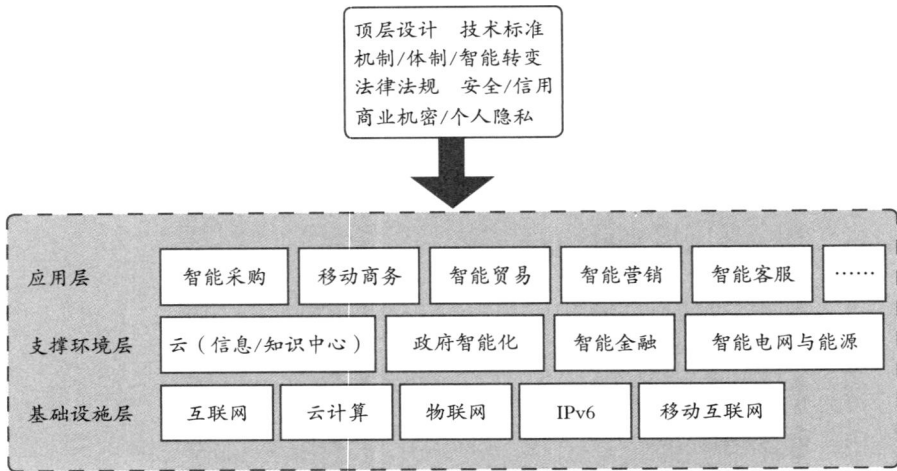

图3.1　智能商务应用及建设架构

（1）加快信息化公共设施建设，优化智能商务基础条件。政府要推动商务智能化的发展，首先要建设好网络等信息化和智能化的基础设施，增强网络基础建设，提升网络数据传输能力，降低通信费用，同时加强网络管理，为企业信息化建设提供物质基础。我国网络基础设施与发达国家之间仍存在较大差距，要形成竞争优势，就需要政府加大支持力度。我国目前经济与技术条件相对不足，但在主干网络建设上可以充分利用现有资源，加大投入，建设高效畅通、安全可靠、功能完备、覆盖城乡的高速宽带信息网络，在满足经济发达的沿海地区网络发展需要的同时，扶持相对落后的中西部地区的网络发展。

（2）加强政府调控能力，完善智能化配套体系。推进我国商务与金融智能化发展，需要各级政府机关发挥好组织调控的作用，加强对智能商务的管理。首先，明确工信部具有组织、协调和管理企业的职能；其次，政府要发挥调控作用，制定好智能商务发展战略规划，同时协调好工商、银行、保险、税务、外汇管理等部门与智能商务相关企事业单位之间的关系，在国家总体框架下实现政策组织的协调统一（李晓东，2000）；再次，政府可以在顶层成立商务智能化促进委员会，监管我国商务智能化进程的有序进行，还可以建设覆盖全国的信息网，在实现信息共享的同时加强对企业和个人的监督；最后，由于企业在建设智能商务初期投入高，收益低，政府可针对实施商务智能化的企业提供政策上的优惠，从经济和政策上刺激企业商务智能化的发展。

（3）完善相关法律法规，保障智能商务安全。随着网络技术的发展，信息安全的重要性愈发突显，在企业使用智能商务的过程中，信息共享最容易形成安全隐患。如果共享的信息超过了信息安全的"度"，即越过了信息安全的范围，信息共享的信息量将递减。因此，要使企业智能商务的应用得到又快又好的发展，信息的安全测度势在必行。

同时，规范智能商务安全，不能只依靠企业的制度规范，还要政府完善与智能商务安全相关的法律法规，保障企业信息数据安全。不但要预防企业信息数据不受侵犯，还要遏止各种侵犯数据信息安全的行为，杜绝信息数据威胁。

（三）智能金融的主要建设内容

在金融全球化、网络化的大背景下，智能金融的核心不仅是及时、正确、完整地获取信息，快速、高效、广泛地分享信息，更重要的是通过科技创新实现智能化的分析处理，并从银行、证券、保险等金融行业的海量数据中提取有效信息，发现有价值的金融知识，从而实现合理的金融决策支持，发展金融智能化。在与新技术完美融合的基础上，智能金融脱离了传统金融活动对物质流与资金流的严格匹配要求，在管理理念、运营模式等方面都与传统的金融活动存在较大区别（见表 3.1）。

表 3.1　传统金融与智能金融的区别

比较内容	传统金融	智能金融
经营理念	以产品为中心	以客户为中心
信息处理	困难 / 成本很高	容易 / 成本低
风险评估	信息不对称	数据丰富、完整、信息对称
资金供求	通过中介期限和数量的匹配	完全可以自己解决
支付	通过银行支付	超级集中支付系统和个体移动支付的统一

续 表

比较内容	传统金融	智能金融
供求方	间接交易	直接交易
成本	交易成本极高	交易成本较少

　　智能金融的建设涵盖了智能城市的基础设施建设、智能金融的支撑平台、重大工程建设、企业及个人应用等一系列环节。其中，智能城市基础设施建设包括互联网、云计算、物联网、透明计算、移动互联网、社交网络、三网融合等内容；智能金融的支撑平台包含了信息与知识中心、结算与清算中心、金融云、商务云等；重大工程建设是指全国范围内的智能银行、智能证券、智能保险、互联网金融等建设示范试点等；企业及个人应用则涵盖了手机银行、移动支付、移动投资等。

　　总体来看，智能商务与金融和传统的商务与金融存在较大的差别（见图3.2）。其建设主体既包括作为职能部门和公共服务部门的政府，也包括提供软件、硬件、网络通信、银行等服务的生产企业和服务企业，还包括作为消费主体和需求主体的企业、家庭和个人。建设过程运用的信息技术包括数据仓库、数据集市、数据挖掘等数据库应用技术，联机事务处理、联机分析处理、高级分析技术等数据处理技术，大数据、数据虚拟化、数据可视化等数据管理技术，以及云计算、物联网、三网融合、下一代互联网等新兴信息技术，运用的管理技术包括企业资源计划、供应链管理、客户关系管理等管理方法，以及规划、分析、预测与模拟等运筹学方法（郑永彪等，2008）（见图3.3）。

　　具体而言，智能商务与金融的建设内容主要包括以下三个方面。

　　1. 加强智能城市基础设施建设

　　智能城市作为经济社会活动最优化的城市形态，以新一代通信网络、物联网、三网融合和云计算等信息技术为助力，以感知化、互联化和智能化为手段，应用智能化运营机制和创新模式，旨在实现资源最优配置及城市运营

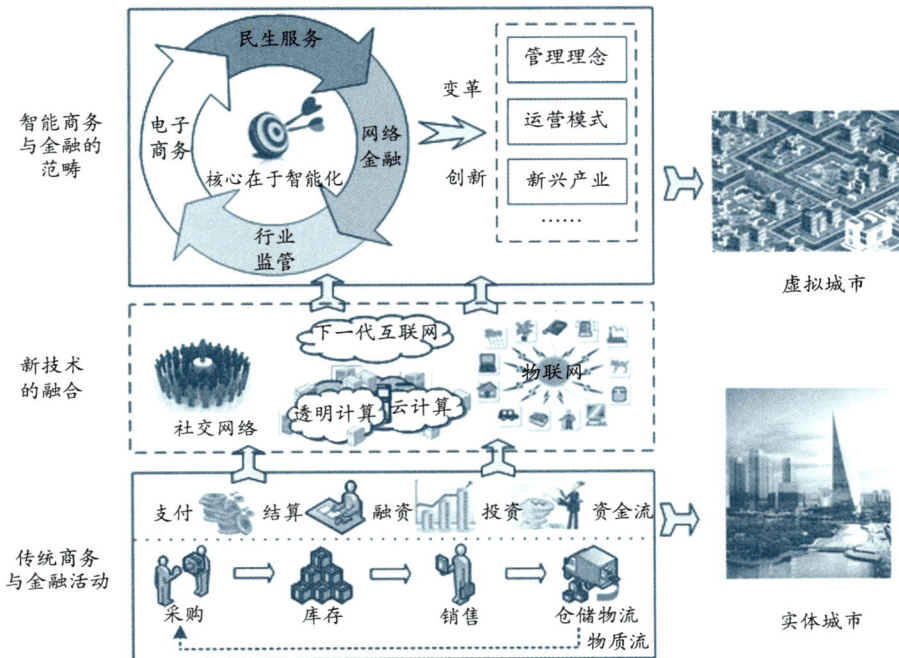

图 3.2　智能商务与金融和传统商务与金融的区别

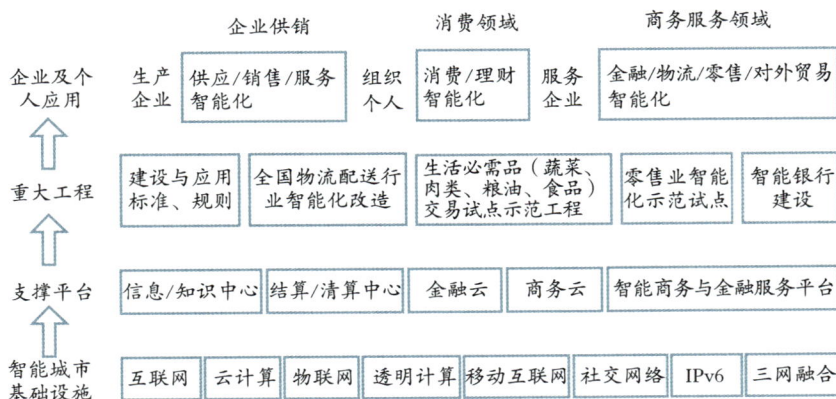

图 3.3　智能商务与金融的建设内容

成本最低、效率更高、价值最大、居民幸福感最强等目标。智能城市的实现流程有：首先要建设感知设备与智能终端来全面感知物理世界的信息，再通过数据信息网络将所感知的数据传送到数据处理中心，然后由数据处理中心对接收到的数据进行分析处理和数据挖掘，通过分析结果制定科学合理的管理决策，激发智能城市的创新能力。显然，智能城市的"智能"来自于对物理世界的智能感知、对信息的传递输送以及对数据的有效挖掘和处理，而这些是智能城市建设首先需要完成的工作，是智能城市建设的基础性工作。基础设施建设将直接影响智能城市建设的发展水平，并且存在投资大、改造重建难度高的特点。因此，对智能城市基础设施进行系统规划是智能城市建设的首要任务，这将为智能城市建设、智能商务与金融的建设与发展打下坚实基础。

智能城市基础设施建设主要包括三个方面的内容：①信息网络基础设施建设，包括宽带网络和三网融合建设，为智能城市的信息传输提供支持系统；②信息共享基础设施建设，包括信息安全服务平台和云计算平台等，为智能城市的信息数据存储、信息交换提供支撑平台；③传统基础设施智能化建设，包括对水、电、气以及公共交通等基础设施进行感知化与智能化建设，形成高度一体化的新型城市基础设施体系。目前，我国的智能城市建设已经全面展开，许多城市已经开展智能城市规划建设，并投入了大量的人、财、物进行信息网络、信息安全服务平台、云计算平台等智能城市基础设施建设，信息基础设施投资已经成为转变城市经济增长方式的重要驱动力。例如宁波市政府在关于建设智慧城市的决定中提出要加快推进智慧城市基础设施建设，从构建泛在化的信息网络、推进三网融合以及信息安全基础建设等角度推进智慧城市感知化建设。此外，宁波与包括中国移动、中国联通、大唐电信在内的近 20 家企业签订了合作协议，在新兴信息技术产业方面开展合作，总投资超 200 亿元。

2. 完善智能商务与金融产品

商务、金融智能化水平较高的企业主要集中于信息化建设起步早、资金实力雄厚、客户规模庞大的大型企业，如电信公司、银行和保险公司，中小企业的智能化水平明显偏低，智能商务与金融建设严重滞后。智能商务与金融不被国内企业广泛认知、接受和应用的重要原因在于，国内的智能商务与金融产品普遍存在欠缺完整性和完备性的问题，且应用中不能满足企业日益变化的业务需求。

（1）国外的产品难以满足国内千差万别的"中国式报表"需求。虽然国外在智能商务产品应用上领先于国内，但是他们更多地侧重于数据分析、数据挖掘、数据仓库和动态报表（以水晶报表为典型）等。而国内只有部分重点行业（金融、证券、保险等）应用上述数据报表，大部分其他行业仍以统计、查询报表为主，且是不可或缺的中国特色报表（如类动态报表、类 Excel 统计分析报表与类 Excel 混合型报表等），国外智能商务产品无法适应这些"中国式报表"。

（2）国内的智能商务产品欠缺完整性。目前，国内的智能商务产品可分为两种不同的类型：①侧重于数据分析，但其精细化程度无法与国外产品相比；②仿照水晶报表的产品、类 Excel 报表的产品和类 Excel 报表和水晶报表的混合型产品，但通常也局限于单一的报表工具。事实上，上述两类产品在智能商务应用领域的完备性都较为欠缺，如部分产品只做数据分析，部分产品又只做报表，既缺少广度又缺乏深度，存在一定的局限。

（3）国内的智能商务产品的性能表现不甚理想。一方面，很多应用或特定应用大都需要编程来实现，使得应用或实施难度增加，对使用者的素质要求也随之上升，导致产品使用的普及率难以提高。另一方面，国内智能商务产品中比较常见的问题是使用者在应用产品过程中经常遇到出错、死机等问题，尽管产品的实施过程简易，但如果厂商不能及时予以解决，必然会降低使用者的满意度和积极性。

（4）目前的智能商务产品在二次开发方面都较为薄弱，部分国内产品甚至不具备二次开发的功能。事实上，产品的二次开发功能直接决定了产品使用者是否可以通过二次开发接口来解决突发的和特殊的业务需求，同时，产品使用者在项目实施过程中的满意度及项目实施结果也可能大幅降低。

因此，为进一步推进我国智能商务的发展，加强技术提供及生产厂商的研发实力、努力完善其智能商务产品是关键。一方面，供应商应该充分考虑客户需求，扩大产品线，尽量满足目标客户所需的全部业务需求。另一方面，供应商在研发过程中应该强调产品的操作简易性和通用性，提升客户体验，避免二次开发、项目型运作模式在成本控制上的不确定性。同时，鉴于国内企业及个人对智能商务与金融的认知度较低，供应商还应该通过相关媒体向用户宣传企业应用智能商务与金融的成功案例，在提升自身品牌知名度的同时加深用户的认知。

3. 加大智能商务与金融人才的培养

与传统商务与金融相比，智能商务与金融的优势在于更加全面透彻的感知化、互联化与智能化（卢涛等，2011）。

（1）只有通过对客户需求和行为模式的透彻感知来预测商业市场与金融市场的价格变动情况，洞察市场风险，才能提供更加便捷的交易、支付结算，更加及时的后期服务，更加安全的风险管理。

（2）全面的互联互通要求将以往的商务与金融服务从现场延伸到住宅、办公室，或任何可接入互联网的区域，利用后台连接服务部门与辅助部门，降低运作成本的同时提高运行效率。

（3）智能化发展要创新经济发展方式，推动现代商务与金融等服务行业的发展，通过升级服务业结构来促进经济增长。

显然，在智能商务与金融的发展过程中，最基本的条件是要拥有一批掌握大量信息处理技术，同时熟悉商务与金融理论与实务的复合型人才。要求商务与金融领域的专业人才既掌握信息技术又熟知商务、金融业务，具备数据挖掘、数据分析、知识发现等综合的数据处理能力，具备数据建模乃至分布式并行计算能力。

当前，我国的智能商务与金融的发展正处于从电子化、网络化向信息化、智能化转变的关键时期，这一时期需要大量既掌握信息技术又精通业务知识的复合型人才，这些人才是智能商务和金融建设的重要基石。目前看来，精通的专业人才匮乏、知识和技能不过硬已经成为智能商务与金融建设的主要障碍。建立健全智能商务与金融人才培养机制，大力培养业务素质过硬、符合智能商务与金融发展要求的专业人才，是智能商务和金融建设不断向前推进的重要支撑。其中，高校是培育相关专业人才的主要渠道，但目前国内开设智能商务与金融相关专业的机构主要是重点院校，培养人数有限。为了适应商务与金融智能化的发展趋势，满足智能城市建设时期对智能商务与金融人才知识和技能的要求，高校应当在专业人才培养机制上寻求变革，以社会需求为导向，改革、完善课程体系和实践教学体系，探索培养智能商务与金融所需的专业人才与高端人才的教育模式。同时，努力探索相关企业与机构与院校合作办学的模式，加快人才培养，引领商务与金融界信息化、智能化发展的实践探索（谢平等，2012）。

第4章

i City 智能商务与金融的
产业化发展

产业化（industrialization）是指某种产业在市场经济条件下，以行业需求为导向，以实现效益为目标，依靠专业服务和质量管理形成的系列化和品牌化经营方式与组织形式。实现某领域的产业化发展，就是要使具有同一属性的企业或组织集合成社会承认的规模程度，以完成从量的集合到质的激变，并真正成为国民经济中以某一标准划分的重要组成部分。

智能商务与金融的产业化发展问题包含三个层面的基本内涵：①产业化发展是社会主义市场经济发展条件下的必然产物；②智能商务与金融产业化发展的核心内容是实现以市场机制为基础的价值创造过程；③智能商务与金融的产业化发展具有与传统产业发展不同的发展特征（张振刚等，2013）。

本章将首先从分析智能商务与金融产业化发展的必然性入手，在充分论证产业化是实现商务与金融智能化发展的重要战略路径的基础上，通过进一步总结分析传统产业经济理论的发展脉络，并结合智能商务与金融价值创造机制的具体经济特征，具体分析智能商务与金融发展过程中所体现出的价值生态系统的这一典型的经济特征，从而奠定分析智能商务与金融产业化发展的理论基础，并基于此提出智能商务与金融产业化发展的总体思想和基本策略。

一、智能商务与金融产业化发展的必然性

实现商务与金融领域的"智能化"发展是社会经济发展的总体趋势。这不仅与我国未来经济发展总体战略目标相一致，同时也是实现该领域产业内部结构优化和产业升级的重要体现。为了实现这一战略目标，就需要选择与之相适应的发展路径，而"产业化"正是实现这一战略目标最为重要的发展路径。

1. 产业化发展是我国社会主义市场经济发展条件下的必然产物

实现商务与金融的智能化发展，就是要实现该领域向广度和深度发展。向广度发展是指商务与金融能够适应更为个性化、多元化和多样化的社会经济功能需求；向深度发展则是指该领域在满足各种社会经济功能过程中能够具有更高的运行效率。这两者具有对立统一的关系。商务与金融的广度发展需要商品贸易系统和金融经济系统的运行效率不断提升，从而推动该领域的不断创新。但与此同时，新的发展需求又会对传统运行系统产生冲击，导致原有系统的内部结构以及运行机制无法满足新的社会经济功能需求。这就需要对原有领域运行系统的组织结构及其内部运行机制进行优化再造，从而提升系统的运行效率，以满足新的功能需求。组织结构及其内部运行机制的优化，其核心目标是优化社会资源配置，从而提高生产要素的利用效率。社会主义市场经济是实现优化配置的一种有效形式，是同社会主义基本社会制度结合在一起的商品化的商品经济形式，是市场在国家宏观调控下对资源配置起决定性作用的经济形式。而产业化就是遵循市场经济规律，以国内外市场为导向，利用市场机制优化资源配置，最大限度地发挥资源的效力。由此可见，产业化是我国社会经济伴随着社会主义市场经济发展的必然产物。

2. 智能商务与金融产业化发展是市场经济价值规律作用下的客观选择

在市场经济条件下，企业是市场经济发展的主体，而企业行为本质上就是通过满足市场需求，以产品或服务为载体实现价值创造和价值传递的过程。产业化发展就是要实现产业体系中各企业主体之间合理利用各种资源，节约人力、物力和财力，提高资源利用率和劳动生产率。在智能商务与金融的产业化发展过程中，智能化一方面满足了现代商务与金融市场的技术需求，另一方面也为企业自身发展提供了价值创造的机遇。两者通过市场价值规律有机结合，逐步形成了以智能化为目标的商务与金融产业发展特征，从而推动智能商务与金融的高效快速发展。正是两者之间这种内在关联关系，使得以经济价值规律为基础的产业化发展成为推动商务与金融智能化发展的重要途径。

3. 智能商务与金融产业化发展是推动产业结构优化的内在动力

经济结构优化是实现经济可持续发展的重要前提。经济结构优化的核心内容就是建立以效率为核心的经济发展动力源，而产业结构从低级到高级演化是在特定条件下存在的一种必然趋势。因此，产业结构优化是经济结构优化的重要体现。产业结构优化主要体现在各个产业间的均衡发展，特别是产业间的协同发展（陈继祥等，2000）。产业结构优化需要具备两个基础条件：一是产业结构优化设置应适应其自身演进规律，二是产业结构优化调整应以其自身变动趋势为基础。由于产业发展的本质是价值创造，而价值创造过程本质上就是资本形态的转化过程，因此，在经济发展过程中，必须保证能够实现资本形态在产业间高效快速地转化，而智能商务与金融正是承载了这样一种经济功能的产业形态。只有实现智能商务与金融产业化发展，才能更加有效率地建立起各产业间的价值关系，形成一个完整统一的产业价值体系，从而实现资本形态的高效快速转化。

4. 智能商务与金融产业化是与发展相适应的组织制度创新

社会生产力的发展和进步客观上要求社会生产方式的不断调整和变化。产业是建立各个生产主体间市场价值关系的基本组织关系。智能商务与金融发展最主要的特征在于其最终产品或服务的生产不再像过去那样被局限于一个企业，甚至不再被局限于一个国家，而往往是在跨国公司的主导下，数百乃至成千上万家企业结成分工网络，在全球范围内配置资源、组织生产、提供产品和服务。这就必须要有一种新型的能够与发展相适应的分工组织形式，由此产生了企业社会性分工或企业网络分工形态，而这也正是产业化的发展形态（李平，2007）。智能商务与金融产业化是适应市场经济发展要求的生产经营组织形式和制度的进步，是社会生产力和生产关系矛盾运动的必然结果。

二、产业发展分析的经济理论基础

（一）产业和产业选择理论

产业是指国民经济中生产相同或相近产品的生产单位的总称。产业选择是指一个国家或地区政府为了发展全局和长远利益，主动选择和扶持某些产业，使其快速成长为国民经济发展中的重点产业。

1. 比较优势理论

英国古典经济学家亚当·斯密（Adam Smith）最早提出了绝对优势相关理论。斯密的"绝对优势理论"认为，一个国家或地区必然具有在某种商品生产方面的绝对优势，国家之间通过生产自己的绝对优势产品来进行国际分工和国际贸易。英国另一位古典经济学家大卫·李嘉图（David Ricardo）发展和修正了绝对优势理论，提出了依照生产成本的相对差别而实行国际分工和贸易的"相对优势理论"（刘磊，2014）。按照该理论，发达国家应将产业结构重点放在发展资本密集型和技术密集型产业，而不发达国家应重点发展农业、原材料等初级产业。后来日本的经济学家将以上理论统称为"静态比较优势理论"，并在此基础上提出了"动态比较优势理论"，从长远发展角度提出当前不具备比较优势的产业具有将来转化为优势产业的可能性，政府必须扶持和保护这些具有未来发展潜力、对国民经济有重要意义的产业，使这些产业以后发展成为国际贸易中具有竞争力的产业。

比较优势理论说明，一个国家或地区应优先发展在劳动生产率上具有优势的产业，使其成为主要的经济力量。同时，地区的比较优势不是一成不变的，有些产业在发展初期阶段虽然比较弱小，在市场竞争中不具备优势，但代表先进的产业发展方向，必须加以扶持。因此，比较优势理论对各地区在完善产业结构时如何将短期和长期相结合、如何在发展现阶段相对优势产业的同时兼顾未来产业发展方向、如何培育和发展战略性新兴产业等问题上具有一定的理论和实践意义（陈爱雪，2013）。

2. 罗斯托的经济成长阶段论

美国经济学家华尔特·惠特曼·罗斯托（Walt Whitman Rostow）在《经济增长的阶段》著作中根据一定的技术标准将人类社会发展阶段分为传统社会阶段、起飞准备阶段、起飞进入自我持续增长阶段、成熟阶段和高额群众消费阶段。1971 年，罗斯托在其《政治和成长阶段》一书中又追加了一个追求生活质量阶段。他认为，经济社会处于传统社会阶段时，科技、生产力水平相对低下，以农业部门为主导产业；在起飞准备阶段，工业和农业中处处渗透了近代科学技术，主导产业更替为轻纺工业，多数劳动力也向工业与服务业转移；而起飞进入自我持续增长阶段则相当于产业革命时期，这时的主导产业演变为以原材料、燃料等基础工业为中心的重化工业；在成熟阶段，生产中已经普遍运用现代科学技术，技术密集型产业快速发展，精密仪器加工、石油化工、智能机械、电子产品等技术要求高且附加值高的产业得到快速发展并成为国民经济主导产业；在高额群众消费阶段，高度发达的工业技术使主导部门转移至耐用品消费和服务部门；在追求生活质量阶段，耐用品消费部门已经不是主导部门，主导部门将转移至文教娱乐、医疗保健、文化旅游等提高生活质量的部门。此外，罗斯托还认为，任何国家都要经历由低级向高级发展的过程，主导部门序列不可任意改变。根据罗斯托所阐述的经济发展每一阶段的特征，目前中国正处于起飞进入自我持续增长阶段，战略性新兴产业具有较高科技含量，代表先进的发展方向，在将来能够作为主导部门带动其他产业及整个国民经济的发展。因此，借鉴罗斯托的经济成长阶段论中主导部门的理念，培育和发展我国战略性新兴产业对将来实现经济起飞有着重要的理论指导意义。

3. 赫希曼的不平衡增长理论

美国经济学家阿尔伯特·奥托·赫希曼（Albert Otto Hirschman）在《经济发展战略》中提出了"战略性产业"概念，发展中国家由于资源稀缺，不可能将资源同时投入国民经济各部门使其发展，而是使各部门按一定的优先顺序或不同的速度发展，使有限的资源最大限度地发挥促进经济增长的作

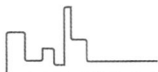

用。赫希曼用"关联效应"说明不平衡增长过程。所谓关联，是指经济运行中一个部门在投入和产出上与其他部门之间的联系。在发展过程中，先发展后向关联度①较高的最终产品产业，以此来影响和带动其他产业的发展，这被称为"赫希曼基准"；如果一个产业与其他产业有较强的前向和后向关联关系，那么该产业的率先发展有利于带动其他产业，从而推动整个国民经济的发展。

该理论对我国各地区在发展战略性新兴产业过程中，如何选择适合该地区发展的产业，并通过其充分的发展带动其他产业，具有重要的意义。

4. 筱原三代平的两条基准理论

日本筱原三代平提出了主导产业选择的"收入弹性基准"和"生产率上升基准"两条基准。收入弹性基准表示应将社会主要资源和积累投入收入弹性较大的行业或部门。生产率上升基准则指资源应流向生产率上升最快的行业或部门，因为在没有资金和技术约束、各生产要素能够自由流动的前提下，这些行业由于生产率上升速度较快，每单位产品成本投入下降速度随之增加，而成本相对稳定条件下其利润率增加幅度也较多。该理论也为我国各地区选择智能商务与金融产业方面提供了理论依据。

（二）产业结构优化理论

产业结构即国民经济中各个产业的比重和地位。产业升级主要是指改善和优化产业结构，提高产业效率与产业素质，提升产业层次，转变产业发展模式。具体表现为产业附加值从低到高升级，耗能污染从高到低升级，发展模式从粗放到集约升级。产业结构优化理论包括产业发展升级概念、产业发展升级路径、产业发展升级方向、产业发展升级动力和产业结构发展演变等内容。

1. 熊彼特的创新理论

1912 年美国经济学家约瑟夫·阿罗斯·熊彼特（Joseph Alois Schumpeter）

---

① 后向关联度即指一个部门和向它提供投入的部门之间的联系。前向关联度亦同理。

在《经济发展理论》中首次提出了创新理论，并在《经济周期》与《资本主义、社会主义与民主》中加以运用发挥。以动态发展理论为基础，熊彼特认为"创新"是指生产体系中生产要素与生产条件重新组合，具体包含五种组合方式：引入新产品或提供产品新质量；创新生产方法；开辟新市场；获得原料或半成品的新供给渠道；实行新的企业组织形式。熊彼特创新理论最大的特点是强调革新生产技术和方法在经济发展中发挥的重要作用。

智能商务与金融产业最突出的特征是创新，符合经济发展内在要求。智能商务与金融产业在生产方式、要素配置及市场需求等方面蕴含着创新。所以熊彼特的创新理论对我国智能商务与金融产业的发展升级具有重要的指导意义。

2. 赤松要的雁行形态说

日本经济学家赤松要根据 20 世纪 30 年代日本经济二元结构明显的特征提出了经济较落后国家如何实现产业结构优化的雁行形态模型。经济发展水平相对落后的国家，其产业发展应沿用"进口—国内生产—出口"模式，以促进国内产业结构升级。此外，还有其他关于生产发展次序的衍生模型，包括消费资料产业至生产资料产业的发展、农业—轻工业—重工业的发展；消费资料产业的产品从粗制向精制转变，生产资料产业的产品逐渐从生活用的生产资料向生产用的生产资料转变等，这些转变过程便是产业结构的升级过程。当时日本经济的特征与我国目前的二元经济结构特征比较相近，因此，该理论对我国发展智能商务与金融产业、实现经济起飞具有重要的理论指导意义。

3. 波特的竞争优势理论

1990 年，哈佛商学院著名战略管理学家迈克尔·波特（Michael Porter）在《国家竞争优势》中提出了"竞争优势理论"。他认为国家产业竞争力的决定要素有四个：生产要素条件（包括人力、知识、资本资源以及基础设施），需求条件（以本国市场需求为主），相关产业与支持产业发展战略（指产业及其上游产业的国际竞争力），企业的战略、结构与竞争。此价值体系也可

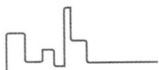

被称为"钻石体系"或"钻石模型"（Michael Porter diamond model），说明了加强国家产业实力是提升竞争力的根本。如何通过培育智能商务与金融这一战略性新兴产业的生产要素条件、拓展市场需求、提高与其他相关产业的关联度、运用创新合适的管理理念等方式，使智能商务与金融产业能够成为国家未来竞争优势的主要力量，波特的竞争优势理论提供了值得借鉴的思路（陈继祥等，2000）。

4. 贝恩的产业结构优化理论

美国产业经济学家乔·S.贝恩（Joe S. Bain）在《产业结构的国际比较》中提出，产业结构是产业经济系统的内部构成，促进产业结构高级化、高度化则被称为产业结构优化。产业结构高级化体现为产业结构素质的提高、产业间优势地位的变化以及产业结构形式从较低级向更高级优化，这些都源于创新。产业结构高度化是指产业结构向高知识化、高技术化、高加工度化、高附加值化转变的过程，即动态优化过程。

（三）产业发展演化理论

经济发展也会带来产业相应的演化。通过各国发展历程可以看出，产业发展演化过程是持续动态发展的，并且在不同发展阶段具有显著的特征。许多学者都研究了产业发展演变规律，以下几位经济学家的研究成果为我国智能商务与金融产业未来的发展演化奠定了理论基础。

1. "配第—克拉克"定律

英国古典政治经济学家威廉·配第（William Petty）于17世纪对产业间的资源流动现象做了分析，得出了商业比制造业可以获得更多回报，制造业又比农业得到更高收入的结论。劳动力在产业间的流动源自于不同产业间的相对收入差距。

科林·克拉克（Colin Clark）在配第的基础上做了引申。他把整体的经济活动划分成三次产业，并基于劳动力在第一次产业、第二次产业、第三次产业之间的分布发展规律，得出了经典的"配第—克拉克"定律。他阐述了在

经济发展和国民收入水平提高的过程中，劳动力会从第一次产业逐渐转移向第二次产业。随着人均国民收入水平进一步提升，第一次产业劳动力会进一步减少，同时第三次产业中的劳动力将逐渐增多。

2. 库兹涅茨的产业演化理论

美国经济学家西蒙·史密斯·库兹涅茨（Simon Smith Kuznets）更注重分析产业演化动因。他更深入地描绘了随着劳动力和国民收入的转变，三次产业分布结构的一般演变趋势，基于三次产业间国民收入和劳动力的分布，把三次产业命名为"农业部门""工业部门"和"服务部门"。他还观察到农业部门创造的收入占国民收入的比例以及劳动力在三次产业中的占比会逐渐降低；工业部门创造的收入占国民收入的占比会不断增加，工业部门劳动力占比会基本保持不变或略微增加；服务部门的劳动力占比会普遍上升，服务部门创造的国民收入占比不一定同劳动力占比一致同步上升。

3. 霍夫曼定律

配第、克拉克和库兹涅茨的理论的本质是分析国家实现工业化的发展演化和内在动因，即"工业化"进程。而德国经济学家霍夫曼（W. C. Hoffmann）则深入创新地分析了工业结构的演化规律。他通过观察近 20 个国家的时间序列数据，研究得出了在"工业化"进程中，制造业中消费资料与资本资料的工业净产值占比是逐渐递减的结论，这个结论便是"霍夫曼定律"。

三、智能商务与金融产业的发展特征

1. 智能商务与金融具有社会化分工协作的内部机制特征

智能商务与金融虽然在本质上都是推动商品与资金的有序流动，但智能商务与金融不是传统商务与金融信息化的升级版本或者网络化，而是对传统商务与金融的服务主体、内容、方式与组织的完全变革（杨迅周等，2011）。如今，用户分布分散，需求端越来越追求个性化、多样化的高质量服务，但

是让一家商务企业或金融机构去满足所有需求是不现实的，那么专业分工和社会间相互协作便是产业发展的趋势。社会化分工协作正是产业集群顺应了产业发展的大趋势，这样便突破了企业一体化的发展模式，推动商务企业和金融机构向专业化模式转变，并且专业化分工的水平会逐渐精深、灵活、动态。专业化分工协作不仅有助于分散投资风险，降低生产成本，还能够提高产品服务质量。

智能商务与金融系统的专业化分工协作是主体内部的分工协作，也是社会主体与主体之间的分工协作。主体内部为了更有效地满足客户需求，设置了不同的部门和岗位，并且都清晰明确地划分了职责，统一领导，按照规章制度和工作流程执行工作，承担相应的职责。而社会主体与主体之间的合作是完全自组织的过程。在现代互联网时代，以往驱动企业竞争发展的动力已不可能再为企业带来高额利润了，企业的开放、共享与协作才能带来或创造更多的市场机会，实现企业间的整体利润最大化。

社会化分工协作通过资源共享与优势互补实现共赢。亚当·斯密在《国富论》中认为劳动分工有利于劳动生产率的提升和国民财富的增加："劳动生产力上最大的增进，以及运用劳动时所表现的更大的熟练、技巧和判断力，似乎都是分工的结果。"社会化分工协作不仅可以注重各主体的专业优势特长，有效地满足需求端个性化、多样化的需求，还可以推动竞争，有助于整体的创新发展演化。

2. 智能商务与金融产业具有多元化的服务主体结构特征

在传统商务与金融产业条件下，商务中介和金融机构凭借自身建设的分支机构、业务网点、门户网站，分别为客户提供商务与金融服务。这时，商务中介、金融机构与需求用户之间是相对应的服务关系，一些主要的营销活动都会由各商务企业和金融机构自主完成，比如用户的定位、营销方案的组合及使用、售后服务等。企业更多地强调提升自身竞争力，对竞争的关注多于合作。然而，随着市场范围的不断拓展，这种传统的商务与金融服务模式已经不能满足未来市场实际的发展需要。比如，大企业主要的贷款业务，一般是由银行自主完成，甚至包括贷前、贷中、贷后的全部流程。而如今，我

国的中小企业数量已逾千万，全部业务都由银行单独包揽显然不切实际。

随着智能商务与金融的发展，商务和金融演变为多对一的服务形式，即多个商务和金融机构共同协作，各自发挥优势，共同生产出完善的产品或服务。各商务中介与金融机构之间，以及这两者与客户之间，通过服务平台互联互通、信息交流，形成紧密的分工与协作关系。服务链条中有许多节点，每个商务和金融机构都只是其中一个，它们分工协作，充分发挥各自优势。这些节点集中到一起，便形成了完整的服务包，从而向客户提供专业高质量的服务。

3. 智能商务与金融产业具有以客户为中心的服务模式特征

在传统商务与金融服务模式下，企业在客户服务关系中处于主导支配地位。例如目前我国企业融资渠道以银行贷款为主，形成了银行主导型金融体系。但是企业的发展，特别是中小企业的发展，都需要大量的资金，资金是企业维持运营、提升技术、开拓市场的保障。融资渠道不通畅便会使银行资金供不应求，被认为是稀缺资源。

在商务与金融智能化的发展阶段，用户将跃升为整个服务体系的核心，形成用户主导型的服务体系。在这个智能化的发展阶段，信息更加公开透明，资本市场更加发达，商业模式也更为完善。金融机构都倾向于与营利性强、信用良好的企业合作。金融机构为了增强竞争力，会与其他机构联合，创新金融产品和服务，提高金融服务质量，开拓更广泛的金融市场。

4. 智能商务与金融产业具有动态化服务体系的运动特征

智能商务与金融的服务体系永远处在动态调整过程中，而传统服务体系中存在严重的信息不对称现象，使其对信息的感知与分析滞后，服务体系内每一次交易决策和交易行为之后，都会在一段时间内保持相对稳定性，当积累了一定量的信息后，才会对决策产生影响，促使金融体系进一步发展。因此，传统的商务与金融服务体系通常在某一段时间内处于相对静态。

而在整个智能化商务与金融服务体系中，物资流、信息流、信用流、任务流和资金流不断地动态变化，客户、合作伙伴、其他服务主体、环境都在不断变化，服务主体会时刻敏感地感知和分析这些变化，并且相应地调整策略，以便能够适应这些变化。这些变化是整个商务与金融服务体系保持相对稳定和动态演化的驱动力。

5. 智能商务与金融产业具有自组织性的系统演化特征

推动传统商务与金融服务发展的动力是他组织的力量。在传统商务与金融服务体系下，政府在制定和改变产业规则时拥有更多的主动权，这一主动权甚至还超过了商务企业、金融机构以及市场本身的驱动力。政府的作用是制定与变革规则，而企业能够实现政府制定的经济目标。企业在政府制定的规则下运行，在产业演进中受益的同时，也需要承担大部分的产业风险。

而智能商务与金融体系的形成和发展是自组织性的系统演化过程。商务企业和金融机构主体基于外界信息，主动往调整演化方向转变，提高自身的服务效率，降低运营风险。体系中的主体在此转变过程中不断竞争合作，在信息和利益变换中相互约束，合作共赢，使得整个体系总体保持有序运行。因此，产业系统中各主体之间的竞争合作是由智能商务与金融产业的发展驱动，并不是政府的行政指令驱动的。

四、智能商务与金融产业发展的价值创造机制

理论界对产业组织价值创造机制的研究是沿着"价值链""价值星系""价值网"的脉络层次推进的。波特教授提出的"价值链分析"开启了研究价值创造机制的新思维模式，循着价值链分析的思路，Normann 等（1993）发现随着价值创造流程的复杂化，价值链演化为由"恒星企业"吸引星系成员企业共同组成的"价值星系"。Rayport 等（1995）发现由信息构成的虚拟价值链逐渐成为价值创造机制的重要组成部分，在融合虚拟价值链的基础上，价值链被进一步延伸为价值网（Slywotzky et al., 1997）。Kothandaraman 和 Wilson（2001）的研究则建立了价值网的理论模型。

信息技术迅速发展使互联网深入人们工作和生活的每一个角落，也对社会生产方式产生了深远影响。特别是随着以用户信息交互传播为特点的 Web

2.0 渗入日常工作和生活，社会性网络服务（social networking services）和基于位置服务逐渐在企业和消费者中普及，互联网成为社会生活的必要组成部分，信息传播呈现碎片化（fragmentation）趋势。2007 年诞生的云计算技术通过大数据的互联与管理，将信息在价值创造过程中的作用提升到前所未有的高度，推动社会发展进入"云经济时代"（Cloud Economy Era）。云经济时代的价值创造活动以顾客（企业或自然人）信息为起点，顾客的使用过程在价值创造机制中的地位逐渐上升，最终取代制造过程，成为价值创造活动的新核心环节（元如林，2012）。这对产业组织形态及其价值创造机制产生了重要影响。

（一）智能商务与金融产业价值创造活动的特点

1. 价值概念进一步拓展

传统价值创造理论以能够用货币计量的交易价值作为研究对象，人们的精神文化体验蕴含的价值很少被纳入研究视野。云经济为人们提供了体验精神文化的技术条件，如即时通信、博客与微博、网络影视、社交网络及创新型文化娱乐节目。这些提供免费服务的平台为人们带来的精神文化价值难以计量，对社会生活产生的深远影响也不应被忽略。价值创造理论必须正视精神文化价值，才能合理解释云经济时代的价值创造机制。

2. 信息在价值创造活动中发挥至关重要的作用

在传统价值创造过程中，虽然信息的作用逐渐被重视，但受技术限制只有部分信息能够被及时有效地挖掘，因而信息要素一直处于从属地位（刘平，2004）。大数据技术为海量源信息的及时搜寻和管理提供了支持，经过数据挖掘的有效信息可以独立参与价值创造活动，与其他生产要素共同发挥作用，这是传统价值创造过程不可能实现的目标。

3. 使用过程超越制造过程成为价值创造活动的核心环节

从价值链到价值星系或价值网的理论演化，展示了传统产业组织力图将顾客的使用过程有效融合到制造过程的努力，但以研发、生产和营销为主要内容的制造过程始终是传统产业组织赖以生存和发展的核心（华坚，2005）。进入云经济时代，不仅服务业实现了以顾客使用过程为导向的平台化发展，制造业也进入"云行列"。云制造（cloud manufacturing）以云计算、物联网、智能化和虚拟化等技术为支撑，按照一定规则，将软硬件、人、知识等各类资源封装成制造云，顾客通过云制造平台实现个性化需求（李伯虎等，2010）。云制造颠覆了以设备、资源和订单为驱动的传统局面，真正实现了由顾客主导制造过程。云经济时代的制造过程依然存在，但退居幕后成为使用过程的辅助环节，云制造标志着制造过程正式从价值创造活动的核心环节中退出。

（二）价值生态系统的概念

生态系统是由自然界一定空间内的生物与其所处环境构成的统一整体，具有开放性、多样性、自我调控和可持续性发展等特点。生态系统的生物之间以及生物与环境之间相互影响、相互制约，在一定时期内形成相对稳定的动态平衡状态。人类社会的经济活动在发展过程中也呈现出一定的生态系统特征。20世纪60年代以来出现的组织生态学、商业生态系统等理论，研究了以企业为生态个体的产业组织发展演化的规律。在云经济时代，更微观层面的价值创造活动也具有与生态系统相似的特征。

1. 交易平台的生态系统化

价值生态系统(value ecosystem，VES) 最初起源于为顾客设计的交易平台。信息不对称导致产品（有形商品或服务产品）从制造过程到顾客使用过程存在大量交易成本，因而借助某种平台进行交易（自给自足的小农经济除外）成为普遍形式。传统交易平台以向双边或某一边顾客收取费用为主要赢利模式，对传统交易平台的理论研究始于法国经济学家Rochet和Tirole（2002，2003），他们开创了以模型化方法研究"双边市场"理论的先河。以电子商务为代表的网络交易平台（如 B2B、B2C、C2C 等）为产品的供需方提供了在线信息交流的环境，节约了交易成本，提高了交易效率，吸引了大量企业和消费者利用网络交易平台进行交易。进入云经济时代，交易平台开发了

许多新功能，为顾客免费提供如社交、点评、自我管理等服务，进驻平台的顾客数量呈现爆发式增长。平台企业以整理挖掘的顾客信息为基础，开发增值业务获取收益，如向其他企业提供精准营销。平台的功能越强大，吸引的顾客越多，企业越能够通过顾客信息资源创造更多增值服务获取收益。反过来这也进一步强化了平台的功能。因此交易平台与顾客之间形成了一种互惠互利的共生关系。云经济中的交易平台具有一定的生态系统特征，顾客进驻（enter）并栖息（inhabit）于交易平台，从而实现交易、社交等需求。栖息于平台的顾客表现出一定的特征或偏好，具有同一特征或偏好的顾客聚集成价值种群（value population），价值种群经过扩张形成具有类别特征的价值群落（value community）。交易平台与顾客形成的价值群落共同构成具有生态系统特点的新组织形态，这就是最简单的价值生态系统。

2. 价值生态系统的构建

进入云经济时代，顾客的使用过程上升为价值创造活动的核心环节，因此顾客信息本身成为有价值的资源。具有战略思维的企业发现，无论企业自身与顾客之间是否存在交易，关于顾客的行为习惯、消费偏好等信息都蕴含着巨大价值，通过一定方式聚集顾客成为价值创造过程的重要组成部分（殷瑾等，2002）。这些企业一方面构建功能丰富的平台，通过为顾客提供免费的交易、即时通信、信息获取、精神文化以及云存储等服务，不断吸引顾客进驻并栖息于平台，形成多种类型的价值群落；另一方面整合自身的和其他组织的服务资源或制造资源，形成持续为顾客提供增值服务的能力，并将增值服务作为收益来源。由平台企业、平台产生的价值群落、平台整合的社会资源及其环境共同形成的新的组织形态称为价值生态系统，构建价值生态系统的平台企业称为中枢企业（nerve-center company）。中枢企业的核心作用并不是投巨资于硬件建设，而是像神经中枢一样，通过组织、协调和数据挖掘等方式充分利用顾客信息和社会资源，设计运行规则，维护系统运转，促进价值生态系统成长，寻找并拓展价值空间。最初构建价值生态系统的中枢企业可以是规模大、实力强的实体企业，也可以是拥有主要创意的新创企业，如大众点评网，其创业之初只有一台服务器。

3. 价值生态系统的价值空间

价值生态系统是价值创造活动的组织载体，其价值空间既包括能够以货币计量的财富，也包括为顾客创造的精神文化财富，从而在广度上超越了传统产业组织的价值空间。在价值生态系统的组织下，精神文化产品借助于云技术大量涌现，为人们提供了丰富的精神文化体验。浏览网络朋友圈、社交网站等行为甚至在精神文化活动中占据第一位。由于信息成为独立生产要素，价值生态系统比任何传统产业组织都能更有效地配置资源，因而也在深度上拓展了价值空间。中枢企业与顾客之间的共生关系是价值空间存在的基础，通过分享价值空间，顾客满足了服务、物质或精神文化需求，中枢企业获得了收益并实现了发展。

（三）价值生态系统的主要特征

1. 价值生态系统是云经济时代的新型产业组织形态

首先，价值生态系统模糊了产业边界，几乎所有产业都可以在价值生态系统的黏合下有机融合在一起并创造价值。价值链、战略联盟等产业组织也进行跨产业整合，但都是不同产业在某一个组织内的线性组合，而融入价值生态系统中的产业则失去了明确边界。

其次，价值生态系统没有企业边界。价值链、战略联盟等产业组织是具有明确边界的企业组合，而价值生态系统是开放的系统，在理论上可以容纳任意数量的栖息者（龚艳萍等，2006）。与核心企业或盟主企业不同，中枢企业与进驻系统的栖息者之间不需要权威或严格的协议来维系关系，顾客可以自由选择栖息于或离开价值生态系统。另外，与市场相比，价值生态系统是一种以长期关系维系存在的组织，栖息于价值生态系统的顾客不是为了一次交易或短期交易。各方共同认可的规则是价值生态系统运行的基础。

再次，价值生态系统模糊了传统意义上企业与顾客的界限。传统组织的核心企业或盟主企业都是组织一批"志同道合"的伙伴企业一起，站在"柜

台"一侧为另一侧的顾客提供服务。而中枢企业则撤销了"柜台",使企业与消费者都以平等的身份进驻并栖息于同样的价值生态系统,共同创造价值,在一定情况下两者互为顾客。

最后,价值生态系统的价值创造活动具有动态性。在以制造过程为核心的传统组织中,特定成员负责价值创造过程的特定环节,并且核心企业对价值创造过程具有重大影响。价值生态系统则通过平台服务将产品生命周期的各环节(如研发、生产、营销、使用等)融合起来,并将这些环节交给价值生态系统的特定或不特定的价值个体去完成,因而栖息者具有相对平等的地位。价值创造过程的动态性使得价值生态系统能够在更广范围内,更高效率地配置社会资源。

2. 价值生态系统具有生态系统特征

首先,价值生态系统具有层级特征。价值生态系统的栖息者相互作用、相互影响、相互制约,形成不同特点的价值种群、价值群落,每个生态位上都存在数量不等的生态个体并形成多种层次,如微博平台的用户有"大 V"、"铁粉"、普通用户和"僵尸粉"的层次。不同层级顾客的栖息特点存在差异,其对价值生态系统的贡献不同,中枢企业一般对价值群落进行分层次管理。同时价值生态系统中各层级的种群或个体可以相互转化,这种转化既可以自发实现,也可以在中枢企业的引导下出现。层级数量及高层级所占的比重,是衡量价值生态系统稳定性的重要指标之一。

其次,价值生态系统是一个相对稳定的开放系统。价值生态系统与外部环境之间不断进行熵的交换,即通过信息、资金、物质等交换产生价值流动。开放性是价值生态系统的基本属性,封闭和孤立的系统是不可能创造价值的。价值生态系统的价值个体、价值种群和价值群落形成复杂的相互关系,在一定时间范围和产业领域内有序运转,系统内外的信息流动、能量流动与物质流动处于相对稳定状态。

最后,价值生态系统具有自我反馈与自我调节功能。当面对来自外界的变化或系统内的波动时,中枢企业启动反馈机制可以进行缓冲,通过自我调节提高系统的稳定性。由于制造过程"云化"为隐性流程,传统产业组织中维持结构稳定的软件和硬件被淡化，主导价值生态系统的运行方式应运而生。

3. 价值生态系统的生命周期各阶段不存在明确界限

首先，价值生态系统的演化过程可分为幼儿期、成长期和成熟期阶段，但由于对资本、技术等传统要素的依赖程度退居次要位置，其发展往往呈现阶段性爆发式增长，周期各阶段的界限不明显。

其次，价值生态系统可以持续发展并不断衍生子系统，衰退期并不是必然阶段。中枢企业引导价值生态系统不断扩张，形成类别更加丰富的价值种群和价值群落。价值种群和价值群落内栖息的价值个体数量不断增加，有些价值群落逐渐衍变成为具有独立生存能力的价值生态子系统，原来的价值生态系统退化为壳系统或母系统。

最后，中枢企业与栖息的顾客之间也不可能用刚性双边契约予以约束。当价值生态系统面临危机时，原来栖息于此的顾客可以瞬间迁徙至其他价值生态系统，从而导致原价值生态系迅速崩溃。曾经盛行并吸引大量读者的电子书阅览器，在平板电脑和智能手机的冲击下，迅速被读者抛弃。由于反馈系统未能有效建立新的顾客吸引机制，中枢企业无力挽救价值生态系统的命运。传统产业组织的运行以契约为基础，其扩张和崩溃都具有一定黏性。

（四）智能商务与金融产业价值空间的理论分析

产业组织的价值空间是一个由流程、交易和服务构成的三维空间。流程和交易是价值空间的基本维度，流程是价值创造活动的组织方式，影响着价值创造效率；交易是价值创造活动的内容，也是劳动、土地、资本、知识技术、信息等资源共同作用的结果，通过交易可以满足各种各样的需求（自给自足的小农经济除外）。服务的作用是充分实现或提升交易价值。在云经济时代之前，服务一直未取得独立维度的地位，或作为流程的一部分，而是在价值创造活动中起辅助作用，或作为有价格的产品，构成交易的一部分。价值生态系统使服务在价值创造活动中的作用发生质的变化，大量服务不再以有价格的产品的形式出现，免费服务成为云经济时代的潮流。服务在产品生产中也不再仅仅发挥辅助作用，而是转变为引导力量。服务逐渐从流程和交易中分离出来,成为价值空间的独立维度。理论界对价值空间的认识也有一个演化过程,创新最快的维度首先纳入研究视野。最初的价值链分析从流程这一个维度展开,价值星系和价值网理论主要从流程和交易两个维度阐述了价值创造活动,分析的目的是寻找恒星企业实现利润或价值最大化的发展战略(俞荣建等,2007)。进入云经济时代,服务创新借助云技术为顾客创造了巨大的物质财富和精神文化价值,上升为价值创造的主要驱动力,从而使价值空间的三维结构更加显著,标志着价值创造活动达到一个新高度。

1. 智能商务与金融产业的交易创新

产业组织演化可以节约交易成本的现象受到理论界长期重视,纵向一体化理论(Williamson,1985)、组织生态学理论(Hannan et al.,1977)、产业集群理论(Porter,1986)、企业战略联盟理论(Porter,1986)、商业生态系统理论(Moore,1996;1998)的研究都发现企业之间以某种形式进行合作可以节约交易成本。上述理论以产品的制造过程为出发点进行研究,交易成本的节约主要发生在"柜台"的企业这一侧,企业与"柜台"另一侧的顾客之间由于信息不对称所造成的交易成本远没有得到有效降低。价值生态系统的运行可以大幅降低微观层面的交易成本,传统模式下由于交易成本过高而无法实现的交易被开发出来。价值生态系统不仅拆除了"柜台",而且借助云技术可以为任意数量的顾客提供信息传递和信息共享的平台,在很大程度上消除了"经济摩擦"。交易中的搜寻成本——顾客搜寻供给者的成本和供给者搜寻顾客的成本都得到有效降低,很多价值创造活动因交易成本大幅降低而出现。云经济时代的制造过程在价值创造活动中的地位不断下降,导致企业的生产组织和管理、产权界定和产权交易等过程的重要性减弱。微观层面的管理型交易成本变得不再重要,在社会交易成本中所占比重不断降低。云制造实现了制造资源跨企业、跨区域的集成和分配,作为价值生态系统的云制造服务平台通过云技术手段组织制造过程,部分替代了原有的企业内部管理,实现了以最低的成本、最快的速度和可靠的质量为顾客提供所需的个性化产品(凌芸,2009)。

产品创新是交易创新的另一种形式。传统理论在发展中逐渐认识到人本

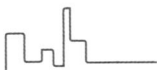

身具有的多元性，从最初的"理性经济人"和"社会人"理论不断深化衍生出"自我实现人"和"复杂人"等新理论。尽管人的个性被逐渐认识，但受技术条件限制，"私人定制"式的个性化需求无法得到普遍满足，产品总是为"一批人"设计和生产的，并且产品在满足具有相似特征的"一批人"的过程中存在一定盲目性。企业之间也存在大量的难以实现或实现成本过高的交易。一方面，中小企业难以有能力生产自用的非标准化设备或产品零件；另一方面，知识、信息、设备等制造资源广泛分散在诸多大企业中，这些资源在客观上存在闲置。因此，由个人或企业需求构成的社会总需求受技术条件限制，难以完全实现，不仅存在大量交易成本，而且交易总是不充分。进入云经济时代，信息传播碎片化成为彰显社会多元性和需求个性化的重要现象。价值生态系统依托大数据处理技术，不仅可以轻易获取碎片化信息中包含的顾客信息数据，而且可以迅速对这些含有意义的数据进行专业化处理，使产品的供给者不再盲目面对需求者。而需求者也可以创造新需求，并不断传递给产品供给者，为供给者提供创新产品的思路。腾讯公司就是受益于大数据管理的代表。其通过 QQ、微信等产品构建的价值生态系统拥有数亿常驻顾客。公司将顾客的海量信息汇聚在一起并挖掘出具有价值的兴趣爱好、归属地、社会关系等信息。这些信息不仅因具有精准的营销价值而吸引广告投放，而且通过朋友圈等工具为顾客之间的交易创新提供高效平台。在制造业领域，云制造不仅极大地促进了社会资源配置效率的提高，而且可以低成本完成原来不存在或难以完成的产品生产，如生产中小企业的非标准化设备以及消费者自行设计，充分展现了个性化的产品。

2. 智能商务与金融产业的流程创新

进入云经济时代，传统产业组织的"研发—生产—营销"式的线性价值创造流程将逐渐淡出历史，流程非线性化成为价值创造活动的主要特征。线性流程的特点是价值创造活动按照既定的逻辑顺序展开。无论是价值星系的恒星企业还是价值网的核心企业，都掌握着价值创造流程的钥匙，决定着产品从研发到生产再到营销的整个流程的关键环节。其他企业则各司其职，分担着价值创造流程的特定环节。价值星系或价值网都宣称以顾客为核心。尽管顾客需求能被及时捕捉甚至顾客可被纳入价值创造流程的部分环节中，但顾客仍然是"柜台"之外的"局外人"，是需求信息的提供者。随着信息技术的发展和应用，传统流程逐渐出现了非线性化趋势，特别是某些环节内部出现了明显的非线性化特征，如研发环节从传统的直线式研发演化为并行式研发。价值网理论也发现了价值创造流程的非线性化趋势，因此有学者提出虚拟价值链与物质价值链共同完成价值创造过程（李振华等，2008）。但云经济时代到来之前，线性化是价值创造流程的主要特征，非线性化处于"量变"的状态。

价值生态系统为价值创造流程非线性化进行"质变"提供了技术条件和组织基础。"柜台"消失后，价值生态系统的栖息者互为顾客，具有同等地位，价值创造流程的各个环节逐渐分解，顾客大量嵌入与使用过程相关的环节，既定的逻辑顺序不复存在。以营销为例，传统价值创造活动中作为产品提供者的企业负责营销环节的主体工作，不仅成本高，而且精准性低。进入云经济时代，栖息于价值生态系统的顾客自发形成具有类特征的价值群落，从而为精准营销奠定了基础，大量为顾客提供免费服务的平台以提供精准营销为获利方式，因此价值生态系统是一个天然的、优良的营销载体。营销环节从传统的价值创造流程中分离出来，嵌入价值生态系统的运作中，促进了价值创造流程的非线性化。在制造业领域，云制造过程从顾客需求出发，研发和生产都是在云制造服务平台的组织下完成的。价值生态系统担任着组织者的角色，既不拥有制造资源，也不直接参与制造过程。流程的非线性化使得顾客的使用成为价值创造的原动力，顾客可以"以我为主"参与价值创造流程，不再是价值创造活动的旁观者。从价值链到价值星系、价值网，再到价值生态系统的演化过程，也是价值创造活动由线性流程向非线性流程进化的过程。

3. 智能商务与金融产业的服务创新

云经济时代的价值创造活动，既存在着使用过程取代制造过程成为价值创造核心环节的趋势，也存在着服务创新取代技术创新成为价值创造主要驱动力的趋势。服务创新被认为是创造和开发人类自身价值的重要活动，每一个产业领域都存在着服务创新的需求。服务创新一般嵌入顾客的使用过程中，具有无形性特点。因此尽管服务创新的内涵和重要性早已被认识

（Heany，1983；Barras，1986），但以制造过程为核心的传统产业组织难以实现系统性的服务创新。传统的服务创新以企业为主体，顾客信息难以及时有效地融合到服务创新的过程中，因此创新低效是其难以克服的缺点。服务创新的基础是顾客信息，推动力是人的智慧和创意，对资本和技术的依赖较低。这正是价值生态系统进行服务创新的优势所在。在价值生态系统的组织下，顾客可以参与甚至主导服务创新过程，服务创新成为所有人都可以参与的活动。价值生态系统可以通过对顾客和周边环境信息的管理，不断发现和创造顾客的新需求，并以最快的速度寻求解决方案，从而实现服务创新。在《福布斯》公布的 2013 年全球最具创新力公司排行榜中，居于首位的Salesforce、居亚洲首位的百度，以及亚马逊、腾讯等，均是构建价值生态系统并以服务创新闻名的企业。Salesforce 是全球按需提供解决方案的领导者，百度和腾讯最初分别以搜索引擎系统和即时通信系统为起点创建了庞大的价值生态系统帝国，吸引了数以亿计的长期栖息者。

在云经济环境下，通过产品制造过程提高竞争力的空间已经非常狭小，而服务创新受时空和成本限制较少，因此通过构建和完善价值生态系统实现服务创新能够拓展价值空间。携程网一度长期占据中国在线旅游订购服务的首位，为数千万常驻栖息者提供服务。不过在线旅游相关服务易于模仿，当其他相似价值生态系统纷纷出现时，携程网的业务受到严重冲击。在已经拥有的大量顾客基础上，携程网增加了签证、点评、信息管理等服务，通过服务创新拓展了价值空间，重新取得了领先优势。服务创新为传统企业构建自己的价值生态系统创造了条件，加快了价值创造活动的进程。价值生态系统通过服务创新可以满足栖息者多元化的需求，因而服务创新也可以直接创造物质财富和社会精神文化财富，并且价值生态系统的规模越大，其创造的价值越大。在文化产业领域，"中国好声音"等新型电视节目聚集了大量观众，以节目为平台构建了价值生态系统，不断吸引具有文化需求的"粉丝"，对"粉丝"们进行精准营销，形成了场内场外、线上线下多样化的价值群落，其创造价值的能力和速度均远远超越了传统传媒。传统企业必须充分重视服务创新对云经济的推动作用，通过构建价值生态系统为服务创新创造条件，实现持续发展。

4. 三个维度创新的相互作用

（1）流程创新—交易创新的分析

流程创新是从企业内部开始的。科学管理创始人弗雷德里克·温斯洛·泰勒（Frederick Winslow Taylor）发现了管理活动与生产活动的差异，将价值链划分为基本活动与辅助活动。Hammer（1990）提出的流程再造被称为美国企业获得竞争力的法宝，价值星系或价值网将流程创新延伸到企业之间，成员企业分别专注于自己擅长的环节。进入云经济时代，流程创新出现了更深层次的特征——制造者负责制造过程，价值生态系统走到前台组织交易并提供管理服务。这是对价值创造流程的整体性重组。每一次流程创新都促进了专业化分工的发展，优化了资源的配置方式，不仅创造了新产品，而且提高了交易的速度和效率，推动了交易创新。交易创新同时也促进了流程创新，新产品、新技术的开发与交易为产业组织流程改进提供了条件。云制造是流程创新与交易创新相互作用的典型：制造资源的组织与实际的交易过程分离，为快速高效地生产个性化产品提供了可能；反之，人们对个性化产品的无限追求促使云制造不断改进流程，优化资源配置。

（2）服务创新—交易创新的分析

价值创造活动中的交易存在长期化趋势，一次性交易越来越少。服务创新通过深化交易和延伸交易在交易长期化进程中扮演着重要角色。随着顾客对服务需求的上升，制造业领域的企业不再局限于产品交易，而是纷纷转向创新服务甚至转型为服务提供商。企业最初只向顾客提供产品，后来还向顾客提供附加服务。具有战略思维的企业则转而向顾客提供"产品—服务包"并在市场竞争中胜出（Vandermerwe et al.，1988）。进入云经济时代之后，服务创新成为价值创造的引导力量，价值生态系统通过提供免费服务平台聚集的顾客达到了空前规模，未来这将对价值创造机制的演变产生深刻影响。社会交易不充分的一个重要原因是金融支付、物流运输、信息资源等服务无法满足交易需要，而云技术支撑下的在线支付、在线地图等服务和第四方物流等管理方法的出现激活了大量原来只能处于设想中的交易。交易创新也深刻影响着服务创新，社会分工的深化使得每个人都专注于一个细分的领域。产品越来越复杂，很多产品在整个生命周期内都需要为用户提供服务。因此，服务必须不断创新，才能充分实现交易价值。

（3）流程创新—服务创新的分析

价值创造流程的非线性化使顾客更广泛地嵌入生产、研发、营销等环节中，顾客体验甚至决定了产品的成败，因此顾客参与或主导的流程创新成为提高市场竞争力的重要手段。服务创新也加速了流程创新的实现，两者相互融合、相互促进。如第四方物流通过提供专业规划和信息管理服务，为优化价值创造活动中与物流相关的流程提供了支持。价值生态系统通过服务创新整合社会资源，资源整合过程与流程创新相互融合。云制造对制造资源的整合过程也是制造流程的重组过程。

五、智能商务与金融产业化发展的价值空间拓展战略

（一）智能商务与金融产业发展战略的演化

长期以来，以价值链分析为基础的三大战略——成本领先战略、差异化战略和专一化战略，在竞争分析中占据主流地位（吴启亮，2011）。价值星系和价值网理论深化了三大战略的内容，但没有产生新的战略思想。三大战略围绕产品（有形商品或服务产品）培养企业的市场竞争力。战略执行主要体现在"柜台"的企业一侧，即通过技术创新、生产控制、营销策划等过程达到成本最优或提高市场地位等目标。其本质是从交易维度拓展价值空间，流程和服务作为辅助因素出现在战略体系中。进入云经济时代之后，价值生态系统逐渐代替传统产业组织，交易创新、流程创新和服务创新成为拓展价值空间新的三大战略。传统的三大战略尽管仍然在价值创造活动中发挥作用，但其形式和内容都在发生变化，最终衍变为新战略的一部分或者被新战略取代。

自 20 世纪 90 年代以来，绝大多数产品的成本结构发生重大变化，间接成本的比重已远远超过直接成本，成本在定价模式中的作用逐渐弱化。产品

定价必须考虑顾客感知价值，总成本最低已不适合作为战略选择。在云经济时代，为了聚集顾客资源，中枢企业以"烧钱"的方式构建价值生态系统，使得企业收入与成本的关联度进一步降低，因此成本领先战略的作用在逐渐消失。差异化战略也被赋予新的内涵，产品的差异化不再仅仅由企业决定。顾客越过"柜台"参与到产品差异化的过程中。如在云制造中，产品的个性化特征是由顾客决定的，产品的制造过程也由价值生态系统组织。在文化娱乐产业，差异化最强、最具吸引力的节目都是由"顾客"直接参与的。原来企业通过品牌、设计、渠道等方式建立的差异化战略，在云经济下融合为新三大战略的组成部分。随着社会发展，实施专一化战略的传统环境不复存在。企业在特定的顾客群、产品或细分市场上面对的竞争已不是来自其他企业，而是来自其他价值生态系统。企业必须通过不断创新来维持顾客的忠诚度，否则将会丧失竞争优势。

（二）智能商务与金融产业发展的战略选择

在价值空间的三个维度中，任何维度的创新都会增加价值，因此在某一个或几个维度上进行突破是产业组织拓展价值空间的主要战略。进入云经济时代之后，企业面临的外部环境已发生巨大变化，五力模型、SWOT 模型等传统战略分析与战略选择方法正逐渐失去应用基础。在竞争性的产业领域，顾客的使用过程成为价值创造的核心，因此产品（有形商品或服务产品）的性质成为战略选择的起点。在日用品、普通食品等大批量生产的传统产业领域，直接成本仍然在产品的成本结构中占据最大的比重，产品个性化特征不明显。这些产业具有功能单一、技术含量较低、工艺过程相对简单的特点，外部竞争非常激烈。因此，这些领域的企业适合选择交易维度的创新战略，在传统的成本领先战略的基础上，以价格、质量、营销等为竞争手段，充分利用云经济环境提供的条件降低交易成本，取得竞争优势。

云经济时代服务业面临新的战略环境。服务最重要的内容是顾客体验，实现最优顾客体验的方式是直接参与价值创造流程。云经济环境为实现顾客参与创造了优良条件，因此，在一般情况下，流程创新是服务业的关键战略。流程创新战略就是将产品生命周期内原有的各环节予以分解并重新组合，进而让顾客参与跟使用过程密切相关的流程。就出版业而言，作家创作、出版社评审、出版、销售是早已成熟的线性流程，但云经济将这一流程彻底颠覆了。起点中文网建立了一个读者参与创作、评审的价值生态系统。任何读者都可以发表作品、评价作品并提出意见，同时获取一定报酬。最终读者认可的优秀作品得以正式出版。这种流程创新的模式很快取得了市场优势。在服装业，传统的设计师设计、摄影师和模特展示、生产、销售这一流程的颠覆者是芝加哥无线 T 恤公司。在新的流程中，设计工作交给了任何愿意尝试设计的人。公司通过网络征集并评选出若干设计奖获得者，将认可度高的那些方案付诸印制。无线 T 恤公司的价值生态系统栖息着数百万顾客，这些顾客主导了关键流程。所有印制的 T 恤都销售一空。如果没有无线 T 恤公司创建价值生态系统，关于 T 恤的创意和产品需求可能一直处在"休眠"状态，或者仅仅通过个人关系网络零星实现。交易创新和服务创新也渗透在服务业的流程创新战略中，对流程创新战略的执行起着推动作用。交易创新曾经是制造业的主要竞争战略，技术创新带领的产品创新是其核心。制造业的服务化趋势日趋明显，服务创新超越交易创新成为制造业的长期战略。进入云经济时代之后，制造业从传统模式向云制造模式转型，流程创新是首要的战略选择。许多敏锐的大企业已经在着手建设自己的"私有云"，重组了管理流程、研发流程以及生产流程，为云制造创造条件。但流程维度一旦完成重大创新，就进入了持续改善的时期，服务创新则重新成为关键战略。绝大多数顾客关注的是产品的使用过程，而非复杂的产品工艺和制造过程。因此，制造业企业的首要任务是发现并维护客户关系。构建价值生态系统是聚集顾客资源的主要方式，也是服务创新的主要载体。在云制造中，云服务平台是连接顾客和制造资源的媒介，也是制造业从线性流程转变到非线性流程的标志。重大的流程创新具有阶段性，而服务创新则必须持续进行，才能保持并增加顾客忠诚度，从而赢得市场竞争优势。早期定位为硬件制造商的 IBM 通过服务创新成长为全球最大的信息技术咨询服务组织，度过了"专一化战略"造成的困境。面对云经济时代的到来，2011 年 IBM 建立了致力于

服务开发的"服务创新实验室"，服务创新成为其持续发展的核心战略。

（三）智能商务与金融产业发展中的价值空间分享

中枢企业是价值生态系统的组织核心，也是云经济时代价值创造机制的关键要素。在一定技术手段支撑下，中枢企业把具有利益关联的顾客用价值创造机制"粘"在一起，黏合程度取决于各方对所获取价值的认可程度。尽管价值生态系统从广度和深度上拓展了价值空间，但中枢企业与栖息者之间是共生关系，因而并不能在价值空间分享机制中占有过多的份额（毕新华等，2010）。价值生态系统要实现动态平衡或者不断增长，中枢企业就必须与栖息者按照各方认可的方式共同分享价值空间。作为价值生态系统的构建者、控制者和维护者，中枢企业与系统的栖息者之间并不需要也不可能签订传统意义上的契约以固化关系。因此进驻的顾客可以随时评估其在价值生态系统中获取的价值，并决定继续栖息于此或者进驻其他价值生态系统。这种自愿结合的非正式契约关系，实际上是靠共同利益予以维系的。共同利益来自于各参与方为价值生态系统的运行发展做出的贡献，并从中获取增值或满足需要。各方共同利益由于某种原因弱化或者消失时，栖息者一般会自行迁离或进驻其他价值生态系统，原有的价值生态系统则会消亡。

在同一领域或相近领域，多个价值生态系统之间存在激烈竞争，顾客在获取价值的方式上可以主动选择，而反向选择——中枢企业自由选择顾客——则只有在该价值生态系统具有超强垄断优势时才会出现。因而中枢企业与价值生态系统的栖息者之间呈现的是一种弱化的共生关系。中枢企业的最优选择是制定各方共同认可的规则分享价值空间，通过不断创新，维持并稳固与栖息者的共生关系。如腾讯公司率先推出基于智能手机的微信服务，尽管其母系统提供了强大的顾客资源，但其领先地位仍然是依靠不断的服务创新来维系的，否则难以应对来自其他相似服务的竞争。价值生态系统是中枢企业与顾客共生的组织载体。提高社会资源配置效率一方面能够为顾客创造巨大价值，另一方面可以为中枢企业积累大量财富。如果价值生态系统衰落或崩溃，则中枢企业与栖息的顾客都将丧失原有的价值。

第5章

iCity　智能商务与金融的
重点建设内容

智能商务与金融的重点建设内容主要包括：智能商务与金融的支撑平台建设，以及生产、物流、零售、金融等主要行业的智能化建设。

一、智能商务与金融的支撑平台建设

智能商务与金融的支撑平台建设的主要任务，是从各级政府或行业层面引导和扶持具有公共服务功能的信息数据资源平台，如共享数据库、大数据处理中心、商务云、金融云以及智能商务中心等。

1. 引导建立统一数据平台

引导建立统一数据平台，有助于实现区域性多级商务与金融信息系统各个应用系统之间的数据共享。

2. 支持建立大数据处理中心

支持建立大数据处理中心，能够加强大数据挖掘和综合开发利用，辅助智能商务与金融的发展。

目前很多行业都已拥有大数据技术。建立和完善这类大数据处理中心，将有助于智能商务与金融的发展。大型实体商业公司或电子商务公司，通过日常交易获得了大量的客户资源，通过长期交易保存了大量的客户购买记录和支付历史等，它们最为关注的是客户购物的偏好习惯和消费选择。目前这类公司通过利用自己的大数据处理中心对这些数据加以分析应用，基于客户需求，可以推荐更多关联产品或者推出其他新的产品、新的服务，引导商业更加智能化发展。金融机构也拥有巨大的客户金融历史记录，比如银行可能拥有客户金融账户的收入、支出信息。金融机构对于行业内创新的产品和服务都有较高的敏感度，它们更加关注如何寻找更多的潜在客户，如何降低业务风险。大数据处理中心的建立无疑可以在辅助金融智能化发展中起到举足轻重的作用（刘箭等，2014）。

3. 支持建设商务云、金融云

以支持建设商务云、金融云为基础，同时鼓励企业建设商务与金融领域的私有云，实现按需使用、按用计费模式。

4. 发展智能商务中心

未来对于智能商务中心的建设投入，将主要用于完善基础设施建设，搭建起一个有效的电子商务平台，利用互联网采集各种信息和发布信息，建立一个可以及时追踪物流、监测能源消耗的协同管控系统。通过建设智能商务中心，可以改善对顾客、企业和操作人员的服务，还能起到支撑作用。

智能商务中心即将改变传统物联网应用单一的垂直建设模式，打造出功能更加强大的物联网应用服务平台。利用新型物联网平台的建设，打破传统物联网各孤立应用间的界限，促使各个应用间产生高效的互动和协同效应，最终建成可管理、可运营的高效物联网，进而实现完全智能的商务活动。

智能商务中心建设的内容包括 RFID、传感器、摄像机等信息采集技术的相关研究和应用，智能商务中心的信息平台的架构设计，智能商务中心的信息平台上运行的各应用系统的功能模块的研发，智能商务中心统一管理协同系统的研究，以及智能商务中心商业模式的研究。

从层次结构来说，智能商务中心包括感知层、传输层、应用层等（见图5.1）。其中，感知层应用涵盖 RFID、传感器、摄像机等信息采集技术，传输层融合了多种接入方式，应用层则利用平台式的架构设计将多个智能应用系统无缝集成。多个系统间相对独立运行，又相互联动，充分实现了信息交互。系统实用性和概念得到有机结合，凭借系统具有的先进性概念的应用和展示，为智能商务提供最强有力的支撑。要建立智能商务中心，就必须对其涵盖的 9 个功能模块进行建设，主要涉及电子商务、购物导引、智能监控、信息服务、仓储物流、生产管理、园区管理、智能安防及能耗管控等（见图

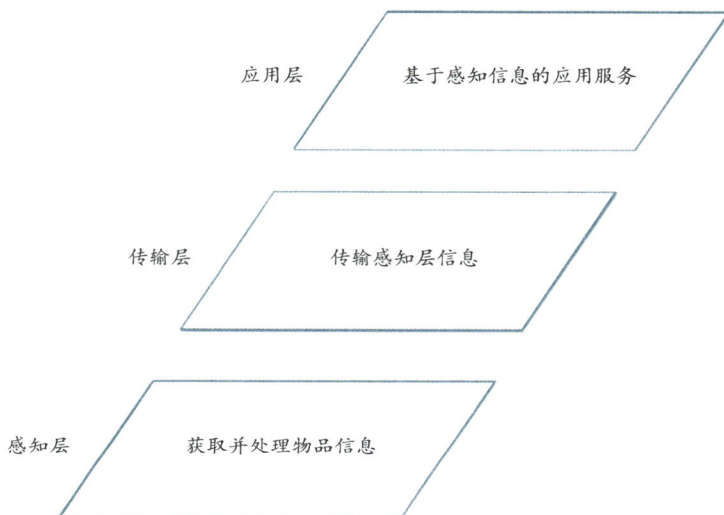

图 5.1　智能商务中心主要层次结构

5.2）。同时完整的功能模块又是基于 12 个子系统的有效组合，各子系统不但可以独自运作，还可以进行协同运作，不仅可以单独建设，还可以统一规划。由于每个入口都用相同的接口协议，信息传递十分便捷。

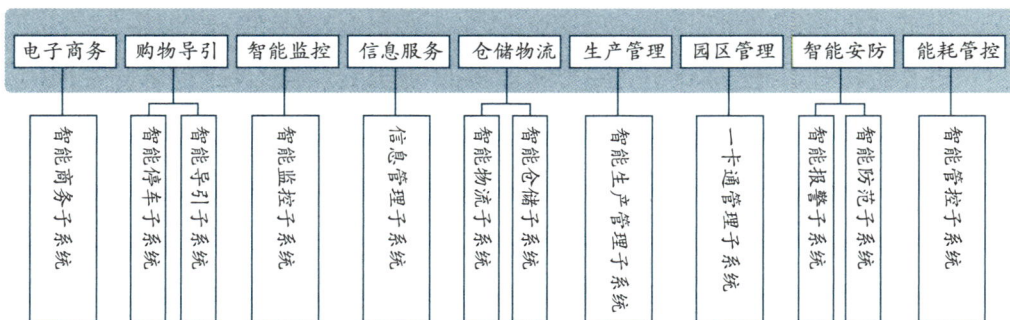

图 5.2　智能商务中心主要功能模块

二、面向现代物流企业的智能化建设——智能物流

智能商务为现代物流功能集成化、服务系列化提供了运作空间，可以有效分析客户的服务现状，全面分析和挖掘客户的潜在需求，识别出现代物流管理中的关键问题，提高对未来发展预测的准确性，逐渐推动消费者需求的多元化、个性化发展。因此，现代物流企业可充分借助智能商务解决方案的巨大优势，建立信息系统和网络平台，开发商品物流跟踪、信息处理和传递系统，提供更加完善的配送和售后服务以及更多的增值服务内容。

（一）智能物流系统建设总体思路

智能物流系统的核心是信息传递，借助于先进的物流、信息、自动化以及系统集成等技术，尤其是一些人工智能技术，可以实现整个物流过程的优化管理，高效的信息集成带动了物流过程中信息、活动、资源的集成，从而使之形成一个十分规范、合理的物流体系。智能物流系统可以快速提升企业的市场应变能力和竞争能力，提供更加高效、优质的客户服务（刘志硕，2007）。

1. 智能物流关键技术

要实现物流的智能化，下面几项关键技术是基本前提：①信息采集技术，包括传感器技术、数据处理技术、电子标签读写等；②移动通信技术，主要用来对物流系统进行快捷追踪；③物理数据的管理技术，能够应对物流运输中大量信息数据的产生，更好地对物流运输系统进行调度与优化，并对物流基础数据进行管理；④智能交通技术，能够在货物运输过程中降低运输成本，缩短收货时间，并且及时了解货物运输情况。此外，还有一部分技术也较为关键，例如电子商务技术、人工智能技术、相关的供应链管理技术以及智能商业决策支持技术等（岳建明等，2012）。

2. 智能物流系统设计框架

智能物流系统的设计要能够体现客户个性化、多样化和信息化的需求。

智能物流系统必须依据下述需求进行设计：①实现客户信息的实时追踪，并及时了解客户需求的变化，提高服务水平；②实现物流业务功能整合，支撑各种综合物流服务和增值服务，同时根据客户需求，快速配置、实现客户的各种个性化需求；③实现信息整合，与其他物流企业信息关联，构建服务网络，通过信息平台提供综合网络化服务；④实现财务整合，加强财务对物流业务的监控管理能力，确保最终财务目标的达成（赵园园，2014）。智能物流系统的框架如图 5.3 所示。

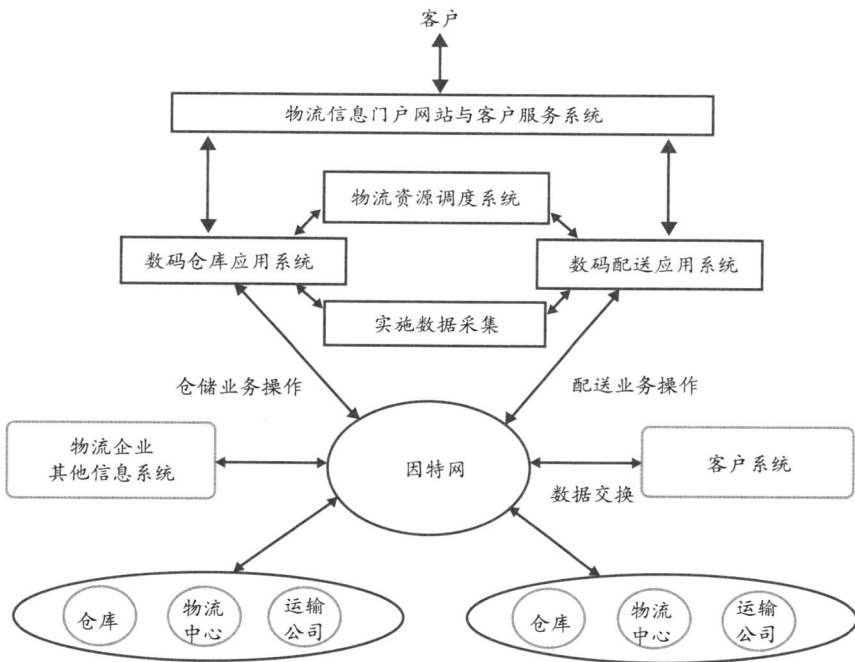

图 5.3 智能物流系统框架

现代物流企业的智能商务系统设计方案如图 5.4 所示。最底层是原始数据处理层。该层拥有大量的系统数据，既包含了企业已有的 ERP、CRM、SCM 等系统中的数据，也有分析过程中所需的第三方数据。数据来源本身可能是分布的，也可能是异构的。从下往上第二层是数据仓库层。该层存储了大量可进行数据分析的数据信息，通过从原始数据处理层获取数据，进而建立面

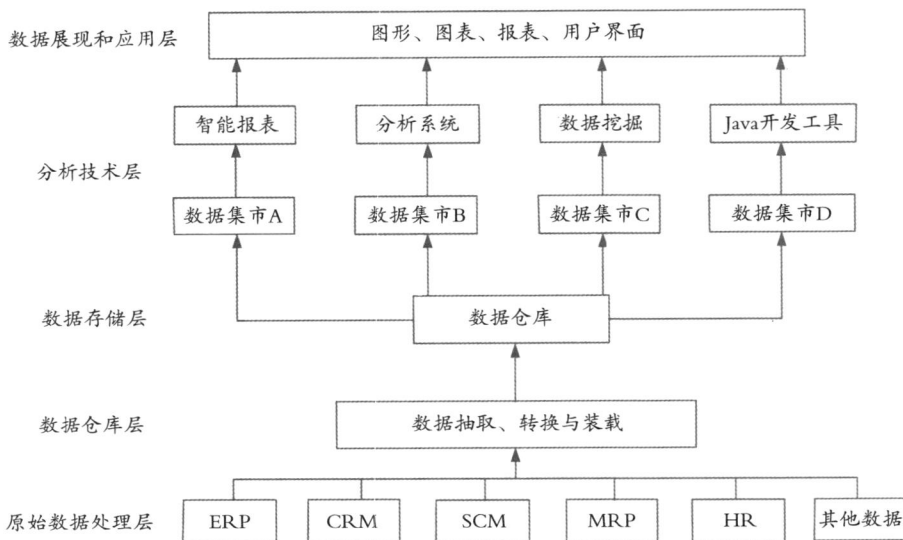

图 5.4　现代物流企业的智能商务系统设计方案

向主体的数据仓库和数据集市。从下往上第三层是数据存储层。借用数据仓库管理器，数据管理员可以对多个数据源进行快捷访问，同时创建出更多的数据仓库，以便于数据提取、过程转化，以及对数据进行查询分析和提取调整。从下往上第四层是分析技术层。利用智能分析系统以及数据挖掘工具，可以为现代物流管理过程提供所需的各种技术和应用方案。最上层是数据展现和应用层。基于图形用户接口，可以实现用户与系统的交互。当用户提出具体的分析需求时，系统将根据用户的需求对算法模型和数据进行选择，最终通过简明直观的图表、图形以及报表等形式将分析结果呈现给用户。

（二）智能物流系统建设路径与措施

1．智能物流系统建设路径

（1）RFID 技术实现物流运作的可视化

在利用一系列传感器及其网关搭建起的物联网感知层中，二维码标签、RFID 标签和读写器、摄像头等的作用就是对物体进行信息读取和识别。感知层工作过程如下。①利用 RFID 传感器全面采集和识别物流过程中物质的属性和环境状态；然后，控制中心将会发送感知任务，引导相关的物流活动进行协作。此时，RFID 技术和条码技术将发挥作用，开始识别和追踪物流过程中的商品。②进行商品分类、统计和筛选，这些功能主要依靠先进的条码技术、RFID 技术、红外技术等实现。③对物品进行全过程的定位、追踪和识别。此时主要的支撑技术有 GPS 技术、地理信息系统（geographic information system，GIS）技术、RFID 技术、车载视频技术等。④借助传感技术将物流过程中蕴藏的实物信息转换成数字信息，形成物流过程的透明化和可视化管理。显然，物联网是继条形码技术之后为商品零售业和物流配送带来重大变革的一项新技术，不仅提高了物流各环节的监控水平，还对零售业和物流业的追踪管理模式进行了创新。

（2）通信与网络技术实现物流运作的敏捷化和集成化

物联网的网络层由各种私有网络、互联网、有线和无线通信网、网络管理系统及云计算平台等组成。利用网关间的信息转换功能，将感知层的信息转换为网络所能识别的信息，进而网络层能迅速地对信息进行传递和处理。在当前的物流运输体系中，要求各企业在物流运作中快捷响应、同步作业，以实现物流作业的高效联结，及时响应客户需求。将网络通信技术融入物联网活动中，可以实现物流各个过程的网络联结，进而发挥其快捷和高速集成的作用。

（3）物联网的智能技术实现物流运作的自动化和智能化

现代物流系统极其庞大而又复杂，融合了大量的物流、信息流和资金流。但是在 ERP 技术、自动控制等智能技术的支撑下，企业仍旧可以实现高效的自动化生产。此外，数据挖掘、智能调度等关键技术的应用，可以加快庞大的社会物流运输系统向智能化运输和调度转变；利用自动控制、人工智能、移动计算和数据挖掘等技术，可将传统的仓储中心升级为智能物流中心。

2．智能物流系统建设措施

（1）可视化智能物流管理网络系统。由于有 GPS、RFID 等多种技术的支撑，车辆定位和物品监控与调度都已变得简单易行。当前，一些先进的物流公司或大型企业基本建立和配备了可视化智能物流管理网络系统，可以对一些特殊的商品进行定位和监控。

（2）产品智能可追溯网络系统。当前，基于 RFID 等技术建立的产品智能可追溯网络系统的支撑技术与指导政策都进入全面推广的阶段。这些系统在医药、农产品、食品、烟草等领域得到了广泛运用，特别是在物品追踪、识别、查询、信息采集与管理等方面取得了显著成效。

（3）全自动化物流配送管理。在物流配送中心实现全自动化管理的进程中，通过各项先进的传感技术，不仅可以实现自动化操作网络，同时可组建智能配送控制中心，由此来实现物流、商流、信息流、资金流的全方位管理。目前，许多配送中心已经在货物拆卸与码垛过程中运用码垛机器人、激光或电磁无人搬运车来进行物料运送，输送分拣线作业、出入库作业也由自动化的堆垛机操作，整个物流配送作业系统已经基本实现自动化、智能化。

（4）企业的智能供应链。在全球化的背景下，企业的竞争将由产品的竞争转向供应链之间的竞争，这对企业内部的物流系统、生产系统、采购系统和销售系统的建设提出了较高要求。为了适应客户的个性化订单需求，企业经常面临如何准确预测客户需求等问题，这就必须通过智能物流和智能供应链的后勤保障网络系统来支持。把物联网应用到物流行业中，可以促成智能生产与智能供应链的融合，每个物流供应链的参与方可以在系统中利用预设的权限和流程自行操作。将智能技术融入传统的企业物流并使之渗透到企业经营中，可实现信息流的无缝联结。

三、面向零售业的智能商务建设——智能销售

零售业在一定程度上引领和驱动着信息技术的发展。2003 年年初，麦德龙作为世界排名第三的超级企业在德国的莱因伯格镇推出了世界上首家 RFID 技术体验店——"未来的商店"。在这家商店中覆盖有无线局域网（WLAN），并且全部产品贴有 RFID 标识，放置在"智慧的货架"（smart shelves）上，购买者无须排队等待结算，店家无须担心物品丢失。RFID 的标识全面记录了所有产品从制造、运输、零售到售后服务的所有环节。利用"物联网"，经营者可以实时掌握产品的详细位置和其他状况。这极大地改变了从生产到售后服务每个环节的游戏规则。零售业的变革又带动了从生产到销售的整体变革，影响到供应链中的各个环节。因此，在智能商务的建设中，我们选择零售业智能销售系统作为重点建设内容，以寻求智能商务建设的突破，并借此助推智能商务的实现。

（一）智能销售系统建设总体思路

面向智能商务的零售业智能销售系统，主要功能模块如图 5.5 所示。

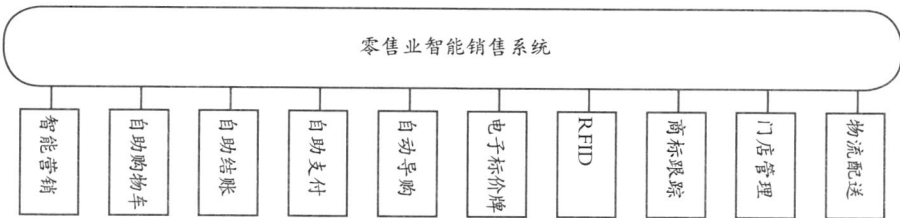

图 5.5　零售业智能销售系统功能模块

使用该销售系统的企业可以借此掌握内部的工作流程，还可以提高对消费者需求的认识，如计算零售店的客流量、消费者的特征（如年龄和性别等）、购买行为、购买行走路线、在店面停留时间以及购买转换率等多方面数据。采集一定量的数据后，该销售系统将进行定量、定性分析，以报告、报表等形式帮助企业轻松掌握运营动态变化，从而制订智能销售方案，实现智能营销。

快速消费行业的智能销售系统还包含智能化的购物车，即内置有私人购物助手的购物车。私人购物助手是一台基于无线通信网络的配置有液晶触摸屏的平板电脑，可以使用条形码识别装置或 RFID 扫描器进行产品或消费者身份的扫描和匹配。

在图 5.5 中，自助结账系统是与银行系统直接联网的终端结算装置，其与 RFID 技术进行系统集成，可以快速读取消费者的使用信息，并自助完成消费品的结算。自助支付是指在完成自助结账后，匹配银行卡，联网完成结算。自动导购系统和自助结账系统为消费者提供了强大的选购支持。电子标价牌是布置在消费店面内的无线设备，使用无线局域网与企业网络系统完成信息交流，可以实时更新店面自主系统的价格信息，及时显示，在消费店面内起到动态标志产品价格的功能。RFID 系统更多地记录 RFID 设备的信息读取和信息监控，与企业信息系统相连接。商标跟踪系统主要是利用 RFID 系统对产品的储存位置以及在店面内的货架存放进行实时跟踪并记录商品的状态，应用该系统可以及时将商品的库存信息反馈给运营者。门店管理系统主要用于店面的经营以及产品的供货、促销等业务，并完成系统基础数据的维护，企业经营数据的收集、整理、汇总、分析，系统运行规则的定义，以及与其他系统的集成等，在 RFID 技术的应用及自助购物车的使用上占有主要位置。物流配送系统主要基于 RFID 技术，完成产品的进货、验收、入库、配送、出库、货位等的管理。

零售业智能销售系统不仅可以实现对商品和客户信息的科学有效管理，同时也可极大地提高企业竞争力，推动行业发展，进而推动智能商务的实现。对顾客而言，在此系统实现后，可以通过自助购物车完成商品的选购过程。首先，应用自动导购系统，存入需要购买的商品清单，系统会自动显示方位，指导行走方向；接下来扫描所需产品，掌握产品的详细信息；甚至可以查看购物的历史记录，对是否购买进行分析；同时显示产品的促销活动；通过产品跟踪系统，充分掌握商品的方位和数量，从而帮助消费者快速识别、选购产品，并进行有效的防损和最终的快速结算。

（二）智能销售系统建设路径与措施

智能零售是零售业信息化的创新，它不特指某个系统，而是以结果为导向。能够在零售供应链中实现智慧、高效、实时、精细、互动、追溯、体验革新的即智能零售。它不是某个独立环节的体现，而是整个零售网络的综合呈现，包括生产追溯、仓储配送、门店管理、顾客体验等整条信息链，覆盖零售的各个业态。

　　智能销售可以带来多大的价值？创新对销售业更多意味什么？全局配置智能销售会带来什么影响？可以说皆是与销售商的业绩直接相关的。

　　（1）提升消费者忠诚度。智能销售可以让消费者体验全新的和令人赏心悦目的商店，有利于提升忠诚度。优质的服务、改良的产品分类和应用性匹配可以迎合消费者需求，把产品促销的目的聚集在个体的选择上；更换信息读取方式，使消费者与销售者产生良好关系。增进这种关系具有巨大的贸易价值，可以增强消费者的信任感。该信任关系的存在价值在于降低消费者维持成本，同时增加店面的访问点击率。

　　（2）提高收入。智能销售从最基础的层面改进销售店面的能力，扩增"提篮量"，增加消费者访问点击率。消费者手中信息的改善将带来更可观的"提篮量"，从而帮助他们做出明智的购买决定。此外，更多人性化和私人定制的消费者服务体验可以驱动广阔的购买需求量。访问点击的增长来自于便捷的服务与产品信息、更高的消费者忠诚度，以及智能的消费体验。

　　（3）提高店面经营的生产力。智能销售通过应用大量后台文档管理功能，进行自动化处理和相关信息传输，帮助店面经营者利用准确全面的实时信息，快速做出更合理的决定，从而增加花费在满足消费者需求上的时间，最终帮助管理者更有效地经营店面（薛亮，2001）。

　　（4）提高雇员生产力。现阶段涌现的创新，例如升级店面层面的商业智能、借助 Web 网络服务的第三方信息分享、供应链以及使用 RFID 技术的库存管理，使店面管理者可以访问更丰富的信息，使雇员生产力进一步提升。例如掌控店内商品的摆放位置，不再需要雇员人工操作。

　　零售业智能销售系统可以实现的价值具体体现在以下几个方面。

　　（1）雇员满意度。优质的培训和有效的工具对雇员而言是巨大的鼓励因素。雇员满意度高将会减少培训成本和高周转成本（招聘、租用和培训），也可以对业务有所促进。

　　（2）库存周转、缺货和毛利。应用全新的、有效的工具可以增进库存的透明度。销售店面可以利用这种信息洞察的优势快速地从供应商批量进货，并且也可以以真实情况为基础更有效地促进与供应商的价格谈判，加大毛利的增长。

（3）投资转移。智能销售能利用消费者的技术投资实现基础的店内业务，例如产品信息检索、销售终端（point of sale，POS）收款台和产品定位。这种面向消费者的投资能大幅度减少店面的技术投资，为产品创造更广泛的空间，增加单位面积的销售额；同时，将把收款台销售人员转变为具有附加价值的销售人员，从而改进劳动生产力。

四、金融系统智能化建设——智能银行

作为高数据型行业的代表，银行业不仅是我国金融机构的主体力量，而且一直是技术创新和行业信息化的领头羊。在当今世界，金融业处于飞速发展和不断革新的时代，这为我国银行业带来了全方位的挑战。因此，银行面临的主要问题是如何在充满变革的环境中把握机会，加速经济模式转型和提高核心竞争力。加强智能银行建设及应用，对促进银行业的健康、可持续、智能化发展而言至关重要。

IBM 所指"智能银行"，其核心就是如何有效地结合银行现有的经验模式和先进科技创新产品，时刻洞察与发掘客户的基本需求，并制订出相应的最优金融方案。这是一种现代化新型金融模式。花旗银行是我国首次引进智能银行理念的银行，其于 2009 年 11 月在上海设立了首家智能银行。到 2014年年底，花旗银行已在全国 13 个城市开设了 42 个智能零售银行网点。《中国银行业发展报告（2011—2012）》提出，我国银行业将向着"信息化银行"的方向转型，电子银行业务正呈现出指数增长的趋势，银行网点正在完成智能化革新，银行业务服务宗旨也由"服务为王"变为"体验为王"。

在不久的将来，智能银行将会成为国内银行业的主流，主要体现在以下方面。

1. 信息技术飞速发展，为智能银行建设提供了技术基础

金融是信息化程度较高的领域之一。当今的金融交易主要依赖于发达的信息交易体系。一般情况下，全球交易系统每天有高达 240 亿条数据信息等

待处理，其中大部分数据来源于银行系统。大数据处理技术的日趋成熟，使银行能够在复杂环境下进行精准的决策。

近年来，国内银行业发展和完善了数据大集中建设，在信息化建设方面取得了很大成就。信息科技治理有效性和信息科技服务能力明显提升，网络和信息安全管控能力显著增强，信息科技风险管理"三道防线"协同水平持续提高。多家银行先后实现系统内数据的统一和集中，建立了统一的大数据库，使众多的银行从彼此隔绝的状态发展成为高效统一的现代网络体系，为下一步实现经营集约化、决策智能、管理信息化打下了坚实的基础。

2. 移动互联网技术使互联互通全面覆盖

随着微信、支付宝、手机银行和网上银行等现代金融革新的普及，人们逐渐适应并接受了简单快捷的现代互联网金融技术，人们的金融思维发生了巨大的变化。

目前，互联网行业的发展已经进入一个新阶段，移动互联网技术的发展和运用日臻成熟，传统互联网企业都已经自觉地运用移动互联网技术和概念拓展新业务和新方向。在移动互联的时代背景下，移动互联网金融作为传统金融行业与移动互联网相结合的新兴领域，也将步入增长的"快车道"。区别于传统金融服务业所采用的媒介，移动互联网金融通过智能手机、平板电脑和无线 POS 机等为代表的各类移动设备，实现金融业务的互联互通，具备透明度更强、参与度更高、协作性更好、中间成本更低、操作更便捷、覆盖面更广等一系列特征。

3. 云计算技术广泛运用

云计算是一种能提供迅捷的、依照需求获取的、可自由配置资源的信息共享网络模式。在经过近十年的犹豫期之后，一向求稳的银行业对云计算的态度逐渐变暖，开始信赖云计算并把数据传到云中。近年来，我国银行业经历了跨越式发展，产业规模不断扩大。但伴随这种快速发展的是市场竞争日趋激烈、成本不断攀升、客户需求愈发趋向复杂等挑战。同时，伴随我国银行业整体产业调整力度的加大，政府也对银行业的发展提出了极高的要求。

这进一步加大了银行转型的压力。现在各行业都在考虑如何高效地利用云计算来优化现有的运营管理模式。云计算作为一种全新的业务模式，其所具有的独特能力恰恰在国内银行改变营销模式、实现跨行业合作、提升服务能力、改善运营效率等方面起到全面的推动作用。银行业务正在云计算的驱动下不断拓新。毫不夸张地说，云计算将给国内银行带来颠覆性的革新，并为客户带来前所未有的优质服务体验。

交通银行在 2011 年即引入云计算的理念，建立了生产运维云服务平台，将原来任务级的自动化提升到服务级，从 IT 云服务的角度实现了资源配置管理和日常运维管理的"云"化，引起了业界的热议和赞美。该项目的成功使交通银行获得了一系列的业务革新，其一站式运维服务能力、弹性扩展能力、快速服务交付能力等均得到了大幅提高。

（一）智能银行建设总体思路

在"赢得客户，银行方能赢得未来"的基本思想指导下，建设智能银行时，要随着客户行为的变化和要求的提高，永远把客户的利益放在首位，把满足客户需求作为根本出发点，以提高客户优质金融体验为着力点，把为客户争取最大收益作为落脚点，强化和发展客户关系，提高客户黏性，增强客户体验的满意度，从而提高客户忠诚度。银行要想在竞争中处于不败之地，就必须不断扩大客户基础，提高客户忠诚度，获得源源不断的利益。因此，在构建智能银行的进程中，增进客户正面体验自然成为核心环节。

但是这必然会是一个庞大且漫长的过程，同时也涉及银行体系的全面变革。它不仅贯穿了银行"三台"，还需要从业务到技术的大力支持。实现以客户为中心的银行业务，必须通过业务流程整合、产品创新、渠道整合、客户洞察、客户体验等方式，同时还要求更合乎情理的流程和更智慧的业务决策。通常来说，前台需要借助新兴技术以及工具来实现更快捷、更全方位的客户信息获取，依靠敏锐的观察来推测出客户的需求；中后台则要借助业务流程整理合并、不断推陈出新来保证服务的高效性和令客户满意的服务体验。此外，在前中后台转型过程中还需注重风险管理的集成，建设并完善动

态的业务支持基础设施以快速灵活地响应业务变化，加大转型成功的概率。

（二）智能银行建设路径与措施

1. 构建智能的核心银行系统

智能银行要突出智能化特色与创新性要求，必须以信息科技系统为基础。所以，智能银行建设必须以拥有一套功能强大、设施完备的核心银行系统（core banking system）作为前提，以实现银行经营模式和管理理念从"以账户为中心"向"以客户为中心"的彻底转变。

首先，要做到客户信息集中管理。客户信息是银行最核心的资源。核心银行系统首先要逐一收集并整合分散的客户信息，再借助单一的视图管理系统，把客户的所有账务变为"一本账"，最后再向银行内部提供准确、连续、真实的客户信息数据，这样有利于银行向客户提供具有针对性的私人定制服务。

其次，做到交易、核算的分别管理。前台柜员只负责日常性质的交易操作，后台只负责交易确认操作，这样可以缩短客户等待时间，提高工作效率。

再次，要做到安全、灵活的参数控制。核心银行系统不仅需要实现高度参数化，还要具备较强的伸缩性以及可扩展性。并且通过挑选、微调、改变不同的产品参数，联机、实时、快捷地制作新产品，最大化地实现客户个性化需求。

我国银行业的核心银行系统的发展过程可概括为四个阶段：①从单机柜员业务系统；②分行分别建设的以交易为核心的系统；③全行统一的以账户交易为核心的系统；④以客户为中心，能够灵活配置产品，具有良好风险功能的新一代核心系统。不同规模和类型的银行，在核心业务系统建设上的进展和步调有所不同。中国银行从 2004 年起就开始构建新一代核心业务系统，终于在 2011 年 10 月完成了核心银行系统转型以及客户数据的集中和更新业务流程。中国工商银行在 2008 年年底开始了第四代 IT 系统的建设并在 2011 年年初基本完成，全面实现了"客户信息统一、信息核算独立、金融产品灵

活配置、国内外应用统一、管理信息集中、全面风险评估核算"的目标。从未来趋势看，我国商业银行的目标是从客户体验、数据挖掘、流程创新等方面，进一步对现有系统进行完善、提升和优化。

2. 构建智能的一站式服务体系

我们一般把银行为客户提供服务的接入点称为基本渠道。基本渠道可分为物理渠道和电子渠道。为了提高服务效率和服务质量，物理渠道和电子渠道的定位要各有侧重、相互支持，客户无论从哪一点接入，银行系统都能全面地响应和支持。要想建立一站式服务体系，有效增加客户的正面体验，就必须加大渠道建设力度。这就要求银行一方面大力促进物理渠道转型，拓展产品服务的范围，同时加快电子智能化建设，积极利用互联网领域最新技术来支持客户信息识别、不同业务分流以及精准而周到的服务；另一方面要提升电子渠道服务能力，建设综合在线服务平台，如网上银行、电话银行、移动支付电子网络等。以网上银行、手机银行、微信银行等创新产品为抓手，向广大客户提供高效、便捷、优惠、低碳的金融服务，有效提升银行的服务能力。

此外还要强调渠道协同，信息的跨渠道共享与推送，全流程随时响应，从而使客户享受到更全面、更贴心的服务；进一步完善网上银行、手机 APP、电子客服平台等多渠道的服务功能，有效缩短流程操作时间，提高业务办理效率；加快传统线下业务向网上银行的迁移，实现重点业务及常用功能的全流程在线处理，有效延展网上银行的服务时间和范围；推动中后台业务流程改造，支持客户 7×24 小时进行交易申请和处理；加速集中作业，改善集中运营，完善相关平台建设，最终提高后台的响应速度。

3. 构建智能的创新发展体系

为应对日趋激烈的市场竞争，银行要鼓励和提倡金融科技创新，自觉开展金融新兴技术的前瞻性和可行性研究，以客户为根本出发点，把提升智能化水平作为方向，继续探索云计算及虚拟化运用、大数据处理平台、互联网络、区块链技术、增强现实技术、全息影像技术等新技术与银行业务革新的

联系，拥有海量流量和用户资源。努力把云模式和银行业务融合到一起，推动银行现代化转型。

不断创新金融产品。在当今银行业务同质化严重、客户需求层出不穷的时代，银行产品和服务创新成为其取得竞争优势的重要突破口。必须提高产品开发速度，丰富产品服务领域，鼓励灵活、迅速的产品优化和新型电子产品开发，提升新产品的上市速度，提高新产品的服务质量，从而促进销售和完善服务。

建立全方位的创新机制。鼓励全员创新、流程创新，提升创新研发力度，加速创新成果与实际工作的融合。

4．构建智能的风险管理体系

在智能银行建设中，银行面临的信息量无疑会日益增多．在技术要求日趋上升的压力下，银行在风险控制方面也要做到高度谨慎。必须采用智能的风险管理集成体系，通过对流程、人员、系统的整合，分析并掌握银行内外部面临的风险，同时加大对金融风险和金融犯罪的防范力度。

渠道安全体系要做到全流程监控的严密化和智能化。建设风险防范平台，做到事前防范、事中控制、事后改善的服务控制"一条龙"。对网点、柜员、客户和账户进行实时的全流程监控，有效减少操作风险。

丰富并创新电子渠道的安全防控体系。例如，建立多样化的电子渠道安全认证方式，实现电子渠道共享、求同存异的安全认证体系，更新网络加密程序，确保网络数据传输准确快速、网络访问安全可靠，整合设备监控系统、远程监控系统、病毒监测系统等各种监控系统，对自助设备进行实时有效的更新检测，确保自助设备传输数据的准确性和安全性，保证各种业务的连续性。

第6章

iCity 我国智能商务与金融的发展实践

一、互联网金融

进入 21 世纪以后，信息科技发展迅猛，物联网、社交网络、移动互联、云计算等新技术被广泛应用，以互联化、数字化、智能化为标志的信息技术创新呈现出深度融合、广泛应用和快速变化的特征，深刻地影响了人们的生活形态和行为方式，甚至颠覆了传统的商业和金融模式。互联网的出现，引起了以科技为先驱的网络经济革命，特别是随着网络货币、网络银行和网上清算等新的金融理念的出现，互联网金融的时代已经来临。随着第三方支付公司、电信运营商等非银行机构向支付结算、信用中介等传统金融服务领域加速渗透，互联网金融的异质替代作用逐渐凸显，银行的传统经营模式面临着互联网创新商业模式的有力挑战。

（一）互联网金融的内涵

互联网金融是传统金融行业与互联网精神相结合的新兴领域，是指借助于互联网技术、移动通信技术，实现资金融通、支付和信息中介等业务的新兴金融模式。它既不同于商业银行的间接融资，也不同于资本市场的直接融资。从广义角度讲，任何涉及广义金融的互联网应用理论上都属于互联网金融。它包括但不限于第三方支付、在线理财产品销售、信用评价审核、金融中介等。从狭义角度来看，互联网金融则应该定义在货币的信用流通层面，即依托互联网实现资金融通的方式都属于互联网金融的范畴。

互联网金融与传统金融的区别不仅在于金融业务的媒介不同，更重要的是互联网金融参与者深谙互联网"开放、平等、协作、分享"的精髓。通过互联网、移动互联网等工具，互联网金融业务具备透明度更高、参与度更高、协作性更好、中间成本更低、操作更便捷等一系列特征。

目前，互联网金融主要包括三种基本组织形式：网络小贷公司、第三方支付公司和金融中介公司。当前商业银行普遍推广的电子银行、网上银行、手机银行等也属于互联网金融的范畴。互联网金融所倡导的分享、公开、透明等理念可以促进资金在各经济主体之间实现直接、自由的流动，大力推进金融脱媒的进程，导致传统金融机构的金融中介作用不断弱化，使其日益转变为服务性中介这一角色，不再占据金融资源调配的核心主导地位。

具体而言，互联网金融模式的核心特点体现在以下三个方面。

（1）在支付方式方面，互联网金融以移动支付为基础。首先，个人和机构都可在中央银行的支付中心（超级网银）开账户（存款和证券登记），这不再完全属于二级商业银行账户体系；其次，证券、现金等金融资产的支付和转移可以通过移动互联网络进行；再次，互联网金融模式下的支付清算都充分实现了电子化，以替代现钞流通。

（2）在信息处理方面，社交网络生成和传播信息，搜索引擎对信息进行组织、排序和检索，这能缓解信息超载问题，有针对性地满足信息需求；云计算能保障对海量信息的高速处理能力。在云计算的保障下，资金供需双方的信息通过社交网络生成和传播，信息被搜索引擎组织和标准化后，最终形成时间连续、动态变化的信息序列。这种信息处理模式可以以极低的成本计算出任何资金需求者（机构）的风险定价和动态违约概率，对传统商业银行和证券公司的经营模式产生了极大的冲击。

（3）在资源配置方面，借助于现代信息技术，资金供需信息直接在网上发布并匹配。供需双方可以直接交易，金融资源可以直接在个体之间流动，交易成本大幅降低，从而打破了传统的安全边界和商业可行性边界，形成"充分交易可能性集合"。在这种资源配置方式下，双方或多方交易可以同时进行，信息充分透明，定价完全竞争（比如拍卖式），因此可以最大限度地提升金融效率和实现社会福利最大化，同时也为各种金融产品提供了一个充分公平、透明的交易市场。

可见，在互联网金融模式下，市场信息不对称程度大大降低，交易成本大幅减少，传统金融中介机构的功能不断弱化，市场逐渐趋向于一般均衡定理描述的无金融中介状态。

（二）我国互联网金融的发展模式和特点

目前，我国的互联网金融主要有三种发展模式：①传统的金融机构借助互联网渠道（如网上银行）等提供服务，在此，互联网金融主要发挥的是渠道功能；②类似于具有电商平台的阿里金融模式，电商背景为其产生与发展起到了大力支撑作用，在此，互联网金融主要发挥的是信用功能；③类似于人人贷的 P2P 模式，这种互联网金融模式更多的是提供信息中介服务，将资金供给方与需求方的供求信息进行有效衔接。

具体而言，现阶段我国互联网金融的发展模式主要涵盖以下六种类型。

1. 第三方支付

第三方支付是指具备一定实力和信誉保障的非银行机构，借助通信、计算机和信息安全技术，采用与银行签约的方式，在用户与银行支付结算系统间建立连接的电子支付模式。我国的第三方支付机构的发展模式主要有两种类型。

（1）独立的第三方支付模式，即第三方支付平台完全独立于电子商务网站，不具有担保功能，仅为用户提供支付产品和支付系统解决方案。典型代表有快钱、易宝支付、汇付天下、拉卡拉等。

（2）以支付宝、财付通为首的依托于自有 B2C、C2C 电子商务网站提供担保功能的第三方支付模式。在此类支付模式中，买方在电商网站选购商品后，使用第三方平台提供的账户进行货款支付；货款暂由平台托管，并由平台通知卖家货款到达、进行发货；买方检验物品并进行确认后，通知平台付款给卖家，然后第三方支付平台将款项转至卖方账户。第三方支付公司主要以交易手续费、行业用户资金信贷利息、服务费收入和沉淀资金利息等作为收入来源。

第三方支付的兴起，给银行在结算费率及相应的电子货币／虚拟货币领域带来挑战，其与商业银行的关系由最初的完全合作逐步转向竞争与合作并存，这势必会给整个传统金融行业带来更为激烈的全方位竞争。首先，随着第三方支付平台走向支付流程的前端，并逐步涉及基金、保险等个人理财金融业务，银行的中间业务正在被不断蚕食。其次，通过利用其系统中积累的客户的采购、支付和结算信息，第三方支付公司可以以更低的成本联合相关金融机构为客户提供优质、便捷的金融服务。再次，随着互联网技术的不断成熟及其规模的不断扩张，第三方支付机构也逐渐渗透到信用卡和消费信贷领域，与商业银行的业务重叠范围不断扩大，对商业银行、证券公司、保险公司等传统金融机构造成的影响日益凸显。

艾瑞咨询统计数据显示，2014 年中国第三方支付市场移动支付交易规模达到 8 万亿元，同比增长 50.3%。2015 年，此项数据接近 12 万亿元（见图 6.1）。

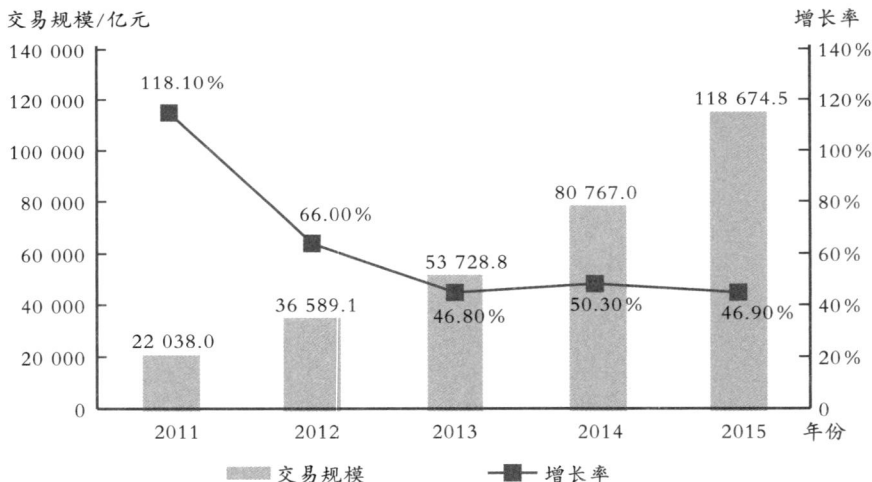

图 6.1　2010—2015 年我国第三方支付市场移动支付交易规模①

此外，2014 年移动支付市场成为互联网巨头布局的重点领域，百度、新浪纷纷推出移动支付业务，移动支付迎来了爆发式增长，特别是在 2014 年年底，支付宝钱包和微信支付竞争激烈，分别与航空公司、视频网站、线下零

① 数据来源：艾瑞咨询。

售商、打车软件等建立合作关系，丰富支付场景。2014 年中国第三方支付机构的市场份额占比如图 6.2 所示。

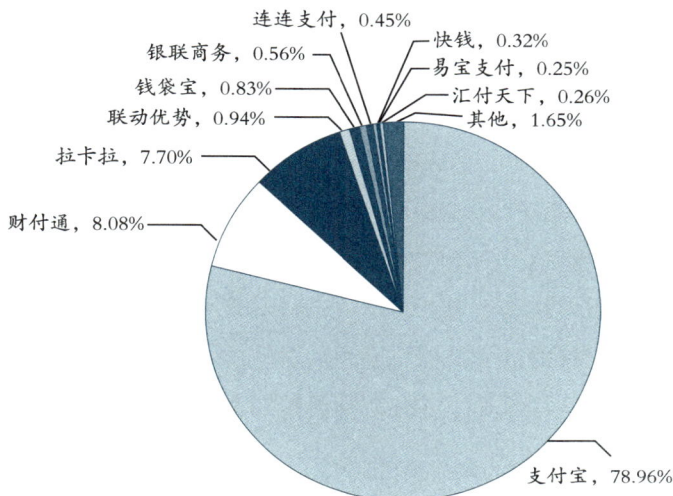

图 6.2　2014 年中国第三方支付机构市场份额占比[1]

在赢利模式方面，随着银行卡收单、互联网支付领域的逐步成熟，第三方支付企业一方面积极寻求业务领域的拓展，逐渐渗透到基金、保险、物流等传统金融电商化领域；另一方面不断通过创新支付模式和产品，为不同行业需求提供定制化综合解决方案，其赢利模式逐步从单一的手续费向多元化中间业务收入转变。

尽管我国第三方支付市场已经形成规模且成长迅速，但自身存在的问题和面临的发展瓶颈也使其在发展过程中面临越来越多的挑战。

（1）风险控制力量薄弱，考验支付企业创新能力。传统金融机构经过长期的积累，掌握了大量用户和商户的资金流动信息，形成了较为成熟的信用评价体系。与其相比，第三方支付企业的积累还十分薄弱。因此，支付企业在风险控制模型与体系的建设方面有待进一步加大创新力度，并进行可持续性规划。

（2）监管体系不完善，削弱支付企业的创新积极性。尽管第三方支付行

---

① 数据来源：易观智库。

业的监管体系处于不断细化和完善的阶段，但监管完善进度远远落后于支付企业的业务创新和拓展进度，仍有部分业务处于监管真空，不利于支付企业进行技术和服务模式的创新。

（3）赢利模式单一，限制行业发展空间。当前第三方支付公司提供服务的赢利模式主要有两类：①基于C2C的第三方支付服务模式，重点积累C端用户，基本采用免费模式；②基于B2B或B2C的第三方支付经营模式，其收益来自每笔交易向商家收取的服务费。

（4）企业恶性竞争，行业洗牌难以避免。第三方支付应用领域竞争集中度较高，产品同质化较为严重。为了在行业应用中取得更多的市场份额，支付企业通常采取价格战的方式参与竞争，这可能导致第三方支付平台对商户的控制力度不强，难以形成稳定的市场规模和营收。

2. P2P 网络借贷平台

目前，国内已经出现的 P2P 网络借贷运营模式主要有以下几种。

（1）纯线上模式，典型的平台有拍拍贷、合力贷、人人贷（部分业务）等，其特点是资金借贷活动都在线上进行，不结合线下的审核。通常这些企业采取的审核借款人资质的方法有视频认证、银行流水账认证、身份认证等。

（2）线上线下结合的模式，以翼龙贷为代表。借款人在线上提交借款申请后，平台通过所在城市的代理商，采取入户调查的方式，审核借款人的资信、还款能力等情况。

（3）债权转让模式，以宜信为代表。平台公司作为中间人对借款人进行筛选，以个人名义进行借贷之后再将债权转让给理财投资者。

从 P2P 的特点来看，P2P 网络借贷在一定程度上降低了市场信息不对称程度，对利率市场化起到了一定的推动作用，且由于参与门槛低、渠道成本低等优势，有效拓展了社会的融资渠道。但就目前而言，P2P 网络借贷暂时难以撼动银行在信贷领域的主导地位，主要有两个方面的原因：① P2P 针对的主要是被银行"抛弃"的小微企业及普通个人用户，总体而言，此类客户的资信相对较差、贷款额度相对较低、抵押物需求难以满足；②央行个人征信系统暂时没有对 P2P 企业开放，导致 P2P 企业产生审贷效率低、客户单体贡献率小、批贷概率低等问题，并且 P2P 网络借贷中很大一部分为异地信用贷款，信贷审核及催收成本高，因此不少 P2P 平台坏债率一直居高不下。

根据《2015 年中国 P2P 网贷行业数据报告》，截至 2015 年 12 月 31 日，我国 P2P 网贷平台成交额规模达到 10 021 亿元，同比增长 228%（见图 6.3），预计未来两年内仍将保持 200% 左右的增速。

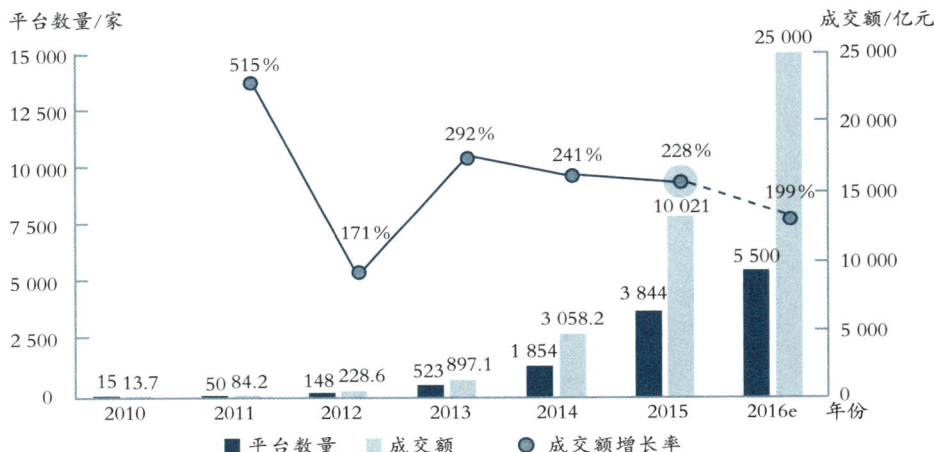

图 6.3　2010—2016 年中国 P2P 网络借贷交易规模

在平台数量方面，2015 年我国 P2P 网络借贷平台数量为 3 844 家。就地域分布而言，P2P 网络借贷平台主要分布在东部沿海民间借贷较发达的地区，其中广东省 716 家、山东省 502 家、浙江省 372 家，三省共计 1 590 家，占全国总数的 41.4%。2015 年我国部分省（市、区）的 P2P 网络借贷平台数量如表 6.1 所示。

表 6.1　2015 年我国部分省（市、区）P2P 网络借贷平台数量　　（单位：家）

省（市、区）	平台数量	问题平台数量	省（市、区）	平台数量	问题平台数量
广东	716	224	江苏	164	72
山东	502	281	安徽	141	64
北京	466	86	湖北	132	27
浙江	372	149	四川	121	48
上海	344	109	河北	94	43

续　表

省（市、区）	平台数量	问题平台数量	省（市、区）	平台数量	问题平台数量
福建	91	33	山西	24	23
河南	89	26	新疆	17	4
湖南	86	42	宁夏	16	5
重庆	71	14	黑龙江	15	8
陕西	51	15	海南	13	10
广西	50	19	内蒙古	13	8
江西	47	14	吉林	13	7
云南	38	15	甘肃	10	8
贵州	37	10	青海	1	0
天津	34	12	西藏	1	0
辽宁	25	9			

3. 大数据金融

大数据金融是指集合海量非结构化数据，通过对其进行实时分析，为互联网金融机构提供客户的全方位信息；通过分析和挖掘客户的交易和消费信息，掌握客户的消费习惯，准确预测客户行为，使金融机构和金融服务平台在营销和风控方面有的放矢。基于大数据的金融服务平台主要是指拥有海量数据的电子商务企业开展的金融服务，其关键在于从大量数据中快速获取有用信息的能力。

目前，我国大数据服务平台的运营模式可以分为以京东、苏宁为代表的供应链金融模式和以阿里小额信贷为代表的平台模式。其中，京东、苏宁的供应链金融模式是以电商作为核心企业，以未来收益的现金流作为担保，获得银行授信，为供货商提供贷款。阿里小额信贷以"封闭流程＋大数据"的方式开展金融服务，凭借电子化系统对贷款人的信用状况进行核定，发放无抵押的信用贷款及应收账款抵押贷款，单笔金额在5万元以内，与银行信贷形成了良好互补。

互联网金融的典型案例——阿里金融

　　和传统的信贷模式不同，阿里巴巴的小额信贷业务（即阿里金融）通过互联网数据化运营模式，为阿里巴巴、淘宝网、天猫网等电子商务平台上的小微企业、个人创业者提供可持续性普惠制电子商务金融服务。其所开发的新型微贷技术的核心是数据和互联网。

　　阿里金融利用阿里巴巴、淘宝网、支付宝等电子商务平台上客户积累的信用数据及行为数据，引入网络数据模型和在线视频资信调查模式，通过交叉检验技术，辅以第三方验证，确认客户信息的真实性，将客户在电子商务网络平台上的行为数据映射为企业和个人的信用评价，向这些通常无法在传统金融渠道获得贷款的弱势群体批量发放金额小、期限短、随借随还的小额贷款。同时，阿里金融微贷技术也极为重视网络。其中，小微企业大量数据的运算依赖于互联网的云计算技术。云计算技术不仅能保证其安全性和效率，而且能降低阿里金融的运营成本。

　　另外，对网络的利用简化了小微企业融资的环节。阿里金融向小微企业提供全天候金融服务，使得同时向大批量小微企业提供全融服务成为现实。这也符合国内小微企业数量庞大且融资需求旺盛的特点。阿里金融已经开发出订单贷款、信用贷款等微贷产品。从其微贷产品的运作方式来看，微贷产品带有强烈的互联网特征。比如淘宝信用贷款，客户从申请贷款到贷款审批、获贷、支用以及还贷的整个流程完全在线上完成。

　　对于传统的金融机构而言，大数据金融模式能够通过对海量数据的核查和评定，增加风险的可控性和管理力度，及时发现并规避可能出现的风险，对风险发生的规律性有精准的把握，从而有助于进行更深入和更透彻的数据需求分析。银行虽然有很多支付流水数据，但是各部门不交叉，导致数据整合的难度较大。大数据金融模式可以帮助银行对沉积的数据进行充分挖掘和有效利用。此外，大数据金融模式将推动金融机构创新品牌和服务，做到精细化和定制式服务，利用数据开发新的预测和分析模型，实现对客户消费模式的全面分析，从而提高客户的转化率。

计世资讯（CCW Research）《2015 年中国金融行业信息化建设与 IT 应用趋势研究报告》显示，2014 年我国金融行业信息化建设投入为 530.0 亿元，比 2013 年增长 3.6%。随着国内经济的回升，我国金融行业信息化建设投入还将稳步增长。

从不同用户类型投资分布看，2013—2014 年中国金融业 IT 应用市场概况如表 6.2 所示。

表 6.2　2013—2014 年中国金融业 IT 应用市场[①]　（单位：亿元）

年份	保险	证券	银行	合计
2013	200.50	174.49	708.80	1 083.79
2014	212.92	192.40	734.68	1 140.00

从不同用户类型投资分布看，在 2014 年中国金融业 IT 应用的投资中，银行投资占整体投资的 64.44%，保险和证券投资分列第二、三位（见图 6.4）。

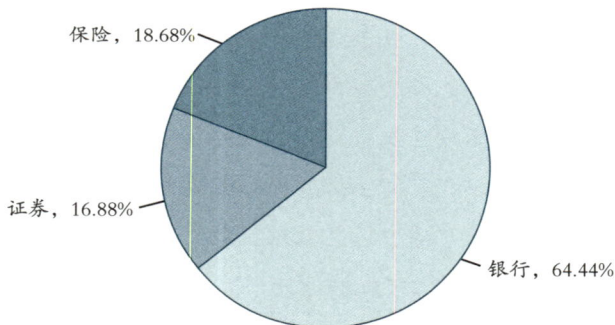

图 6.4　2014 年中国金融业 IT 应用的投资结构[②]

随着数据价值越来越被认可，尤其是在金融企业业务转型时期，基于数据的业务及内部管理优化使得金融领域的大数据应用市场规模在几年内以高

---

① 数据来源：赛迪顾问。
② 数据来源：赛迪顾问。

于金融领域整体水平的速度增长（见图 6.5）。

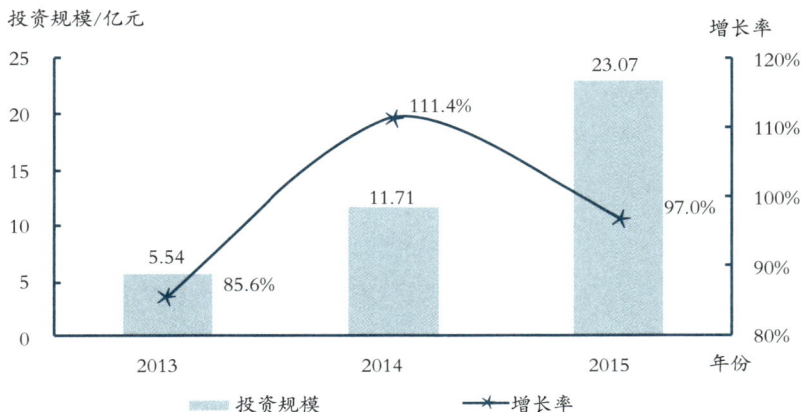

投资规模/亿元

25

20

15

10

5

0

23.07

111.4%

11.71

5.54

85.6%

97.0%

2013　　　　　　　　2014　　　　　　　　2015　　　年份

120%

110%

100%

90%

80%

增长率

投资规模　　　　　　增长率

图 6.5　2013—2015 年中国金融行业大数据应用规模与增长率[①]

　　金融行业逐步迈入了大数据时代，数据将给这个行业带来深刻的变化，一些互联网厂商将凭借自身的数据资源进入金融领域，传统金融企业也将改变经营思路重塑业务架构，而新的商业价值将在这场变革中被发掘出来。

　　4．众　筹

　　自 2013 年 6 月以来，以创投圈、天使汇为代表的一批针对种子期、天使期的创业服务平台以"众投"的模式进入人们的视野，并很好地承接了人们对众筹本意的理解。但是由于项目优劣评判存在困难，回报率的不确定性较高，众筹目前仅仅停留在少量天使投资人、投资机构及少数投资者投资的范围内，涉及金额也相对较小，发展速度及规模远不及 P2P 网络借贷平台。同时，目前国内对公开募资的规定尚不完善，导致众筹的股权制在国内发展缓慢，短期内对金融业和企业融资的影响非常有限。此外，从行业发展的角度来看，众筹网站应重视差异化发展战略，凸显出自身的垂直化特征。

---

① 数据来源：赛迪顾问。

5．信息化金融机构

信息化金融机构是指通过采用信息技术对传统运营流程进行改造或重构，实现经营与管理全面电子化的银行、证券和保险等金融机构。金融信息化是金融业的发展趋势之一，而信息化金融机构则是金融创新的产物。随着金融市场的发展，越来越多的金融和市场信息不断产生，对金融信息进行融合的必要性日益凸显。

股市金融信息融合

金融信息融合的概念最早出现在信息融合与计量金融的国际学术界。从发展成果来看，过去十年间华尔街最出色的对冲基金之一——Medallion基金所应用的核心技术基本都是利用计算机建立的信息融合、数学模型与计算机人工智能。即使不基于金融价值理论，而仅仅应用数学模型进行分析，其定量分析也可以给出非常有价值的投资策略和建议。

在股市交易分析及决策时，通常需要将多种股市金融信息融合并进行统一分析，将各种可能影响股市行情的因素纳入考量，比如国际大事、行业消息、消费者偏好等宏观或微观数据等。使用计算机和智能方法整合和处理金融信息并进行智能化分析是计算机智能在金融策略分析方面的技术应用。由此可以看出，智能金融可以提供的不仅是支付和结算方面的便利和高效，还可以进行信息整合集成、制定投资策略、优化投资组合、提供风险管理等业务支持，建立智能化的投资决策机制。

从整个金融行业来看，银行业的信息化建设一直处于领先水平，不仅具有国际领先的金融信息技术平台，建成了由自助银行、电话银行、手机银行和网上银行构成的电子银行立体服务体系，而且其信息化的大手笔——数据集中工程在业内独领风骚。目前，大部分银行都致力于自身电商平台的建设。一方面，这可以增加用户黏性，积累真实可信的用户数据，进而银行可以依靠自身数据发掘用户需求，如建设银行推出"善融商务"、交通银行推出"交博汇"等；另一方面，银行通过建设电商平台，积极打通内部各部门的数据孤岛，形成一个"网银＋金融超市＋电商"三位一体的互联网平台，以应对互联网金融的浪潮及挑战。

6. 互联网金融门户

互联网金融门户是指利用互联网进行金融产品的销售以及为金融产品销售提供第三方服务的平台。它的核心是"搜索＋比价"模式，采用金融产品垂直比价的方式，将各家金融机构的产品放在平台上，让用户通过对比挑选合适的金融产品。互联网金融门户依靠多元化创新发展，形成了提供高端理财投资服务和理财产品的第三方理财机构，建立了提供保险产品咨询、比价、购买服务的保险门户网站等。目前，在互联网金融门户领域，针对信贷、理财、保险、P2P 等细分行业分布有融 360、91 金融超市、好贷网、银率网、格上理财、大童网、网贷之家等平台。

互联网金融门户最大的价值在于其渠道，不仅分流了银行业、信托业、保险业的客户，而且加剧了上述行业的竞争。因此，当融 360、好贷网、软交所科技金融超市这些互联网金融渠道发展到一定阶段时，就掌握了互联网金融时代的互联网入口，引领着金融产品销售的风向标。

融 360 智能化金融搜索

2012 年 8 月，"三马"试水互联网金融引万众瞩目，一家叫作融 360 的网站随之进入公众视野。与"三马"推出的交易平台不同，融 360 只提供交易环节外的在线智能化金融服务。这种金融搜索服务是将互联网的大数据、搜索引擎技术与金融咨询、金融顾问、贷款初审等金融专业技术进行优势结合。该模式普遍被业界看好的原因在于这种搜索、匹配服务能极大地提高贷款供求双方的合作效率。实际上，这种服务模式已经将金融服务尤其是信贷服务从时间与人力成本过高的束缚中解脱出来了。从中可以看出未来金融服务模式的趋势——智能、便捷、专注。目前，融360仅专注于打造一个智能化的融资贷款搜索平台。网站对信贷供求双方都是完全开放的，同时为双方提供智能化的匹配、推荐服务，并不参与信贷供求双方的交易环节。

帮助用户找到对的贷款，这是融360的服务专注点之一。在用户简单地通过"两步一站式"找到最划算的贷款背后，融360的智能后台系统对每天输入的海量信息进行运算和管理。融360引入了互联网的大数据与搜索引擎技术。用户找贷款只需确定自己的需求（贷多少钱、利息最低的优先等），通过融360可以两步锁定最划算贷款：①输入贷款需求，搜索；②在推荐页面选定，直达信贷员，开始申请。用户除了在申请贷款之初要考虑清楚贷款需求，其他的都不必考虑，也不用四处奔波打探。虽然融360成立时间尚短，但融资贷款领域增势明显的需求给融360的数据积累带来了极大的优势。丰富的数据积累使其能够更加精准地把握用户需求，推荐出最合适的产品。

如何找对用户，或者说如何让对的用户找到自己，成为银行或各金融机构亟待解决的问题，而融360推出的智能匹配、推荐服务恰好能解决这一问题。大量茫然的用户通过融360找到适合自己的贷款产品后，可以直接与负责审批该贷款产品的信贷员沟通并开始申请。融360可以有效帮助上游银行以及信贷员们完成智能化初审辅助工作，同时能了解银行产品目标人群的需求。

就现阶段而言，我国的互联网金融模式主要有以下特点。

（1）成本低。在互联网金融模式下，资金供求双方可以通过网络平台自行完成信息甄别、匹配、定价和交易，无传统中介、无交易成本、无垄断利

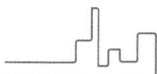

润。一方面，金融机构可以避免开设营业网点的资金投入和运营成本；另一方面，消费者可以在开放透明的平台上快速找到适合自己的金融产品。

（2）效率高。互联网金融业务主要由计算机处理，操作流程完全标准化，客户不需要排队等候，业务处理速度更快，用户体验更好。如阿里小贷依托电商积累的信用数据库，经过数据挖掘和分析，引入风险分析和资信调查模型，从商户申请贷款到阿里小贷发放贷款只需要几秒钟。

（3）覆盖广。在互联网金融模式下，客户能够突破时间和地域约束，在互联网上寻找需要的金融资源。金融服务更直接，客户基础更广泛。此外，互联网金融的客户以小微企业为主，覆盖了部分传统金融业的服务盲区。

（4）发展快。依托于大数据和电子商务的发展，互联网金融得到了快速发展。例如自 2013 年 6 月上线起，余额宝 18 天内累计用户数达到 250 万人，累计转入资金达到 66 亿元；截至 2014 年 2 月月底，用户数达到 8 100 万人，余额宝金额超过 5 000 亿元。

（5）管理弱。一方面，互联网金融模式的风险控制措施较弱，尚未接入人民银行征信系统，也不存在信用信息共享机制，不具备类似银行的风控、合规和清收机制，容易发生各类风险问题。例如，已有众贷网、网赢天下等P2P 网络借贷平台宣布破产或停止服务。另一方面，互联网金融的监管制度亟待健全，由于缺乏准入门槛和行业规范，整个行业面临着诸多政策和法律风险。

（6）风险大。一是信用风险大。目前我国信用体系尚不完善，相关法律还有待健全，互联网金融违约成本较低，容易诱发恶意骗贷、"卷款跑路"等风险问题。P2P 网络借贷平台由于准入门槛低和缺乏监管，成为不法分子从事非法集资和诈骗等犯罪活动的温床。自 2013 年以来，淘金贷、优易网、安泰卓越等 P2P 网络借贷平台先后曝出"跑路"事件。二是网络安全风险大。我国互联网安全问题突出，网络金融犯罪问题不容忽视。一旦遭遇黑客攻击，互联网金融的正常运作必然受到影响，危及消费者的资金安全和个人信息安全。

75 家机构共同发起成立互联网金融专业委员会①

2013 年 12 月 3 日，中国支付清算协会互联网金融专业委员会发起成员单位大会在北京举行，包括银行、证券、第三方支付及 P2P 等在内的 75 家机构共同参与并审议通过了《互联网金融专业委员会章程》（以下简称《章程》）、《互联网金融自律公约》（以下简称《公约》）。

该委员会的发起单位共75家，包括综合性金融集团1家、商业银行18家、证券公司2家、支付机构28家、人民银行相关单位2家、银行卡清算机构1家、从事 P2P 网络借贷业务的公司10家、高校和研究机构6家以及其他相关机构7家。其主要职责是"研究、交流、服务、自律"。具体来说，一是重点研究互联网金融运行机制和发展趋势，积极探索创新模式和发展规律，推动行业可持续发展；二是加强沟通交流，总结发展经验，分享发展成果，通过组织研讨会、论坛、培训等，促进行业交流，推动创新发展；三是为成员单位经营和行业整体发展做好服务，如加强与政府部门沟通、反馈行业发展情况等；四是推动自律，探索建立互联网金融自律机制，引导成员单位加强内控建设。

互联网金融涉及业务类型多样，参与主体众多，目前关于互联网金融的监管主体和监管规则等都尚未明确，而互联网金融所涉及的资金管理、风险防范和信息安全保护等问题需引起重视。在此背景之下，会上审议通过了《公约》。《公约》主要针对合规经营、风险管理、客户身份识别、交易资金安全、消费者保护等方面进行约定。比如针对风险管理，《公约》明确要求成员单位"构建覆盖全面的风险管理体系、制定切实可行的风险防范措施"；针对交易资金安全，《公约》提出要确保交易资金的可追溯性，切实保障客户资

---

① 资料来源：（朱丹丹，2013）。

金安全；针对消费者保护，《公约》要求成员单位强化信息披露、平
等对待客户、保障客户信息安全等。《公约》将促进互联网金融健
康发展，维护公平、有序的竞争秩序，防范业务风险，保护客户合
法权益，以及促进成员单位合作共赢作为指导思想，以互联网金融
参与主体所面临的共性问题为出发点，着重从规范市场秩序、建立
风险管理和内控制度、保护客户资金安全和信息安全等方面制定了
相应的自律条款。

近年来，互联网金融业务依托云计算、大数据、移动支付等技
术快速兴起，互联网金融作为新兴业态，向金融领域广泛渗透。非
金融支付机构以及众多互联网企业依托平台优势，开展供应链金融
业务。传统的金融机构也通过创新纷纷涉足互联网金融业务。P2P
网络借贷平台和涉及众筹融资等互联网金融业务的机构数量日益增
加，规模不断壮大，创建了新的商业模式。但目前业内对互联网金
融的概念界定、业务规模、风险防范等问题都有待进一步研究，对
互联网金融业务条例也需要进一步规范。该委员会搭建了一个有效
平台，组织行业相关单位，共同对互联网金融业务进行研究，有利
于加强互联网金融各界的沟通与协作，积极为互联网金融各方提供
支持和帮助，探索推进行业自律，促进互联网金融与支付技术和手
段的结合运用，推动行业健康发展。

（三）互联网金融的发展趋势

从互联网金融发展的具体形态来看，目前在全球范围内，互联网金融呈
现出以下几个重要发展趋势。

1. 以第三方支付、移动支付替代传统支付业务

智能手机的快速普及推动了移动支付的蓬勃发展。随着移动通信设备的
渗透率超过正规金融机构的网点或自助设备，以及移动通信、互联网和金融

的结合，2011 年全球移动支付交易总金额为 1 059 亿美元，预计 5 年内将以年均 42% 的速度增长，2016 年将达到 6 169 亿美元。如在肯尼亚，手机支付系统 M-Pesa 的汇款业务已超过其国内所有金融机构的总和，且已延伸到存贷款等基本金融服务。我国第三方支付的发展速度也同样惊人，2013 年第三方支付的总体交易规模达到 17.9 万亿元，同比增长 43.2%。

2．以人人贷替代传统存贷款业务

人人贷实质是一种"自金融"的借贷模式。正规金融机构长期以来始终未能有效解决中小企业融资难的问题，而互联网的用户聚合和高速传播的特点大幅降低了信息不对称的概率和交易成本，从而促使资金供需双方都是个人的投融资模式成为可能。

截至 2012 年 10 月，美国两家最大的 P2P 信贷公司 Lending Club 和 Prosper 分别完成了 8.3 万次和 6.4 万次的互联网金融交易，涉及金额分别为 10 亿美元和 4.2 亿美元。我国 P2P 信贷公司的诞生和发展几乎与世界同步。

3．以众筹融资替代传统证券业务

众筹是最近两年国外最热门的创业方向之一。2012 年 4 月，美国通过《促进创业企业融资法案》（Jumpstart Our Business Startups Act，JOBS），允许小企业通过众筹融资获得股权资本，这使得众筹融资替代部分传统证券业务成为可能。根据《福布斯》杂志的数据，截至 2013 年第二季度，全球范围内的众筹融资网站已经达到 1 500 多家。

4．大数据分析与挖掘逐渐趋于主导地位

大数据逐渐成为科技界和金融界的焦点。随着移动互联网的应用与发展，金融行业整体业务和服务的多样化，以及金融市场整体规模的扩大，金融行业的数据收集能力不断提高，形成时间连续、动态变化的金融海量数据。其中不仅包括用户的交易数据，而且包括用户的行为数据。

对金融数据进行分析，才能快速匹配供需双方的金融产品交易需求，发现隐藏的信息和趋势。越来越多的机构正在充分运用大数据进行分析。阿里小贷公司运用交易数据提供信用评估，据此为申请贷款的客户发放贷款。华尔街的投资高手已经开始通过挖掘数据预判市场走势，如根据民众的情绪指数抛售股票；对冲基金根据购物网站的顾客评论来分析企业产品销售状况；银行根据求职网站的岗位数量来推断就业率。麦肯锡在专题研究报告《大数据，是下一轮创新、竞争和生产力的前沿阵地》中提出："对于企业来说，海量数据的运用将成为未来竞争和增长的基础。"

二、银行创新

在互联网技术的推动下，互联网、金融和电子商务之间的界限日渐模糊，行业融合持续深入，已经形成新的互联网金融蓝海，具有巨大的潜在市场。以阿里金融为代表的新兴互联网金融模式，在支付、结算和融资领域给商业银行的传统经营管理模式带来巨大挑战。银行业的传统经营模式和赢利模式受到了极大的冲击。如何在日益激烈的行业竞争中寻求生存，特别是在利率市场化改革取得实质性进展的背景下，商业银行如何立足自身优势，转变经营方式，加快金融创新步伐，适应新形势下的竞争环境，是其面临的重要课题。

为鼓励商业银行加快金融创新，防范金融创新风险，促进银行业金融创新持续健康发展，中国银监会于 2006 年颁布了《商业银行金融创新指引》，明确提出商业银行通过引入新技术、采用新方法、开辟新市场、构建新组织，在战略决策、制度安排、机构设置、人员准备、管理模式、业务流程和金融产品等方面开展金融创新，以适应实体经济的发展要求。在此背景下，我国银行业在经营管理方面的市场化取向日益凸显，对金融创新的重视程度不断提高，充分运用金融创新工具，不断推动科技创新、服务创新、产品创新，提升客户体验，成效斐然。

具体来看，目前国内银行在新形势下的金融创新内容主要体现在服务模式、服务渠道、支付方式、服务终端的功能等方面。

（一）服务模式的创新

在互联网金融大力发展的背景下，"网点为王"的银行业生态已经发生改变，随着移动互联网技术的发展以及智能移动终端设备的普及，银行的产品设计、服务模式和营销渠道正在重新塑形。利用大数据和移动互联信息为客户提供精细化服务才是智能金融的竞争核心。以广发银行、民生银行为代表的中小股份制商业银行纷纷寻求差异化经营，力求"突出重围"。

重塑银行服务模式——广发银行

作为国内最早组建的股份制商业银行之一，广发银行在 2011 年制定五年发展规划时就明确，坚持以特色化、专业化战略赢取市场，以清晰的区域战略进行业务拓展和渗透，并将网络金融提升到全行战略高度，通过已有的手机银行、网上银行、电话银行和智能网点的电子网络，继续创新网络渠道，逐步构建全新的服务模式。

截至 2013 年 6 月，广发银行个人网银客户近 750 万户，手机银行客户超 150 万户，全行电子渠道柜台替代率提升到 90%。广发银行在全国首创"24 小时智能银行"，提供全天候开户、办卡的"金融便利店"服务，最先在北京、广州、济南等城市推广。广发银行是国内银行中首家全行铺设"无线网络"服务的银行，其全国网点变身"智慧营业厅"。广发银行同时也是手机钱包业务首批发卡银行之一，是中国银联和中国移动手机钱包的首批合作发卡银行。此外，广发银行开始研发"电子账户"，寻求与电商领头羊企业合作，打造"网上营业厅"。

通过科技创新弥补物理网点的不足，分流柜面服务压力，是提升服务水平、提高客户黏性的必然选择。智能终端、互联网的迅猛发展极大地丰富了金融服务形式，银行服务正在逐步突破银行自有的各种设备限制，将触角延伸至客户身边的每一台联网设备。对于银行，更为重要的是渠道求"同"，传统渠道和电子渠道之间要建立起有效联动和协作关系，避免新的壁垒。广发银行将经营发展的重点定位在中小企业和零售银行业务上。广发银行将对小企业的服务下沉到支行网点，在控制风险的前提下，通过各个小企业金融中心，优化流程，提高效率，最大限度地促进小微企业信贷业务的发展；在零售业务方面，通过信用卡、手机银行、生意人卡等拳头产品，采用行为分析和探针系统等新工具，为客户提供个性化服务。

民生银行对网上银行模式进行了新尝试，推出了直销银行。直销银行诞生于 20 世纪 90 年代末北美及欧洲等经济发达国家，因其业务拓展不以实体网点和物理柜台为基础，具有机构少、人员精、成本低等显著特点，因此能够为客户提供比传统银行更便捷、优惠的金融服务。在二十多年的发展过程中，直销银行经过互联网泡沫、金融危机等时期的历练，已形成较为成熟的商业模式，在国外银行业占据的市场份额不断扩大，成为金融市场的重要组成部分。

网上银行新尝试——民生银行直销银行

2014 年 2 月 28 日，民生银行直销银行正式上线，突破了传统实体网点经营模式。该模式主要通过互联网渠道拓展客户，具有客群清晰、产品简单、渠道便捷等特点。

在客户拓展上，直销银行精准定位于"忙、潮、精"的客群；在产品设计上，突出简单、实惠。首期主打两款产品：①"如意宝"余额理财产品，这款产品对接货币基金，具有购买门槛低、申购无限制、单日最高赎回 500 万、实时支取、日日复利的特点；②"随心存"储蓄产品，具有 1 000 元起存、随用随取、利息收益最大化的特点。在渠道建设上，直销银行充分尊重互联网用户的习惯，提供操作便捷的网站、手机银行和微信银行等多渠道互联网金融服务。民生银行直销银行的上线，是传统银行拥抱互联网金融的一次大胆创新，同时也是银行迎接利率市场化、加速金融转型的有益尝试。未来，民生银行直销银行将围绕客户需求，陆续推出银行理财、贵金属、小额消费贷款、公共缴费等产品，有效满足客户多元化的互联网金融服务需求。

民生银行直销银行的主要特点归纳如下。

（1）全程互联网化。银行基本的开户、存款、转账等业务全部互联网化，用户只需在线注册、填写个人身份信息、绑定民生银行卡、设置交易密码即可完成操作。用户在3日内从绑定卡向电子账户汇入金额，银行验证后将自动激活电子账户。

（2）活期存款自动申购货币基金。民生银行直销银行推出的"如意宝"理财产品，对接"汇添富"和"民生加银"两款货币基金，使客户能够获得高于活期存款的收益。

（3）定期存款可提前支取。民生银行直销银行推出"随心存"业务，用户签约后，账户内活期存款扣除留存金额如果达到或者超过1 000元，可自动转存1年期定期存款。若提前支取，将根据已存时间按照1天、7天通知存款，3个月、6个月、1年定期储蓄等相应的利率进行结算。

（4）绑定他行卡转账免手续费。"轻松汇"业务可将民生银行或者他行卡归集在直销银行电子账户内，也可以将电子账户内资金转账至民生银行或者他行卡，转账限额为500万。转账免收手续费，不过转账银行卡必须事先与电子账户绑定。

（5）直销银行具有手机APP和微信公众账号。民生直销银行拥有手机APP和微信公众账号。网页版上的操作都可以在手机APP

上完成。在微信公众账号内可以查询账户、转入转出资金、查询"如意宝"。

（二）服务渠道的创新

在服务渠道创新方面，国内银行陆续推出电视银行、手机银行、微信银行等新模式。

1. 电视银行

电视银行又称"家庭银行"或者"家居银行"，是一种新兴的基于数字电视的个人用户电子交易渠道，是电子银行渠道的重要组成部分。个人用户手持遥控器就可操作家里的电视机和电视机顶盒，通过数字电视专用网络，访问银行的交易服务器，进行类似网上银行和手机银行的交易。目前，中国邮政储蓄银行和中国银行在发展电视银行方面走在前列。

国内首家电视银行——中国邮政储蓄银行

2011 年，中国邮政储蓄银行推出在总行层面组织建设的电视银行系统，即依托数字电视运营商的双向数字网，以有线电视机与机顶盒作为客户终端，以遥控器作为操作工具，为客户提供各种银行服务的交易平台和服务渠道。中国邮政储蓄银行电视银行主要包括"登录""查询""转账""缴费""信用卡""设置""资讯"等七项功能，率先实现个人客户本币账户信息查询、转账（定活互转、行内转账）、电视支付、信用卡（还款、账单查询）、缴费、银行信息查询等功能。此外，还将实现更多功能，以全面满足客户多样化的业务需求。

电视银行按照"以客户为中心"的理念进行设计和构建，充分考虑客户体验，重点突出"家居银行"的特色，最大限度地让客户感受到电视银行系统的简单、方便、安全、快捷。它通过技术创新，增加浏览器软件二次加密技术，保证了客户信息的安全性，解决了跨系统、跨网络的数据安全问题，使广大市民在欣赏电视节目的同时，足不出户就可以享受费用缴纳、电视购物、银行资金转账等现代金融服务。

相比于网上银行，电视银行客户不需要购买电脑，几乎不需要投入成本；相比于电话银行，客户可办理更多的银行业务，更加方便、安全；相比于手机银行，客户操作的可视界面尺寸更大，操作更加简单、直观。电视银行不仅带给客户感观上的强烈冲击，也将有效改变部分客户在柜面办理业务的传统习惯。

家居银行——中国银行

中国银行家居银行于 2011 年在浙江省内试点，后续逐步推广至全国。中国银行家居银行提供了账户查询、转账汇款、个人设定、电视支付、本地服务、信用卡、投资理财等功能。电子银行新增客户（从未注册过中国银行的网上银行、手机银行或家居银行的客户）可注册为查询版客户，拥有账户查询、个人设定和信用卡查询服务；电子银行存量客户（已申请中国银行网上银行或手机银行中任一渠道的客户）可注册为理财版客户，拥有账户查询、转账汇款、本地服务、电视支付、信用卡、投资理财、开通支付和个人设定服务，其中电视支付需要客户在线自助申请开通。

查询版在现阶段提供以下服务。

（1）账户查询。随时随地获取本人名下借记卡、普通活期、活期一本通、定期一本通、存本取息、零存整取、教育储蓄账户详情及查询账户交易明细。

（2）个人设定。可以设置本人交易限额、更改家居银行密码等。

（3）信用卡查询。可以查询信用卡账户信息、未出账单、已出账单。

理财版在现阶段提供以下服务。

（1）账户查询。随时随地获取本人名下借记卡、普通活期、活期一本通、定期一本通、存本取息、零存整取、教育储蓄账户信息详情及查询账户交易明细。

（2）转账汇款。可以通过转账汇款服务，进行行内转账、跨行转账。转账成功后可以选择是否发送短信通知收款人，并可以在账户交易明细中查询转账记录。

（3）电视支付。可以在线开通或取消电视支付服务，管理用于"家银通"支付的银行卡和支付限额，查询本人"家银通"支付和网上支付、手机支付交易记录。

（4）本地服务。本地服务即代缴费，包括自助服务缴费和常用服务缴费。

（5）个人设定。可以设置本人交易限额、更改家居银行密码等。

（6）开通支付。对于未开通电视支付功能的客户，功能菜单将显示开通支付快捷方式。

（7）信用卡。可以为本人或他人信用卡还款，还可自助设定信用卡还款方式。

（8）投资理财。客户可开通或关闭投资服务，进行基金、国债交易。

2. 手机银行

手机银行（mobile banking service）也可称为移动银行，是指利用移动通信网络及终端办理相关银行业务。作为一种结合了货币电子化与移动通信的崭新服务，手机银行业务不仅可以使人们在任何时间、任何地点处理多种金融业务，而且极大地丰富了银行服务的内涵，使银行能以便利、高效而又较为安全的方式为客户提供传统和创新的服务。移动终端所独具的贴身特性，使之成为继 ATM、互联网、POS 之后银行开展业务的强有力工具，越来越受到国际银行业的关注。

从目前国内各银行开展的手机银行服务可以看出，国内手机银行的发展还处于起步阶段，大多以提供查账等信息类服务为主，而存在巨大市场需求且能为银行带来收益的交易类服务（移动购物、移动支付等）却不多。制约其发展的关键是实现移动交易的安全加密技术难度较大，市场发展涉及层面较多。我国首家真正意义上的手机银行是交通银行手机银行。

首家真正意义上的手机银行——交通银行

交通银行手机银行是交通银行依托中国移动、中国联通的通信网络，通过手机上网方式为客户实现账户查询、账户转账、外汇买卖、基金代销等在线金融交易的一种电子银行服务方式。

交通银行手机银行具有以下突出特点。

（1）使用门槛低，无须申请。无须办理任何手续，无须进行专业的手机设置，只要手机能上网就可以使用交通银行手机银行。

（2）安全可靠，多重保障。整个交易数据进行高强度 128 位 SSL 加密传输，并采用多种技术和业务限制层层保障客户的资金安全。

（3）随时随地，全天候 24 小时服务。无论何时，身在何处，客户都可享受交通银行手机银行的全天候服务，查询、转账、手机充值实时完成，一切尽在"掌"握。

（4）费用低廉、设计人性化。目前，用户使用交通银行手机银行仅需支付通信流量费用，交通银行不收取任何费用。另外，系统的界面、功能设计采用了很多减少和优化输入等方便快捷的措施，真正做到以人为本。

（5）支持客户量大。由于采用先进的 WAP 技术，交通银行手机银行支持所有移动、联通的客户。

3．微信银行

随着移动互联网的快速发展，拥有数亿注册用户的微信成为新媒体营销的重要平台之一，也成为各大银行抢滩移动金融服务的重要阵地。许多银行微信平台纷纷从"订阅号"转战"服务号"，从单纯的信息推送转向为用户提供细致周到的掌上金融服务。自 2013 年 3 月开始，招商银行、工商银行、建设银行、晋中银行等纷纷推出微信银行服务，致力于打造兼具金融服务和在线客服功能的移动金融平台。

全新概念的"微信银行"——招商银行

继 2013 年 3 月正式推出信用卡微信客服后，招商银行再度宣布升级了微信平台，推出了全新概念的"微信银行"。微信银行的服务范围从单一的信用卡服务拓展为集借记卡、信用卡业务为一体的全客群综合服务。升级后的微信银行覆盖了更广阔的服务范围，不仅可以实现借记卡账户查询、转账汇款、信用卡账单查询、信用卡还款、积分查询等卡类业务，而且可以实现招商银行网点查询、贷款申请、办卡申请、手机充值、生活缴费、预约办理专业版和跨行资金归集等多种便捷服务。此外，微信银行的在线智能客服可实现在线实时解答客户咨询，为客户提供了非常方便的咨询通道。

招商银行微信银行的主要特色功能如下。

（1）信用卡。微信平台的信用卡服务可以分为两类：信用卡系列功能，以及与信用卡相关的延伸功能。

（2）理财产品。客户可以通过微信平台选择合适的理财产品进行购买，也可以了解产品信息、查询账户等。

（3）其他服务。招商银行将进一步优化微信银行的功能，提供转账汇款、本地生活等功能。

（三）支付方式的创新

在支付方式的创新方面，作为手机银行支付方式创新的硕果，二维码收付得到了广泛的关注与推广。二维码支付凭借时尚、便捷的客户体验，深受用户喜爱。在互联网企业中，有微信支付等；在商业银行中，民生银行的二维码支付业务的发展一直居于较领先的地位。中信银行也紧跟其后，推出了"异度支付"。

异度支付——中信银行

2013年6月27日，中信银行对外发布了"异度支付"产品，该产品包含二维码支付、NFC支付、全网跨行收单等子产品。其中，二维码支付作为重点产品，有效地解决了线上线下的融合问题，使得支付不再受物理网点和PC终端的限制，使客户可以随时随地完成支付操作，给客户带来了快速、便捷的体验。

二维码支付业务的主要特点包括：

（1）无卡支付，快捷优雅；

（2）一张银行卡，亲属共享消费乐趣；

（3）多卡绑定，手机选卡，不再掏钱包挑卡片；

（4）实现自助机支付业务，实现结账分流；

（5）行业场景支付应用广泛，进入门槛最低；

（6）引入时尚、创新、发展前景无限的 O2O 购物模式。

（四）服务终端的功能创新

在服务终端的功能创新方面，我国的商业银行也进行了大胆尝试，如交通银行的远程智能柜员机 iTM、汇丰银行的"流动理财"服务模式等。

远程智能柜员机 iTM——交通银行

2012 年 7 月 18 日，交通银行推出全国首台"远程智能柜员机 iTM"，实现远程智能柜面服务新模式。远程智能柜员机不仅将远程渠道与柜面服务进行了简单的优势互补，而且将银行传统的单一设备与单一柜面的服务模式转变为集约式在线服务模式，努力打造"全功能、全天候、面对面、类柜面"的微型智能网点，实现未来网点的"无人银行，有人服务"。

远程智能柜员机 iTM 具有以下五大亮点。

（1）智能协同。远程智能柜员机首创实现了原来必须在柜面有现场柜员参与完成的交易。通过实时协同技术，客户和远程银行柜员可以远程音视频和桌面共享的方式交互协同完成交易，从而实现了设备、银行远程服务人员、远程专家与客户的协同。

（2）功能全面。远程智能柜员机 iTM 可为客户提供对公对私、国际国内、本外币、金融理财等全方位金融服务。高度集成化的一体式设备具备现金存取、银行卡发卡、存折补打、身份信息采集、资料扫描、票据收纳、回单打印盖章、多媒体音视频通信、远程桌面协同等各项功能。自动化引导流程可帮助客户完成业务办理。客户仅需填写业务申请、提交相关单据，即可自助完成交易。

（3）跨越时空。远程智能柜员机可以提供全天候不间断的服务，随时提供远程视频交流和交易辅助，有效突破了传统银行营业时间的限制，实现 24 小时全天候业务处理。即使是在银行网点下班后，客户也可以通过远程智能柜员机办理原来只能在柜面上受理的业务，从而给客户提供了更大的自由度和便利性。

（4）布放灵活。除了在银行营业厅以及 24 小时自助服务区进行服务之外，远程智能柜员机可以被摆放在商业区、居民区等更加靠近客户的地方。相较于传统柜台，远程智能柜员机更加灵活、方便，不仅能让客户省去寻找银行网点以及在网点排队的麻烦，而且能够让客户获得更加个性化、专业化的服务，真正契合客户需求，有效提升交通银行为客户服务的整体能力。

（5）安全可靠。在硬件安全保障上，远程智能柜员机采用经过专业认证的自助设备，使用银行专用的通信网络进行数据传输和客户身份识别，避免他人非法代办业务，可有效保障客户的信息安全和交易服务的稳定性。此外，远程智能柜员机所在场所将提供独立的、较为私密的空间，配备严密的监控手段，保证客户在安全的环境中办理业务。

三、智能物流

智能物流，也称智慧物流。2012 年 2 月 14 日，工信部发布《"十二五"物联网发展规划》，强调推进物联网技术的研发与应用，提出在物流领域等 9 个重点领域完成一批应用示范工程的发展目标。这使得 2012 年成为我国"智能物流"建设年。

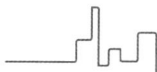

（一）智能物流的内涵与特征

1. 智能物流的内涵

目前，对于智能物流（intelligent logistics）的概念，学术界尚无统一界定。其中，具有代表性的表述有以下几种。

（1）智能物流是为实现物流"六化"（自动化、可控化、可视化、信息化、网络化、智能化）而在物流业中引入互联网、新一代信息技术与现代管理的创新形态（王之泰，2014）。

（2）智能物流是物流的智能化，在物联网被广泛应用的基础上，利用集成智能化技术，借助自动化设备和信息化系统，对物联网、自动控制、计算机与智能决策等技术进行综合运用，完成订单形成、配送、运输、仓储等物流作业环节，其突出的特点是可以独立解决物流中的某些问题（王洪艳，2013）。

2. 智能物流的特征

智能物流具有三个特征：自动化、信息化和网络化。自动化在智能物流中的应用要借助于集成智能化技术，使系统能够模仿人的智能，产生感知、思维、推理判断、学习等能力，从而自主解决在物流中遇到的某些问题。未来智能物流发展会愈加显现出"以顾客为中心"的理念，呈现出智能化、层次化与一体化、柔性化和社会化糅合的特征。智能物流将充分体现决策的智能化，以及运输、存储、包装、装卸等作业环节的一体化。

物流智能化管理是更高阶段的信息化发展成果。智能物流以互联网为基础，依托其"集中式数据处理和服务中心"，利用人工智能、数据挖掘、知识管理、决策理论和其他相关技术，对物流系统内数据进行实时处理和分析，为其日常决策、运行控制和战略决策提供支持。智能物流具有管理网络化、作业自动化、决策智能化等特点。利用智能化的物流管理，可实现物流仓库管理的准确、高效，大大减少其对物流人力的需求。

物流智能化是自动化与信息化的更高层次的应用，通过采用自动化和信息化等先进技术，可提升企业的决策能力，使其为客户提供更加便捷、快速、人性化的服务。由于物流活动需要庞大的运筹和决策系统，例如选择运输路径、确定库存水平等，利用物流智能化系统可以有效提高物流活动的决策效率。

物流智能化具体表现为智能仓储管理与运输管理。智能仓储管理利用信息系统挖掘企业的实时数据与历史数据，帮助企业领导层进行科学决策，达到仓储动态化管理、减少库存的目标。智能运输管理借助于全球定位系统、无线射频识别和地理信息系统等技术，优化控制运输全过程。例如，中外运采用由微软提供的电子表单解决方案，能够便捷地和产业链中的合作伙伴共享信息，对物流各环节进行实时跟踪和有效控制。

智能物流是一个动态的概念。现代社会中，电子信息网络技术发展迅猛，具有非常强的动态性与创新性，由其带来的"智能"也不断变化。物流本身也具有动态性，物流的"智能"注定要适应其动态性要求。动态性可以说是智能物流的本质特征。因此，智能物流与其他形式物流的显著区别在于，智能物流没有固定的模式。

智能物流不只是技术问题，也是一个综合、系统的概念。目前人们主要在技术层面认识智能物流，特别是在信息技术的应用层面。物流系统有很大的跨度，技术虽然在其中起到重要作用，但同时也离不开系统的组织、整合、运作与管理。

智能物流追求的不仅仅是具有带动、带头作用的行业，更重要的是成为具有普世性的行业。物流领域极广，除关系到国民经济的各个方面外，也反映在其产业本身行业的多元化，而该产业中的众多行业发展却参差不齐。在发展初期就轻易地使整个物流领域发展成"智能物流"并不现实，这需要由具有带头、带动作用并能实现智能物流的领头羊率先探索发展，积累经验。

实现智能化物流，需要具备几项关键技术：①信息采集，涉及传感器技术、电子标签读写和数据处理技术等；②移动通信，方便实时跟踪物流系统；③数据管理，为实现物流运输系统的调度与优化，对在物流运输过程中产生的大量数据进行管理；④智能交通，缩短货物运送时间，减少货物运输成本，实时了解货物运输状态。此外，物流系统中基于商业智能的决策支持

技术、现代供应链管理技术、电子商务技术和人工智能技术等也不可或缺。

（二）发展智能物流的必要性

作为智能物流发展的基石，智能技术在我国物流领域的创新应用将极大地带动行业发展，进一步推动我国物流业的变革。未来需加快智能物流服务体系建设，加强物流要素与资源整合，促进物流业和相关产业融合，推进城乡和区域智能物流协调发展，构建应急智能物流体系，统筹国内与国际智能物流发展，健全智能物流市场体系与物流管理体制。

（1）实现物流管理自动化。实现供应链管理智能化是智能物流的未来发展趋势。不同于传统物流仓储型企业的"苦力"物流，物流自动化可实现作业的高效便捷。基于对海量物流数据的分析，在企业内部决策中应用智能处理技术，对物流客户的要求、库存商品和物流智能仿真等做出决策，达到物流管理自动化（数据获取、自主分类等）的目标。

（2）增强物流企业决策的科学性。智能技术在物流管理的优化、预测、建模仿真、决策支持以及全球化等方面的应用，使物流企业决策更加科学、准确。

（3）降低物流仓储成本。通过智能获取技术，物流从被动转向主动，实现全程主动获取信息、分析物流信息、监控货物与物流，从源头监控物流管理，实现信息流快于实物流。

（4）在提升物流服务质量的同时提升客户满意度，提高物流响应速度，紧密结合物流供应链各环节。

（三）我国智能物流的发展现状及问题

虽然经历了几十年的发展，我国物流业仍是处于成长期的年轻行业，在国民经济中有重要作用，但与国外相比仍有巨大差距。作为智能新技术在物流领域的创新应用，智能物流对我国物流行业的发展起着极大的推动作用。智能物流将快速发展的现代信息技术运用于行业中，拓宽了整个物流业的视野，带动了中国物流业的变革。近年来国家政策扶植力度加大，陆续投入一些重点建设项目。作为物流智能化的核心技术，物联网成为我国下一阶段重点扶植的战略性新兴产业之一。在获得国家政策支持的同时，完成关键技术攻关，必将促进智能物流的发展，使之成为我国物流产业发展的一股新力量。

1. 发展状况

伴随我国经济的快速发展，我国物流业迎来增长黄金期。但也应注意到，当前我国物流公司超过 50 万家，庞大的数量带来了突出的结构性问题，例如自动化程度低、价格竞争过度、服务功能单一、核心竞争力缺乏等。

我国全社会物流成本以及占 GDP 比重如表 6.3 所示。2010—2014 年的五年间，我国全社会物流成本逐年递增，体现出我国经济总体形势良好，物流业增长较快。同时，物流智能化程度与管理水平不断提高，智能物流产业快速增长，我国全社会物流成本占 GDP 的比重减少了 1.4 个百分点。

表 6.3　我国全社会物流成本以及占 GDP 比重

年　份	GDP/万亿元	物流成本/万亿元	物流成本占GDP比重/%
2010	39.79	7.16	18.0
2011	47.15	8.40	17.8
2012	53.4	9.4	18.0
2013	58.8	10.2	18.0
2014	63.6	10.6	16.6

我国智能物流总体表现出以下几个特征。

（1）初步完善智能物流基础设施。随着我国经济发展的需要，国内基础设施建设力度大幅增加。在此背景下，智能物流的基础设施建设已初具规模，多个省市已建立较为完善的智能物流系统。

（2）智能物流产业持续增长。改革开放以来，我国经济保持快速增长，物流需求日益旺盛。预计国内经济在未来十几年内，将总体保持中高速的增长速度，工业化进程将进一步推动物流业发展。

（3）企业作为经济主体，其智能物流将逐渐成为国家物流活动的重点。近年来，国外企业较为成熟的物流信息化，成为提升企业物流效益的重要因素。与之相较，国内企业物流信息化尚处于起步阶段，发展缓慢。由此可见，我国物流活动的发展水平有待提升，全社会物流活动的重点是加强企业内部的物流管理活动。

（4）专业化物流企业初现端倪。经济全球化带来专业化的物流服务需求，专业化物流发展势头迅猛。传统物流企业（仓储、运输、货代）已逐步转型为现代物流企业，具有多种服务模式和多种所有制。转型的物流企业、国际物流企业、新兴的专业化物流企业，因其经营理念先进、管理方式科学和服务手段多样化，在市场竞争中占据一定的优势，这使得物流智能化愈加受到推广和应用。

（5）物流发展区域性不均衡的态势明显。我国东西部地区地域和生产力发展水平的差异，导致经济发展不平衡，区域间差异明显。物流业在珠三角、长三角地区率先发展，在中西部地区和环渤海地区也开始陆续发展。在经济发达的东部沿海地区，基础设施较为完善，物流发展水平相对较高；但在经济不发达的中西部地区，物流产业却发展缓慢。

2．智能物流建设存在的主要问题

（1）智能物流的基础设施需要完善。物流设施的好坏对物流技术水平的高低有着重要影响。作为现代化企业的主要作业工具之一，智能物流设施是其开展物流任务的基础。目前物流设备自动化程度低，多为手工操作，存储装卸设备机械化程度不高；物流设施没有统一标准，彼此之间衔接配套程度低；物流基础设施投入缺乏多样性；因对物流设备作用的认识不足，部分物流企业在系统设计规划时存在盲目性。因此，我国智能物流设施亟待提高自动化水平、信息化程度以及工作效率。

（2）智能物流管理平台有待形成。在物联网时代，任何物品都能变为联网对象。在联网后，信息传输量与信息处理量庞大，必须建立物流信息管理平台，跟踪掌握物品状态。平台既要能够支持企业对物流信息、在线交易的需求，又要能够支持政府有关部门对物流信息的需求。

（3）智能物流的隐私与安全问题难以保障。建成后的物联网将涉及广泛的领域，其中一些领域可能涉及商业机密，甚至是国家战略、基础建设以及军事信息，要对这些重要信息做好保护工作。与此同时，作为物联网的一种关键技术，RFID 标签可让操作者远程扫描任意一个标签的标识信息，命令标签对阅读器的指令不加区别、自动回应，并将信息传输给阅读器。因此，各种随身携带的电子标签很容易在不知不觉中被他人追踪、定位，个人隐私会轻易受到恶意侵犯。假如不法分子获取了这些信息，将会导致非常严重的后果。

（4）智能物流的管理体制建设落后。我国物流行业落后的管理体制，严重制约着我国物流行业的发展。物流企业有效管理技术的缺乏以及其信息化程度的低下，都将导致物流企业不能提供安全、高效、可靠、全面的物流服务。要想得到快速发展，物流行业需要采用先进的信息技术，运用信息化的手段以及科技含量高的物流设备，才能显著地提升企业管理能力和配送能力。

（5）缺乏相关政策法规支持。智能物流的发展不仅需要各种信息技术的支撑，而且需要每个企业和整个物流行业的资源整合及齐心协作。就目前的情况来说，我国的相关政策法规还不能满足上述要求。公共政策虽能对物流企业经营产生很大的影响，但是也会成为一种公共限制。在印度，政府推行的 IT 技术占据市场，这并非是利用其本身扩散，而是通过一些强制性的政府项目。在美国，政府也是强制企业应用和推广 RFID 技术。由此可见，应用一项新的 IT 技术，需要由政府自上而下地进行强制管制，才会有较好的执行效果。

（6）经营规模小、服务质量差和管理水平低。与诸多的国际大公司相比，我国物流企业特点突出：起步晚、规模小、物流设施分散、客户满意度低。行业内企业缺乏整合，导致无法真正建立运输网络和公司品牌，难以形成明显的集约化优势和规模效应。同时，物流企业也存在经营管理水平较低的问题。企业缺乏必要的内部管理章程和服务规范，使用粗放式的经营管理，也就很难为客户提供规范化的物流服务。

（7）缺乏专业的物流人才。在物流研究和物流高等教育方面，我国起步较晚，当前培养的人才数量与物流行业的需求量相差甚远。有关资料显示，我国所列的 12 类急缺人才的行业中就包括物流。当前，物流企业从业人员学历不高、接受和学习新鲜事物的能力不强等问题突出。物流人才（特别是高级物流管理人才）的严重匮乏，是制约物流业快速发展的根本原因。

（四）智能物流的建设原则

我国智能物流的建设应遵循以下四项基本原则。

1. 确立智能物流的全球与公共视野

伴随经济全球化的发展，全球采购、生产、消费、流通成为一种必然趋势，现代物流业逐渐成为朝阳产业。谈及智能物流，必须说到两个视野：全球视野与公共视野。在全球视野中，世界是平的，商品、信息、资金、技术在全球自由流动。智能物流作为智能地球和智能城市的一个组成部分和子系统，是全球的共同目标。因此，要从全球的范围观察和研究智能物流。从公共视野看到的智能物流要着眼于公共利益，而不是仅为单个企业追求利润。企业运用智能物流是公共智能物流的体现。因此，智能物流要在全国、全行业"下一盘棋"，打破条块分割、地区封锁，不能只靠企业的"单打独斗"。

2. 让智能物流融入智能城市

一个城市应当把智能城市置于优先发展的位置。城市居民的日常生活，城市内夜以继日的生产与建设，都离不开物流。若物流市场不规范、运作不集约，物流成本就会居高不下，人们的生活品质就会下降。因此，在《物流业调整和振兴规划》中，城市配送被列为"九大工程"的重要一项。商务部、财政部于 2012 年在全国 9 个城市建立现代物流技术运用与共同配送试点，2013 年又增加了 15 个城市。随后交通部等七部委联合发布《关于加强和改进城市配送管理工作的意见》，提出智能物流在智能城市的运作中要有三个方面的突破：运输装备、共同配送和交通管理。

3．智能物流要夯实技术基础

智能物流离不开移动物联网、互联网、大数据和云计算。因此，信息技术研发与运用是最关键的部分。2009 年，国务院发布《物流业调整和振兴规划》，提出包括"物流科技攻关工程"和"物流公共信息平台工程"在内的9 项重点工程，明确下一步要发展无线射频识别、电子数据交换（electronic data interchange，EDI）、地理信息系统等技术，加强推进物流信息化与智能化建设。2012 年，工信部印发《物联网"十二五"发展规划》。2013 年 2 月，国务院办公厅印发《关于推进物联网有序健康发展的指导意见》，明确提出建立健全部门、行业、区域、军地之间的物联网发展统筹协调机制。同年 8 月，国务院再次发布《关于促进信息消费扩大内需的若干意见》，进一步明确要促进信息技术研发、信息产品消费，完善智能物流基础设施建设，加快实施智能物流工程的要求。以上均为智能物流的发展夯实了基础。

4．智能物流向智能供应链延伸

物流发展的趋势是实现供应链管理，这也是所有实体经济发展的趋势，是转变经济发展方式的关键。因此，智能物流必须向智能供应链延伸，采用信息技术，一体化运作物流、商流、资金流、信息流，使个人、企业、市场、行业能够联结在一起，最终达到智能化管理与智能化生活的目标。

（五）智能物流的建设途径

1．建立健全政策、法规保障，大力支持智能物流发展

（1）确立物流产业政策、立法。政府要有前瞻性，为保障智能物流稳步发展，需及时制定符合产业发展的政策法规。在重点项目上，政府要给予政策和资金方面的大力支持；鼓励企业采用新技术、新手段提高效率，必要时对某些关键技术应强制推行应用；系统地改善落后基础设施，合理规划，避免重复建设。

（2）制定完善法律法规。物流企业利用物联网技术发展智能化，要先考虑物联网的安全问题。由于目前对物联网的应用不够成熟，安全问题日益显

现，除用技术手段解决某些技术安全问题外，更需要法律帮助管制。政府相关部门要根据物联网的特殊性，不断建立健全安全机制，以保证物联网在物流业的安全实施。

（3）大力加强宣传。政府可利用广播、报纸、电视、网络等媒体工具，对物流企业和科研机构进行物联网的宣传普及工作，推动其应用与推广。同时，也要加强公众的道德意识，使其不违法侵犯他人隐私，做知法、懂法、守法、护法的好公民。

2. 构建公共物流信息平台，整合政府、企业和社会资源

公共物流信息平台的建立与标准的统一是实现智能物流产业化的基础。数据中心的建设是发展智能物流的一个关键点，应以数据的采集和分析为推动力，完成物流业的产业升级。物流信息平台的搭建，能进一步统筹布局智能物流基础设施建设，实现智能调配物流，从而降低成本，提高效率。这也给政府的制度创新提供了一个平台，可以满足政府有关管理部门的需要。一方面，物流信息平台能汇集众多物流企业的信息系统，为政府提供大量物流信息；另一方面，可与政府职能部门（如银行、审计、税务、工商、交通等）的信息系统进行连接。所有的平台信息都将透明化，可以在很大程度上降低人为因素的干扰。同时，根据平台信息化要求，政府可不断优化工作流程，提升工作效率。平台也可以满足物流企业的需要。中小型的物流企业利用平台可减少昂贵的软硬件设施的购置，从而节省人力、物力和财力支出；企业可更加专注核心业务的发展，促进核心竞争力和客户满意度的提升。公共物流信息平台如图 6.6 所示。其中，应用系统层通过对拓展层、业务层和基础应用层的管理，对基础模块进行组合，使得平台可以提供信息服务、交易服务、增值服务、托管服务等各种服务；而平台中的用户可利用门户网站、呼叫中心、移动终端等获取服务（龚关，2013）。

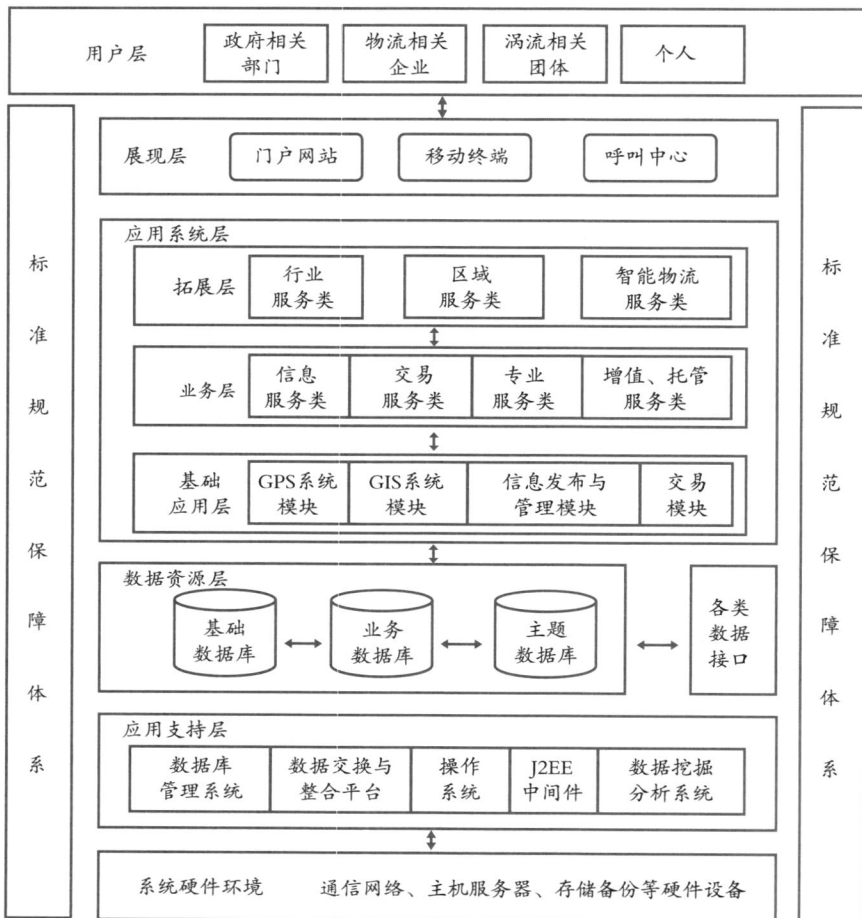

图 6.6　公共物流信息平台

3. 构建企业的智能供应链

随着经济全球化的推进，企业之间的竞争将成为供应链与供应链之间的竞争，这要求企业的采购、生产、物流与销售系统进一步提升。面对大量的个性化需求与订单，企业经常会遇到能否准确预测客户需求等问题，这就要求智能供应链和智能物流的后勤保障网络系统提供支持。在物流业中应用物联网，将进一步融合智能生产与智能供应链。供应链各方均可按照预定权限

和流程行事，企业的物流能够无缝联结信息流，完全智能地融入企业经营，既能分工协作，又能相对独立。传感器网络与 RFID 技术的普及，以及物与物的互联互通，将为企业的采购、生产、物流与销售四个系统的智能融合奠定基础。网络的融合也将促进智能生产与智能供应链融合，突破工序与流程的界限，打造智能企业。

4. 建立产品的智能可追溯网络系统

在 RFID 等技术的发展与政策的支持下，产品的智能可追溯网络系统建立条件日臻成熟，应当全面加快推进其建设。目前它已被成功应用于食品、医药、烟草、农产品等领域和行业，被积极有效地应用于对货物的查询、识别、追踪、信息采集与管理等方面，为安全供应食品、药品提供了稳定的物流保障。

5. 可视化智能管理物流过程

各种传感器以及传感器网关构成了物联网的感知层，包括各类传感器、RFID 标签和读写器、二维码标签、摄像头等，主要功能是识别物体、采集信息。感知层的工作过程详见第 5 章第 2 节。

6. 物流配送管理全自动化

物流配送管理全自动化，通过搭建配送中心，结合传感、RFID、光、电、声、机、移动计算等先进科学技术，进行智能控制和自动化操作，实现对“四流”（即物流、信息流、商流、资金流）的全面管理。目前在货物拆卸与码垛中，已有配送中心能够利用码垛机器人、激光或电磁无人搬运车完成物料搬运，并实现输送分拣线作业自动化和堆垛机操作出入库自动化，完全实现了物流配送作业全过程的自动化和智能化。

7. 实现物流运作的敏捷化和集成化

有线和无线通信网、私有网络和互联网、网络管理系统及云计算平台等组成了物联网的网络层。在物流作业中，各节点企业的反应要敏捷快速，各流程之间才能相互协调，实现无缝对接。利用网络通信技术，可以把不同状态的物品接入物联网，实现物流运作的敏捷化和集成化。

8. 实现物流运作的自动化和智能化

复杂庞大的现代化物流系统不仅包括物流，而且包含了信息流和资金流。ERP、自动控制等智能技术，能够帮助物流企业实现自动化和准时化生产；数据挖掘、智能调度等核心技术，能够在社会物流运输系统中实现智能化运输和调度；自动控制、智能信息管理系统、移动计算和数据挖掘、人工智能等技术，能够把传统的仓储中心升级成智能物流中心；数据挖掘、云计算和智能计算等技术，能够实现供应链管理的智能化。

目前我国物流业的整体发展水平不高，在积极推进物流现代化的过程中，不能急于求成。物流企业可以通过对物流资源进行信息化优化调度与配置，以降低物流成本。我国物流产业的不断发展，逐渐显示出物流过程的复杂性。物流资源优化配置难度越来越高，流通环节的联合调度和管理也面临越来越复杂的问题。只有从物流企业到整个物流网络实现信息化、智能化，物流行业才能得到长远发展。

四、跨境电子商务

2014 年，我国电子商务交易规模实现 13.4 万亿元，与 2013 年相比增长了 31.4%。跨境电商交易达到 4.2 万亿元，增长 33.3%，进口占比实现增长 14.6%，出口增长 85.4%。网络零售市场交易达到 2.82 万亿元，比 2013 年增长 49.7%。从跨境电商的交易模式中发现，B2C 交易模式仅占 6.5%，而 B2B 交易占 93.5%。

电子商务交易额之所以能够快速增加，网络普及率和网络购物人数的不断增加是最主要的原因。2014 年，我国网民人数实现新增 3 117 万，截至 2014 年年底，总数超过 6.49 亿。互联网普及率比 2013 年提升了 2.1%，占比达到 47.9%；网络购物总人数超过 3.8 亿人，比 2013 年提升了 21.8%。

跨境电子商务将是未来贸易发展的趋势，国家非常重视这次机遇，先后制定了诸多政策来推动该产业在国内的发展。2012 年，工信部公布的《电子商务"十二五"规划》中提到，把促进跨境电子商务协同发展作为重点任务。商务部也出台了《关于利用电子商务平台开展对外贸易的若干意见》，强调提供政策支持，营造良好的贸易环境，推动跨境电商平台的成长。同年，我国设立了五个首批跨境电子商务的试点城市：上海、重庆、杭州、宁波和郑州。随后，国家发改委联合海关总署、财政部等相关部门于 2013 年 4 月发布了《关于进一步促进电子商务健康快速发展有关工作的通知》。2013 年 7 月，海关总署发布《关于跨境贸易电子商务进出境货物、物品有关监管事宜的公告》，提出做好跨境贸易电子商务进出境货物、物品的监管工作，促进电子商务健康发展。2013 年 8 月，商务部等部门联合出台《关于实施支持跨境电子商务零售出口有关政策意见的通知》，提出了建立新型海关监管模式、建立电子商务出口检验监管模式、建立出口信用体系等七项支持政策。

（一）跨境电子商务的内涵

跨境电子商务（cross-border electronic commerce）是指在不同国家或地区的交易双方可以基于互联网及有关信息平台，使用快递或者邮件通关的一种新型国际贸易形式。跨境电子商务具有数额小、次数多、速度快等特点，是一种高级的电子商务的应用模式。

跨境电子商务与外贸企业电子商务有着明显的区别：跨境电子商务会更多地涉及境内贸易，一般不会遇到在线通关、检验检疫、退税、结汇等特殊业务。在风险控制、安全性等方面，两者也存在明显的差异。跟外贸企业电子商务相比，一般而言，跨境电子商务的交易全程在线上完成。而信息沟通、营销宣传等因素则限制了外贸企业电子商务发展，其进出口业务的后续环节依然需要在线下进行。

（二）跨境电子商务兴起的原因

1. 全球经济危机是跨境电子商务发展的推动力

由美国次贷危机引发的金融危机使得全球经济暂别高速增长，国际市场的需求也因萎靡的世界经济而缩减许多，这对于外贸企业而言是严重的打击。但是，在一定程度上，危机也是转机。具有批量少、批次多、发货速度快等特点的外贸订单需求正逐渐取代过去"集装箱"式的外贸大额交易，这给跨境电子商务提供了生存和发展的契机。以中小进口商为代表的传统贸易进口商，遇到资金链紧张和市场需求困乏的问题时，为了分散风险，会将大额采购分割为中小额采购、短期采购、长期采购等。因此，跨境小额批发及零售业务以在线交易为核心，凭借便捷、及时服务的优势，得到了良好的发展。

2. 发展跨境电子商务是未来竞争的制高点

发展跨境电子商务对我国经济转变发展方式和促进结构转型具有非常重要的意义。在全球经济不景气的背景下，中小企业利用跨境电子商务，能够解决成本降低、结汇退税等普遍存在的问题。作为促销手段的电子商务，具有多样化的优势，如检索商品智能化、海量商品信息库、口碑聚集消费需求、个性化广告推送、支付方式简便。它面对的是全球200多个国家和地区，有着巨大的市场潜力，能够"直线化"中间环节，节省了巨额的中介费用。

3. 国内外电子商务的快速发展给跨境电子商务提供了经验和条件

跨境电子商务是在不同国家或地区的客户之间进行的，而国内电子商务则仅发生在中国境内。两者在地域和形式上虽然有些不同，但电子商务的模式有着相同的本质。国内电子商务相对于跨境电子商务，扮演着先行者的角色，后者可以直接借鉴应用前者的发展经验和模式。同时，各国消费者不断接触互联网和电子商务，渐渐消除了消费观念上的障碍，不再产生陌生和排斥的心理。另外，信息可以在各国间更加方便、快捷地流通，使得人们能够很容易地在互联网上对全球商品进行查询、筛选和购买，这也成为跨境电子商务能够得以发展的一个重要因素。

4. 我国已初步形成跨境电子商务外销体系

我国跨境电子商务发展到今天，逐渐形成了一个模式清晰的外销体系：

营销—交易—支付—物流—金融服务。跨境电子商务的低门槛是传统贸易方式所不具有的优势。卖家先在国内筛选需要的产品和合适的进货渠道，然后在诸如 eBay 等国际电子商务信息平台上与国外的买家取得联系，把商品卖出，此后选择 PayPal 等第三方国际支付平台进行支付，最后联系跨境快递公司完成相应的物流运输。电子商务的不断拓展，一点一点地解决了搭建跨境交易平台在技术上的难题。国内企业之间的电子商务（B2B）和企业与消费者之间的网购（B2C）相比，除了存在国际性的关联，在整个操作流程上并没有太多差异。

跨境电子商务发展的关键是跨境电子商务平台及跨境物流配送。目前，eBay 中国、敦煌网、阿里巴巴"全球速卖通"、环球资源网等具有跨境商务市场信息功能的平台，可以实现在线的小额跨境外贸交易。跨境物流的产生和发展得益于跨境电子商务的发展。兼顾速度、成本、安全、售后等内容的物流服务产品也随即产生。这对跨境电子商务的发展有一定程度的加速作用。

5. 跨境电子商务减少了中间环节，带来了更为丰厚的利润空间

电子商务是信息技术与商务活动最优结合的产物。高效地获取信息，有效地整合企业资源，及时便捷地与客户沟通，都有利于企业提高运营效率、降低运营成本、扩大利润空间。另外，与尚处初级阶段的国内电子商务不同的是，欧美发达国家有着相当成熟的电子商务环境，众多的在线交易企业为国内外贸企业的电子商务提供了良好的用户环境。跨境电子商务也能够适当地减免传统进出口业务流程中存在的繁杂环节和费用支出。在线支付工具的流行和跨境快递渠道的不断完善，既避免了传统国际贸易的部分中间环节，也为跨境电商创造了丰厚的利润。

在过去几年内，虽然中国外贸出口的增长速度不到 10%，但跨境贸易电子商务表现出了强劲的发展态势。跨境电商交易额在 2012 年成功超过 2 万亿元，同比增长 25%。中小制造企业利用跨境贸易电子商务在海外进行直销，利润空间可以由原先大宗采购的 5%～10% 提高到 30%～40%（刘娟，2012）。

在传统外贸模式中，国内商品在到达境外消费者手中之前，要经历 6 个

环节：国内工厂、国内贸易商、目的国进口商、目的国分销商、目的国零售商、目的国消费者。贸易信息化打破并分散了传统的贸易主体，越来越拉近出口商与目标客户的距离。不管是阿里巴巴的B2B方式，还是速卖通、敦煌网的方式，都可以使商家更加接近客户，大幅缩短供应链。国内商家直接面向海外消费者，能大幅提升利润；同时海外消费者也能买到更称心的商品。像巴西、乌克兰、俄罗斯这类新兴国家，商品丰富度欠缺，本地电子商务也未成熟，无法满足本国消费者的需求。跨境电子商务交易平台刚好补充了新兴国家的市场空缺，为其消费者提供了更多的购物渠道。

跨境电子商务凸显务实性。国内电商为抢占市场，倾向于打价格战；而欧美的成熟企业则倾向于完善客户服务，这就避免了因价格战造成恶性循环的不良后果。

在传统的外贸跨境电子商务中，普遍认同"走出去"的只有标准化产品；而近年来像沙滩摩托车、汽艇等中国制造的大型器材也同样能够走出国门。国内企业根据国外顾客的要求定制产品，因其具有款式新颖、服务周到的特点，可以满足海外大量的市场需求。

由于欧美等国家呈现制造业空心化的趋势，中国逐渐成为全球最大的制造业基地，全球采购商对中国产品有了越来越强的采购意愿。经济危机后全球经济持续低迷，国外大额交易订单量持续走低，而跨境电子商务卖家以其小额交易、灵活多变、成本低廉和风险小的特点吸引了海外的大量买家。

（三）我国跨境电子商务的发展现状

近年来，我国跨境电子商务得到了迅速的发展（见表6.4）。2014年，我国跨境电子商务交易规模达到4.2万亿元，几乎是2010年的4倍。五年内，交易规模的同比增长率基本保持在20%以上，甚至在2011年和2013年达到50%及以上的水平。这标志着我国跨境电子商务正处于上升的发展态势。

经济全球化、互联网普及和跨境电子商务成为推动我国外贸增长的重要力量。我国政府高度重视这些机遇，国务院多次对跨境电子商务的工作提出重要指示意见，并责成海关总署牵头加快开展跨境电子商务试点。2012年2月，上

表 6.4 2010—2014 年我国跨境电子商务交易规模①

指标	2010年	2011年	2012年	2013年	2014年
交易规模 / 万亿元	1.1	1.7	2.1	3.15	4.2
同比增长率 / %	—	54.5	23.5	50.0	33.3

海、重庆、杭州、宁波和郑州成为国家首批跨境电子商务试点城市，标志着我国的跨境电子商务发展进入了一个新的阶段。2013 年 7 月，跨境电子商务试点城市之一——杭州市的跨境电子商务服务平台正式上线，为企业打开了"先行先试"政策红利大门。

我国跨境电子商务目前由萌芽期步入了快速生长期，电子商务的黄金时代已经到来。电子商务作为我国新一轮的战略性产业，注定会成为跨境贸易未来的主要趋势。在我国数量众多的跨境电子商务平台中，已经有一批企业走在了前头，例如敦煌网、递四方、一达通。它们有着相似的战略目标：利用新的独立 B2C 交易平台，直接对接中国企业和国外消费者，在欧美发达的电子商务市场中利用较低的成本优势进行市场营销，最终建立自己的零售与批发体系。敦煌网是中国最早开始跨境电子商务的企业，从 2011 年开始持续赢利，在 2013 年首次尝试跨境电商大额交易时取得了成功。2010 年上线的速卖通，利用三年时间实现了覆盖 220 多个国家和地区的海外买家的壮举，成功搭建了面向海外的国际购物平台。淘宝网尝试与雅虎日本（Yahoo! Japan）一起进行跨境 B2C 业务，许可国内卖家在雅虎日本网站上销售商品。这次合作标志着淘宝迈出了与中华文化空间之外消费者接触的第一步。

我国设立跨境电子商务试点，不仅使从事跨境电子商务的小微企业能够获得直接便利，而且使消费者间接感受到服务的快捷。此外，有业内人士分析认为，电子商务在跨境贸易等相关政策法规试点完善后将会获得更健康的发展态势，电子支付产业和电子商务平台运营商有望获得机遇。电子认证、现代物流、电子支付、信用体系、标准体系组成了电子商务的支撑体系，它们都受益于电子商务的发展。央行陆续公布了《非金融机构支付服务管理办

① 数据来源：中国电子商务研究中心。

法》和《非金融机构支付服务管理办法实施细则》，提出了第三方支付牌照的发放问题，这预示着电子支付产业将要呈现出爆发式的增长趋势。另一方面，虽然我国电子商务渗透率目前只有 10 个百分点的占比，但艾瑞咨询预测电子商务交易规模在未来三年内年均增速将达到 30%。这不仅预示着电子商务平台运营商将有更可观的业绩弹性，而且也意味着电子商务对零售业务具有积极的推动作用。

（四）我国跨境电子商务发展面临的难题

虽然跨境电子商务有着快速的发展势头，但是在通关、结汇、退税时，经常因交易频次高、种类多、以邮件方式通关、单次交易体量小的特点遇到问题。这需要国家在服务管理方面有所创新，例如连通性和技术基础设施、社会和文化环境、商务环境、政府政策和愿景、消费者和企业接受度以及法律环境等。海关的监管工作也面临着跨境邮件数量大增的挑战。搭建跨境电子商务交易平台在技术上不再是个难题，但是在法律、信用、支付、语言体系等方面依然存在障碍，迫切需要建立法律和信用保障体系。面对以上难题，主要有以下几个应对措施。①建立电子商务法律体系。当今国际贸易的法律不健全，法律的制定远远滞后于信息技术及信息产业的发展。②建立电子商务信用管理体系。除了具备传统商务活动的风险，电子商务还有低成本、高开放性、高效率、全球性等特点。③实现支付全球化。现在施行的支付方式大多局限于东道国内，真正做到全球化支付的只有少数企业。

1. 通关仍是跨境电子商务交易的最大壁垒

货物不同于信息，后者可以通过互联网畅通无阻地流动，而前者受到国界和海关的限制。基于一个国家框架下的行为准则，进出口货物通关是跨境电子商务不可跳过的壁垒。跨境电子商务以小额交易为主，利用物流公司通关，不用像大额外贸出口那样报关。但是跨境电子商务的大额交易逐渐增多，超过海关规定的进出口货物就要进行报关，增加的手续和开支会制约贸易额和贸易量。为了解决这一难题，商务部、海关总署、国家邮政局等部门

需要共同制定新的跨境电商贸易通关的管理制度和标准规范，以促进跨境电子商务的健康发展。

从全球来看，大多数国家（地区）没有实现个人小额进口税制的系统化管理，国家（地区）的通关管理会受到通关人员业务能力等主观因素的影响。个人小额进出口货物的管理对于海关来说存在两难问题：完全放开会影响海关监控，容易给国家造成损失；严厉管制会阻碍产业的发展，容易产生非法的地下交易。如何在国际框架下实现小额跨境电子商务贸易商与消费者之间的方便快捷的交易，是在建立健全新小额进口税制时所需要考虑的关键问题。

2．跨境电子商务物流业发展明显滞后

电子商务与传统商务相比，有着高效、便捷等优点。线上商品交易与线下货物配送需要相互协调发展，例如淘宝与境内 EMS、顺丰、韵达、圆通等快递公司的相互合作，显著地提高了国内电子商务交易的质量。但是，当前的物流运输渠道却不能满足跨境电子商务的需求。跨境电子商务物流企业不仅要考虑价格优势，还要考虑服务品质与服务内容。因为在跨境电子商务交易中，对于买家来说，物流的及时性和安全性是其考虑的重要方面，这会直接影响买家对卖家的评价，间接决定了卖家的销售业绩。

国内敦煌网、速卖通、环球资源等平台主要选择速度慢但价格便宜的 EMS，而海外顾客主要使用速度快但价格昂贵的 DHL、UPS 、FedEx 等国际快递公司。在此背景下，提高物流运输速度并降低运营成本是我国跨境电子商务进军国外市场的关键所在。

3．跨境电子商务交易信用问题凸显

在跨境电子商务发展初期，由我国传统工厂和内贸企业转型经营的跨境电子商务，主要依靠仿制商品和低廉的价格吸引国外客户。随着国际社会对商品专利的保护日益加强，继续提供仿制品会降低客户的依赖度，并有损品牌价值和公信力。电子商务具有网络虚拟性和开放性的特点，难以确定参与者的信用问题。《2010 年中国网络购物安全报告》中提到，受到虚假网络信

息侵害的在线消费者数量达到了 1 亿人次，涉案金额超过 150 亿元。其他调查报告也指出，在有行为能力但并不选择网购的调查参与者中，超过八成是因为担心信用及安全问题。信用问题不仅波及了国内电子商务，而且也严重影响了跨境电子商务。国内的假冒伪劣产品毒害了跨境电子商务的发展，海关查获扣留的仿冒产品也数不胜数。某些外贸电子商务网站的信用欺诈，更使得跨境电子商务信用问题雪上加霜。

跨境电子商务比国内电子商务更加需要健全完善的信用体制来规范复杂的交易环境。在现实生活中，由于各国（地区）实行不同的法律法规且国际上尚未建立统一规范的信用标准，各国（地区）的信用管理体系在跨境电子商务领域不能起到很好的协调作用。与欧盟和美国相比，我国的企业信用管理机制显得非常落后。当前国内使用"信星计划"作为第三方信用管理平台来培养国内中小企业的信用意识，其作用机制是通过互联网发布企业的基本信用信息，并以指数方式表示信息的质与量。然而，跨境电子商务信用体系是系统的、非独立的，它需要全球范围内的有关政府和组织一起制定行业规范，完善认证体系。

4. 电子结算和外汇结汇问题

一直以来，外贸结算和结汇面临流程烦琐、收款成本高等难题。因为跨境电子商务交易的特殊性，有的国外客户故意拒付甚至恶意欺诈，这是跨境电子商务面临的最重要的风险难题。因此，要发展跨境电子商务业务，必须认真研究如何运用电子支付工具，安全高效地收取货款。在首届海外贸易联合会年会上，快钱发布了针对跨境电子商务的国际收汇解决方案。快钱不仅支持 VISA、Master Card、American Express、JCB 等国际卡支付，而且与全球最大的跨境汇款机构——西联汇款合作，提供一体化结汇服务。这项方案在很大程度上解决了结汇流程烦琐和信用违规风险的问题，为跨境电子商务的发展提供了光明的发展前景。

（五）我国跨境电子商务未来发展建议

1. 加强政府部门间的国际合作，完善相关法律法规

跨境贸易是基于个人、企业、国家的多层次、多方面的交易，其中国家（政府）的支持是推动外贸发展的重要力量。中国市场正逐渐成为全球电子商务跨境交易的第一市场，因此，国内的法律制定、行业监管和消费者保护日益迫切起来。在这种情况下，我国政府各部门要联合协作，创新升级目前的监管方式，保护消费者的正当权益。同时，政府部门也要扶持跨境支付平台的建设，共同促进各国（地区）电子商务的健康快速发展。

2. 创新海关通关监管模式，促进跨境电子商务有序发展

海关总署应遵循电子商务规律，发挥电子商务全程数据留痕、可追溯的特性，改革通关监管模式，创新理念和方法，支持和促进跨境电子商务健康、快速、有序发展。跨境电子商务数据留痕，可以方便海关进行数据追溯，能够帮助海关简化报关流程，实现分类通关。海关搭建电子口岸平台，可以加强与电商企业、政府部门的信息共享。这样既可以实现与电商、物流、支付企业的高效对接，也可以简化进出口企业出口退税、结汇等手续。海关利用信息共享，可以建立一般出口、特殊区域出口、直购进口和网购保税进口等多种新型海关通关监管模式。

3. 完善跨境电子商务服务平台，创新跨境流通模式

培育专业的外贸电子商务运营商，是跨境电子商务发展的关键因素。电子商务运营商要不断适应市场，完善电子商务服务平台的系统建设。电子商务的发展趋势不仅仅是单纯地提供信息，更多的是发展专业化、一体化和全程化的特点。传统"黄页式"的信息平台逐渐向综合性交易平台转型，包含海外推广、交易支持、在线物流、在线支付、售后服务、信用体系和纠纷处理等多项服务。跨境电商的模式和制度需要不断创新，综合交易平台、物流平台和信用平台的不同作用，最终推动电商的供应链发展。

4. 提升跨境物流配送效率和质量，配套服务跨境电子商务

目前，国际小包和快递、海外仓储、聚集后规模运输都是跨境物流的主要方式。跨境物流下一步应该加强资源整合，提升处理仓储、库存、订单、配送的效率，提高服务质量，更好地配合跨境电子商务的发展。

5. 建立和维护好"中国制造"的信誉，提升中国产品的整体形象

信誉，是电子商务企业的立身之本。企业经营跨境电子商务要杜绝生产假冒伪劣产品，抓好自身产品的质量，在条件允许的情况下请第三方担保企业的产品。只有提供优质的商品服务，才能赢得消费者的好评，提升企业自身的信誉，实现营业额和市场占有率的增长。在实际操作中，敦煌网在银行的合作帮助下，成功推出在线小额信贷服务：银行在不与企业接触、不经抵押环节的条件下，根据企业在线交易的信用记录就可以向中小企业甚至是微小企业提供流动资金贷款的服务。它不仅有效地解决了中小企业的信用体系不完善的问题，而且也解决了中小企业长期面临的融资难问题。

跨境电商的发展，将实现我们从"中国制造"向"中国创造"和"中国品牌"转型的目标。未来跨境电商的发展，将会变得更加快速、更加规范、更加高效，从而促进世界经济的大发展和大飞跃。

在经济全球化、网络虚拟化和移动信息化的大背景下，我们生活的地球村变得越来越渺小、平行和智慧。小到个人、企业，大到城市、国家，都可以通过互联网实现数字化和互联互通。与传统的经济活动相比，以互联网为基础的智能商务与金融活动被时代赋予了新的本质和特征。

第7章

i City

智能商务与金融发展
战略的实施保障体系
和措施建议

一、智能商务与金融发展战略的实施保障体系

智能商务与金融是我国智能城市总体发展战略的重要组成部分，也是我国在商务与金融领域实现产业内部升级的新型产业经济发展战略举措，从而就更为广泛的经济意义而言，是为满足我国整体社会结构优化、发展需求所提出的新型经济发展战略之一（陈坤，2012）。

现代经济发展理论与相关的实践经验表明，任何一个国家在推动和实施新型经济发展战略的过程中，能否实现其预定的战略目标并最大限度地发挥其预期经济效能，在总体上取决于其是否具有较为完善并与此发展战略相适应的、涉及要素禀赋、基础设施和制度安排（这些基础设施和制度安排提供了企业发展和财富创造的环境）三个方面的各类基础条件（龙文滨等，2013）。

然而，在产业内部结构优化升级过程中，产业内部的企业规模、市场范围和风险性质等方面的经济特征都会表现出较为显著的差异（苏建军等，2014）。因此，各种不同的新型经济发展战略目标的实现，对基础设施（包括硬件和软件）的要求也都会有较大的差异。如果不能保持与此相适应的禀赋（结构）条件，那么在产业发展战略实施过程中，就将面临 X-低效率（X-inefficiency）问题。这就需要更进一步地从产业发展的具体特征出发，具体分析智能商务与金融发展战略的保障需求，同时，还要结合当前我国各方面条件的基本情况，针对其中的缺陷与不足，提出具体的改善措施。

（1）智能商务与金融的产业发展过程表现出显著持续性技术创新的产业发展特征。智能商务与金融发展战略是在以云计算、透明计算和物联网为代表的新一轮信息技术革命以及全球范围内现代网络经济的迅猛发展的双重驱动下（罗珉等，2015），成为

与现代经济增长需求相适应的产业实现价值创造和价值传递的根本途径（刘雪梅，2012）。因此，相对于自然资源、土地、一般劳动力而言，以满足高层次专业技术人员为核心的科技创新资源，以及适应高科技产业资金需求特征的多层次资本供给市场，成为最重要的要素禀赋保障。

（2）作为实施智能商务与金融发展战略的主体，企业在以推进高新技术应用与产业化为核心内容的生产运营过程中，基础设施将更为显著地影响企业运营的交易成本和资本投入的边际收益。在改革开放以来近四十年的经济发展过程中，我国在通信网络、交通网络、电网等硬件基础设施建设中已经进行了巨大的投入，已经为智能商务与金融发展战略的实施奠定了较为坚实的硬件基础。然而，相比之下，我国在软件基础设施方面的建设步伐相对滞后。这不仅严重地制约了我国硬件基础设施投入的经济效能的发挥，而且成为制约我国实现智能商务与金融发展战略目标的瓶颈。其中，最为突出的表现在于面向未来智能商务与金融发展所需要的金融生态环境和市场培育机制的发展严重滞后（金帆，2014）。因此，建立以金融体系良性运作发展模式为核心的金融生态环境和以完善的市场培育机制为核心的产业发展政策，就成为智能商务与金融发展战略实现目标过程中最为关键的保障内容。

（3）智能商务与金融发展战略具有显著的协同发展经济关系特征。这其中不仅涉及各个行业与组织间的协同发展，而且涉及不同区域经济间的协同发展，甚至还涉及现代新兴产业与传统产业的协同发展。如果不能妥善地处理好协同发展的经济关系，不仅可能会严重制约智能商务与金融发展战略的推进，而且还很有可能会给总体经济发展和社会发展带来新的矛盾（项国鹏等，2014）。由于政府是调节总体经济发展过程中的各类矛盾、引领总体经济健康发展的主体，因而妥善解决这一问题的关键就在于加强政府在产业发展过程中的组织协调功能。这也成为智能商务与金融发展战略实施过程中最为重要的组织保障。

（4）智能商务与金融发展战略的推进过程，必然伴随着各类基础设施和制度安排不断改善的过程（唐跃军等，2010）。这是因为我国当前还处于智能商务与金融的初级发展阶段，对与其发展相适应的经济基础设施的总体水平的要求并不高。但智能商务与金融在我国沿着产业和技术的阶梯在拾级而上，许多其他的变化都会随之而至：企业所采用的技术越来越复杂，资本需求不断增加，生产和市场规模也有巨大变化，远距离交易越来越多。这时，产业发展对经济基础设施必然会提出更高的要求。要使得基础设施的完善和制度安排的调节具有更高的经济效能，必须对产业发展水平进行正确评估，对影响产业发展的主要因素进行正确识别和分析。因此，一个完善有效的智能商务与金融发展评估体系，就成为智能商务与金融发展战略实施过程中进行动态调整的决策保障。

综上所述，通过分析智能商务与金融产业发展的具体特征，并结合我国当前社会经济总体环境条件的基本发展现状，我们综合考虑了保障智能商务与金融发展战略的具体需求，并针对当前我国较为薄弱的方面，从最为重要的六个功能维度来构建、推动和实施智能商务与金融发展战略保障体系的基本框架（见图 7.1）。

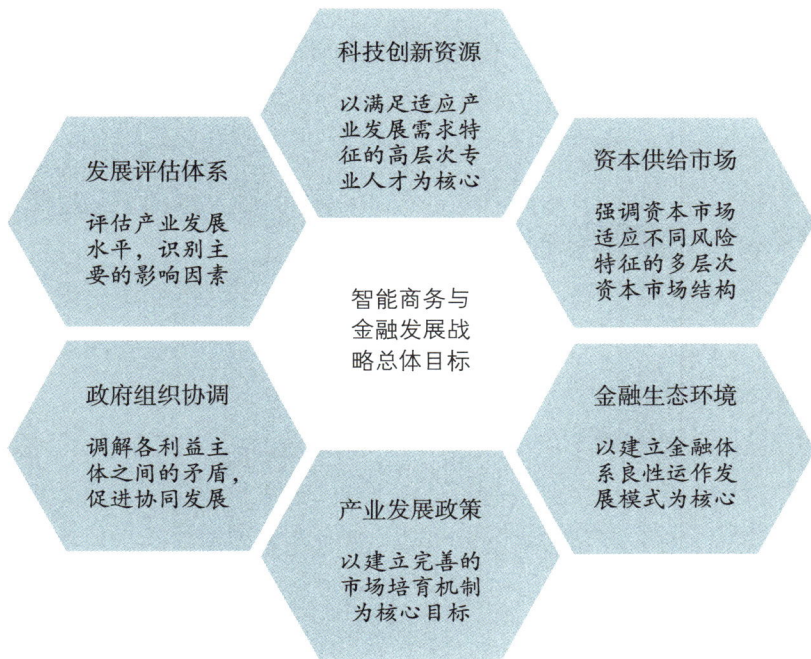

图 7.1　智能商务与金融发展战略实施保障体系的基本框架

二、智能商务与金融发展战略的措施与建议

1. 强化政府组织协同，全面提升协调服务功能

（1）强化各级信息化工作领导组织部门间的纵向协同关系。当前我国信息化工作的总体开展，受国家信息化工作领导小组统一领导，由工信部承担具体工作，并形成了以此为核心的各省、地市、县等各级领导组织体系。保持各级领导组织部门在其工作中上下协调统一，形成领导组织部门间的纵向协同运行机制，是全面提升政府协调服务工作效能的前提和基础。这其中最为关键之处在于各级领导组织部门要保持良好的沟通机制。一方面，各级领导组织部门要在对相关政策的把握保持高度一致的前提下，明确各项审批工作的责任和权限。下级部门需要对权限内的审批工作及时上报备案；上级部门则应建立相应的绩效考核机制，对下级部门工作的合规性和工作效能进行及时审核，对工作中出现的问题应给予及时的提示和纠正。另一方面，下级部门对于实际工作中发现的各种问题（诸如各种政策缺失问题），应及时向上级部门报告，而上级部门则需要对所反映的问题及时给出反馈意见。

（2）强化领导组织部门与产业发展主管部门间的横向协同关系。信息化工作领导组织部门应建立与商务部、人民银行和各类金融监管部门之间的密切协作关系，充分了解智能商务与金融发展的具体行业特征，共同研究和解决智能商务与金融技术应用和产业推进工作中的重大问题，不定期召开协调工作会议，落实工作计划，协调联动，齐抓共管，统筹推进智能商务与金融建设（谢军等，2013）。

（3）强化各级政府部门特别是基层政府职能部门与企业间的协同关系。一方面，政府应建立为企业服务的长效机制，形成与企业间零距离的工作关系，及时发现、了解和掌握在推进智能商务与金融发展战略过程中企业面临的主要问题；另一方面，政府应充分发挥在发展战略实施中的引领作用和金融监管职能，既要帮助企业充分了解国家和地方的各项产业发展政策，同时也要对金融企业运营中的合规性进行监控。

2. 完善产业发展政策，促进社会资源优化配置

（1）构建全面的智能商务与金融产业发展的政策支撑体系。从智能商务与金融发展战略全局出发，强调各类政策之间的兼容性和互补性，进而通过推动社会资源的全面优化配置，保障战略目标的顺利实现（魏燕等，2012）。针对我国智能商务与金融发展战略的总体特征，本研究从与智能商务与金融发展战略密切相关的六个主要方面——科技人才、投融资、科技创新与成果转化、新型市场培育、税收优惠和知识产权——构建了产业政策支撑体系的基本框架（见图 7.2）。

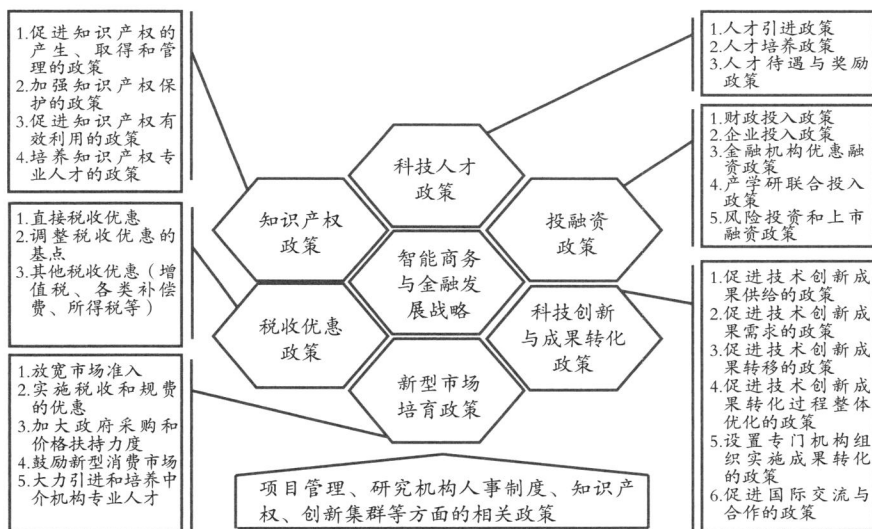

图 7.2　智能商务与金融发展战略产业政策支撑体系基础框架

（2）加强各类产业发展政策的兼容性。智能商务与金融发展战略实际上构建了涉及多个行业、多类经济主体的巨大的价值网体系，其战略目标的实现必然需要多类经济主体协同合作（谢德仁等，2009）。因此，在各类产业政策的制定过程中，不仅要强调政策对某类经济主体的支持功能，而且还必须兼顾该政策对其他经济主体所产生的"负效应"，加强各种产业政策间的兼容性，避免政策间的相互冲突。

（3）注重各项政策在实施过程中实际效能的提升。充分发挥国家科技计

划、科技重大专项的作用，统筹利用好战略性新兴产业发展专项资金、现代服务业发展专项资金等支持，集中力量推进智能商务与金融核心技术的研发和产业化，大力支持标准体系、重大应用示范工程等建设。特别是在财政、银行信贷、税收、关税、资本市场融资、第三方支付牌照等方面，扶持智能商务与金融重点项目应用试点。鼓励有条件的地区结合当地实际，出台有关规划和政策，与上级部门共同推动智能商务与金融发展。

3. 优化金融生态环境，保障金融体系良性运行

（1）完善外部监管制度，保持金融体系安全稳定运行。一方面要关注风险预警评估与防范，建立风险预警机制与应急预案，逐层监控业务流程，规范数据处理与相关监管指标的制定。另一方面，市场交易的不断智能化对电子网络平台提出了更高的网络监管与技术保障的要求。为了保证智能商务与金融活动的正常进行，要设立用户权限，保证交易信息的真实性与合法性，加强信息保密、网络防火墙等网络安全防护，建立数据备份中心，以实现历史数据的可追溯性（曾丽红，2013）。

（2）深化金融体制改革，消除金融产权的制度性缺陷。我国现有的国有商业银行都是在以计划经济为大背景的环境下建立并成长起来的（邓淇中等，2012）。伴随着中国经济的发展，国有商业银行一直都肩负着支持国有企业发展与为国有企业解困的重任。由于行政上的不当干预、政策性贷款等，国有商业银行积累了大量的不良资产。正是由于产权主体权利缺失，形成了"重权轻责"的怪现象，严重削弱了我国国有银行自主经营的权利和抗风险的能力（魏志华等，2014）。

（3）加强全社会范围内的信用体系与信用制度建设。智能商务与金融发展战略旨在建立一种信用制度高度发达的经济机制，而由于我国还处于经济发展的转轨时期，市场经济法制还不成熟，社会信用水平仍很低下，企业和个人的信用信息还得不到有效的归集和评估，这些因素直接影响到金融创新效率和金融的稳定性。因此，必须进一步加强社会信用信息征集系统、信用中介服务机构的建设，建立有效的失信惩戒机制，以适应智能商务与金融战

略发展的需要。

4. 加速基础设施建设，建立统一信息管理平台

（1）构建集信息完整性与安全性于一体的多层次信息网络平台。在智能商务与金融的初级发展阶段，基础设施网络的建设尤为重要，必须大力完善金融通信设备、电子支付平台、智能卡识别系统、管理信息系统、网络安全系统等，保证我国金融体系与商务平台软硬件设施的不断升级与统一，使得国内智能金融的发展具备完备的运行环境，夯实智能商务与金融的发展基础（徐延干，2011）。

（2）加强基础数据库建设。基础数据库是智能商务与金融建设的重要基础性平台。应加强领导和协调，整合各领域信息资源，建立和完善基础数据库，如企业数据、产品数据、信用数据、交易数据等基础数据库，搭建统一的信息资源管理服务平台，鼓励合格的智能商务与金融数据信息服务企业据此进行深度开发，为社会提供更多及时、全面、可信的商务与金融信息服务，并在政府和产业间实现信息资源的共享和分享机制，以充分满足智能商务与金融建设的应用需求（谢耀州，2012）。

（3）积极探索建设产品云、物流云、金融云。通过网络统一管理和调度分散的设备与资源，构成一个计算"资源池"，向用户提供按需服务，推动新一代信息技术在智能商务与金融领域的广泛应用，最终建成互联互通、充分整合、协同运作、创新发展的智能城市发展模式。

5. 完善价值创造模式，发挥各类经营主体功能

（1）充分发挥运营商在产业链的主导作用。运营商要整合价值链上的专业能力，参与应用的开发和推广，打造端到端服务能力，并成为公共服务平台的运营者，实现跨企业、跨行业、跨职能部门的综合服务平台运营（武亚军，2007）。在具体的建设中，运营商要坚持以发展应用为核心，克服管道化压力（唐兵等，2012）。努力打破行业壁垒，形成用户、运营商、政府等共赢的商业模式。历经二十多年的发展，国内企业对智能商务的理解和认识越来越成熟。运营商作为智能商务与金融运营中必不可少的参与者，仅仅

依靠重复性的服务和建设，已经不能体现其价值所在。运营商必须加大在智能服务产品研发与知识提炼方面的投入，以持续的创新力占领国内市场，引导市场的发展，提升核心竞争力，更好地服务于我国智能商务与金融的发展（李蕾等，2014）。

（2）充分发挥解决方案提供商的支撑作用。解决方案提供商是联结政府、运营商等各行业的咨询师和规划师。其拥有丰富的系统集成经验和定制服务团队，通过提供完整的行业应用解决方案，为政府、行业提供咨询服务，为项目建设方案提供技术支持，创建多方共赢的运营模式。

6. 整合科技创新资源，建设高层次专业人才队伍

智能商务与金融体系的建设和运营需要大量的学科交叉复合型人才（刘泽，2012）。为加强智能商务与金融人才培养，可由政府出面引导，联合企、学、研等机构，以产业园区和高校为依托，以智能商务与金融活动的市场需求为导向，注重物联网技术、新信息技术、商务与金融理论和实务的交叉融合，调整学科专业和课程设置，建设人才培训基地。鼓励运营商、解决方案提供商等相关产业企业引进国内外高层次技术人才和管理人才，引导和支持智能商务与金融企业建立有效的人才激励机制，吸引和稳定技术骨干和高级管理人员。

参考文献

艾瑞咨询, 2013a. 2012 年中国第三方支付市场整体交易规模达 12.9 万亿 [EB/OL]. (2013-01-28)[2015-12-10]. http://www.iresearch.com.cn/View/192200.html.

艾瑞咨询, 2013b. 2012 年中国移动支付交易规模达 1511.4 亿 [EB/OL]. (2013-01-28)[2015-12-30]. http://www.iresearch.com.cn/View/192199.html.

艾瑞咨询, 2014. 2013 年移动互联网市场规模 1059.8 亿元, 进入高速发展通道 [EB/OL]. (2014-01-14)[2015-12-20]. http://wireless.iresearch.cn/others/20140114/224843.shtml.

毕新华, 李海莉, 张贺达, 2010. 基于价值网的移动商务商业模式研究 [J]. 商业研究 (1): 207-210.

才华, 2015. 云计算在金融支付领域应用的设想 [J]. 软件产业与工程 (2): 43-46.

陈爱雪, 2013. 我国战略性新兴产业发展研究 [D]. 长春: 吉林大学.

陈从新, 陈翔, 牛红武, 2011. 云计算给企业发展电子商务带来的机遇 [J]. 经济视角 (10): 64-65.

陈桂香, 2011. 国外"智慧城市"建设概览 [J]. 中国安防 (10): 100-104.

陈虎威, 2012. 含有随机故障的网络控制系统的可靠性控制及滤波器设计 [D]. 南京: 南京师范大学.

陈继祥, 张源, 陆耀辉, 2000. 企业竞争优势中的合作协同作用 [J]. 企业经济 (7): 36-38.

陈剑波, 2013. 企业虚拟价值链价值评估指标体系构建 [D]. 杭州: 浙江工业大学.

陈坤, 2012. 企业战略思维和规划模式、方法的研究综述 [J]. 预测, 31(2):

75-80.

陈俚君，2005. 用信息技术改造和提升制造业 [D]. 成都：西南财经大学.

陈柳钦，2011. 智慧城市：全球城市发展新热点 [J]. 青岛科技大学学报（社会科学版），27(1)：8-16.

陈文武，2009. 无线新加坡的"无线"体验 [J]. 世界电信 (11)：19-21.

陈贤，1998. 商务智能：开创管理新纪元 [J]. 计算机与网络 (11)：26.

陈志慧，2009. 电子商务与广东中小型外贸企业发展研究 [D]. 广州：暨南大学.

迟铁军，高鹏，2009. 国外智能交通系统发展状况分析及对我国的启示 [J]. 黑龙江交通科技，32(2)：111-112，114.

仇万强，2012. 构建未来的智慧银行创造最佳的客户体验 [J]. 金融理论与实践 (11)：135-138.

崔纽藏，2014. 中国企业工业 4.0 路径 [EB/OL]. (2014-09-24)[2015-11-29]. http://www.360doc.com/content/14/0924/11/607082_411957572.shtml.

大唐电信，2010. 智能商务中心（SBC）方案 [J]. 通信世界 (40)：15.

戴小平，陆范佳，2014. 论互联网金融有效监管体系的构建 [J]. 上海金融学院学报 (2)：56-65.

邓淇中，李鑫，陈瑞，2012. 区域金融生态环境指标体系构建及竞争力评价研究 [J]. 湖南科技大学学报（社会科学版），15(6)：75-80.

丁俊发，2014. 推进"智能物流"发展的几点意见 [J]. 中国储运 (1)：54.

董晓霞，吕廷杰，2010. 云计算研究综述及未来发展 [J]. 北京邮电大学学报（社会科学版），12(5)：76-81.

杜汉昌，丁磊，冯永晋，2014. 面向零售业的大数据商业智能系统研究 [J]. 广东工业大学学报 (4)：41-45.

杜江，2007. 商务智能及其在电力系统中的应用研究 [D]. 北京：华北电力大学.

冯璐璐，2013. 基于物联网的停车泊位诱导系统关键技术研究 [D]. 长春：吉林大学.

葛晓滨，2012. 全球信息化背景下的电子商务发展动态研究 [J]. 计算机与信息技术 (1)：53-57.

龚关，2013. 信息技术视角——构筑智能物流公共信息平台开启智能物流新

时代 [J]. 物流技术 (18)：87-90.

龚艳萍，隋月红，2006. 价值链管理研究的新发展 [J]. 现代管理科学 (4)：82-84.

国家统计局，2016. 2015 年全社会固定资产投资 562000 亿元 同比增长 9.8%[EB/OL]. (2016-02-29)[2016-03-20]. http://www.chinadaily.com.cn/hqcj/zgjj/2016-02-29/content_14575966.html.

顾持真，夏正兴，何跃平，等，2011. 从 DC 到 IC 到 SC 兼论智慧城市的构建 [C]// 第十三届中国科协年会第 11 分会场——中国智慧城市论坛论文集.

顾力文，2013. 面向网络大批量定制的婚纱设计模块化规则的研究 [D]. 上海：东华大学.

郭笃刚，步召胜，2013. 云计算对企业电子商务发展的影响 [J]. 计算机光盘软件与应用 (10)：42-43.

郭建，2010. 基于云计算的海量电子病历文本分析系统研究 [D]. 上海：上海交通大学.

郭丽君，2012. 云计算如何变"透明"[N/OL]. 光明日报，2012-01-10(16). http://epaper.gmw.cn/gmrb/html/2012-01/10/nw.D110000gmrb_20120110_2-16.htm?div=-1.

郭伟，2013. 金融系统计算机安全存在的问题 [J]. 科技致富向导 (9)：19.

洪涛，王维维，王亚男，2013. 规范有序发展我国 B2C 跨境电子商务 [J]. 全球化 (11)：82-93.

胡大立，2006. 基于价值网模型的企业竞争战略研究 [J]. 中国工业经济 (9)：87-93.

胡钧，施九青，2014. 中国新型城镇化与个人的全面而自由的发展 [J]. 改革与战略 (2)：1-10.

胡世良，2014. 移动互联网金融正百花齐放 [N/OL]. 人民邮电报，2014-09-12. http://www.cnii.com.cn/wlkb/rmydb/content/2014-09/12/content_1443220.htm.

华坚，2005. 价值网模式下商业银行面临的问题与对策探析 [J]. 特区经济 (10)：250-251.

黄浩，李安渝，2011. 云计算与物联网技术对商务智能的影响 [J]. 中国信息

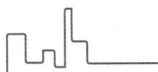

界 (12)：21-24.

黄孝彬，毛培霖，唐浩源，等，2011. 物联网关键技术及其发展 [J]. 电子科技，24(12)：129-132.

黄益平，2014. 智慧城市建设需要金融改革 [J]. 中国投资 (21)：99.

季晶晶，孙路阳，2014. 推进信息化与城市化融合发展智慧城市是最佳选择 [J]. 世界电信 (6)：47-52.

焦慧敏，汪林林，2006. 商务智能在现代企业中的应用与研究 [J]. 计算机工程与设计，27(13)：2503-2506.

焦俊一，2013. 智慧社区服务创新应用系统的探索 [J]. 物联网技术 (2)：8-11.

金帆，2014. 价值生态系统：云经济时代的价值创造机制 [J]. 中国工业经济 (4)：97-109.

全国江，2012. 网络经济管理中的制度建构研究 [D]. 上海：华东政法大学.

金永亮，2013. 建设智慧城市的实践和探索 [J]. 城市 (11)：17-20.

赖阳，韩凝春，2014. 论"云消费"时代的零售革命（上）[J]. 商业经济研究 (4)：29-30.

黎明，2014. 零售物联网：从传统售货机到智能云终端 [J]. 个人电脑 (8)：102-103.

李伯虎，张霖，王时龙，等，2010. 云制造——面向服务的网络化制造新模式 [J]. 计算机集成制造系统，16(1)：1-7.

李航，陈后金，2011. 物联网的关键技术及其应用前景 [J]. 中国科技论坛 (1)：81-85.

李红权，李贵明，陈攀，2012. 计算金融学研究发展评述——基于投资者异质性的视角 [J]. 长沙理工大学学报（社会科学版），27(3)：66-72.

李建明，2014. 智慧城市发展综述 [J]. 中国电子科学研究院学报，9(3)：221-225.

李菁菁，邵培基，黄亦潇，2004. 数据挖掘在中国的现状和发展研究 [J]. 管理工程学报，18(3)：10-15.

李钧，2014. 比特币 [M]. 北京：中信出版社.

李雷，2013. 城镇化背景下中国城乡人地关系研究 [D]. 苏州：苏州大学.

李蕾，韩立岩，2014. 价值投资还是价值创造？——基于境内外机构投资者比较的经验研究 [J]. 经济学（季刊），13(4)：351-372.

李理，2009. 美日两国信息社会建设与发展的比较研究 [D]. 大连：东北财经大学.

李丽珍，2011. 智慧先行城市的发展实践 [J]. 宁波通讯 (19)：15-16.

李留宇，2014. 观察与展望：值得关注的新产业（续二十二）[J]. 国际融资 (5)：
50-53.

李明丽，2011. 透明计算：摆脱现有计算机的束缚——访清华大学计算机系
周悦芝博士 [J]. 中国科技奖励 (12)：80-81.

李平，2007. 企业网络组织理论研究述评 [J]. 科技与管理 (2)：19-21.

李韶文，2013. 上海自贸区"跨境通"引爆跨境电商 [N]. 国际商报，2013-
10-29.

李维特，2012. 我国外贸企业商务智能化应用价值研究 [D]. 长沙：中南大学.

李晓东，2000. 电子商务——21 世纪全球商务主导模式 [J]. 国际贸易问题 (3)：
1-6.

李玉涵，2012. 城乡劳动力流动视角下的居民收入差距扩大的对策研究 [J].
市场论坛 (9)：6-8.

李玉英，2011. 创新支付成国际金融展亮点 [N/OL]. 国际商报，2011-09-07.
http://news.hexun.com/2011-09-07/133200776.html.

李媛媛，2013. 智慧城市建设的经济法问题研究 [D]. 太原：山西大学.

李振国，朱杰，2007. 商务智能在供应链管理中的应用 [J]. 物流技术，
26(2)：145-147.

李振华，赵黎明，温遇华，2008. 基于价值网模式的企业合作竞争博弈研究 [J].
软科学，22(1)：22-26.

梁春丽，2012. 银行智能化赢得"客户体验"是关键 [J]. 金融科技时代 (8)：16.

梁礼海，2008. 顾客价值驱动因素探析 [J]. 科技经济市场 (4)：103-104.

梁倩，张宏梅，2013. 智慧景区发展状况研究综述 [J]. 西安石油大学学报（社
会科学版），22(5)：52-56.

林海，2009. 手机银行十年"变身" [EB/OL]. (2009-06-30)[2015-11-24].
http://digi.dnkb.com.cn/dnkb/ html/2009-06/30/content_66422.htm.

林辉，2014. 零售"智慧"与新技术之我见 [J]. 信息与电脑 (12)：48-49.

林琳，2011. 我国物流成本占 GDP 的比例分析 [J]. 时代经贸 (6)：27-28.

林媛，2010. 具有自主特性智能金融资产管理交易系统设计与实现 [D]. 北
京：北京工业大学.

凌芸，2009. 价值链理论在企业集成供应链管理中的应用 [J]. 四川经营管理者 (11)：227.

刘宝辉，2003. 美国电子商务发展概貌 [J]. 经济论坛 (17)：52-53.

刘慈欣，2013. 城市，由实体走向虚拟 [N]. 新华每日电讯，2013-03-18.

刘分明，2012. 论云计算在数字图书馆信息集成中的作用 [J]. 经济研究导刊 (24)：218-219.

刘箭，张海涛，梁兵，2014. 建立大数据交易所势在必行——EMBA 校友行业观点 [J]. 中国传媒科技 (1)：58-61.

刘瑾，2014. 北京农商银行应对互联网金融的策略研究 [D]. 北京：首都经济贸易大学.

刘娟，2012. 小额跨境外贸电子商务的兴起与发展问题探讨——后金融危机时代的电子商务及物流服务创新 [J]. 对外经贸实务 (2)：89-92.

刘澜飚，沈鑫，郭步超，2013. 互联网金融发展及其对传统金融模式的影响探讨 [J]. 经济学动态 (8)：73-83.

刘乐乐，吕明，2014. 基于云计算与物联网技术的商务智能发展趋势研究 [J]. 信息系统工程 (5)：91-92.

刘磊，2014. 国际垂直专业化分工与中国制造业产业升级——基于 16 个行业净附加值比重的分析 [J]. 经济经纬，31(2)：63-67.

刘乃文，2009. Internet 环境下的资源管理模型及算法研究 [D]. 济南：山东师范大学.

刘平，2004. 基于价值的企业信息资源管理研究 [D]. 武汉：华中科技大学.

刘士余，2014. 互联网金融的两条法律"底线" [N]. 21 世纪经济报道，2014-02-21.

刘雪梅，2012. 联盟组合：价值创造与治理机制 [J]. 中国工业经济 (6)：70-82.

刘泽，2012. 我国企业应用商务智能的现状、挑战与对策研究 [J]. 科技管理研究，32(2)：34-37.

刘志硕，2007. 智能物流系统若干问题的探讨 [J]. 铁路采购与物流 (6)：23-24.

龙文滨，宋献中，2013. 社会责任投入增进价值创造的路径与时点研究——一个理论分析 [J]. 会计研究 (12)：60-64.

卢涛，周寄中，2011. 我国物联网产业的创新系统多要素联动研究 [J]. 中国软科学 (3)：33-45.

卢益清，李忱，2013. 云计算环境下的电子商务模式创新 [J]. 商业时代 (29)：69-70.

陆海鹰，2011. 基于商务智能的业务流程规划研究——以 D2 公司为例 [D]. 成都：成都理工大学.

罗珉，李亮宇，2015. 互联网时代的商业模式创新：价值创造视角 [J]. 中国工业经济 (1)：95-107.

罗强，2014. 比特币 [M]. 北京：机械工业出版社.

吕红，2014. 小额外贸电子商务平台对外推广策略 [J]. 企业经济 (12)：39-43.

马会，2013. 畅想"智慧银行" [N]. 中国经济时报，2013-11-08.

马卫民，许卫华，2009. 数据挖掘在预测金融机构发行个人理财产品中的应用 [C]// 第三届中国智能计算大会论文集：50-54.

毛华扬，魏然，2008. 全程电子商务发展及架构模型探讨 [J]. 中国管理信息化，11(17)：95-97

慕楚，2013. 美国 ICBA：越来越多社区银行倾向移动支付 [EB/OL]. (2013-11-14)[2015-11-28]. http://www.mpaypass.com.cn/news/201311/14114825.html.

潘云鹤，2014. 智慧城市新解 [EB/OL]. (2014-10-07)[2015-11-28]. http://blog.sciencenet.cn/blog-1225851-833640.html.

祁雅倩，张磊，2013. 基于云计算的智慧金融构建 [J]. 福建电脑，29(11)：76-78.

钱宁，2011. 基于云计算平台的电信业务支撑系统中调度技术的研究 [D]. 南京：南京邮电大学.

钱瑛，2009. 浅谈商务智能整合物流应用 [J]. 物流技术，28(5)：127-129.

饶小平，2013. 物联网催生新经济 [J]. 中国电信业 (10)：50-51.

芮晓恒，2013. 智能金融时代韩国银行业经营渠道的变化 [J]. 中国城市金融 (8)：46-49.

上海工程技术大学课题组，2013. 上海推进智慧城市建设的瓶颈与对策 [J]. 科学发展 (10)：39-49.

上海市经济和信息化委员会，2014. 上海市推进智慧城市建设行动计划（2014—2016）[EB/OL]. (2014-12-17)[2015-11-25]. http://www.sheitc.gov.cn/zxgh/665205.htm.

深圳市汇茂科技有限公司，2010. 智能购物引领零售行业消费新体验 [J]. 信息与电脑 (4)：28-29.

沈拓，2013a. 90后掀个性化移动互联网应用 三大服务类型创新商业模式 [N]. 通信信息报，2013-07-31.

沈拓，2013b. 重塑：传统企业如何应对移动互联网的个性化浪潮 [EB/OL]. (2013-12-20)[2015-11-25]. http://www.cnii.com.cn/mobileinternet/2013-12/20/content_1274861_2.htm.

舒畅，2013. 西门子发布面向"未来制造"三大战略定位 [J]. 电子技术应用 (12)：24.

苏建军，徐璋勇，2014. 金融发展、产业结构升级与经济增长——理论与经验研究 [J]. 工业技术经济 (2)：139-149.

隋涌，2012. 新产业环境下移动应用产品开发趋势研究 [J]. 北京印刷学院学报，20(5)：83-86.

孙柏林，2012. 装备制造业转型发展趋势：绿色化与智能化 [J]. 自动化博览 (10)：52-57.

孙宏超，2013. 日本东京：无所不在的物联网 [J]. 中国经济和信息化 (2)：74-74.

唐兵，田留文，曹锦周，2012. 企业并购如何创造价值——基于东航和上航并购重组案例研究 [J]. 管理世界 (11)：1-8.

唐跃军，宋渊洋，2010. 价值选择VS.价值创造——来自中国市场机构投资者的证据 [J]. 经济学（季刊），9(2)：609-632.

陶倩，黄平，2006. 基于agent的计算金融中agent的适应性模型 [J]. 商业研究 (23)：9-11.

天津经济课题组，2014. 新一代信息技术未来新引擎 [J]. 天津经济 (6)：35-42.

田丹，2011. 智慧金融——Work Smarter[J]. 上海金融学院学报 (1)：58-65.

王东华，2014. 智能零售时代的大数据分析 [J]. 信息与电脑 (3)：38-40.

王红梅，2011. 移动互联网现状与趋势浅析 [J]. 电信科学 (10A)：74-79.

王洪艳，2013. 基于物联网的物流智能化路径 [J]. 重庆理工大学学报（社会科学版），27(11)：33-37.

王舰，2013. 智能化立体动态会计信息平台研究 [D]. 青岛：中国海洋大学.

王舰，杨振东，2009. 基于云计算的中小企业财务信息化应用模式探讨 [J].
中国管理信息化，12(17)：53-54.

王庆，2010. 成都银行电子银行业务发展研究 [D]. 成都：西南财经大学.

王胜开，孔宁，沈烁，2013. 移动互联网发展及其对 IPv6 的影响 [J]. 电信科
学 (9)：32-36.

王实，高文，郎金文，等，2002. 在线零售站点的自适应和商业智能的发现 [J].
计算机科学，29(1)：30-35.

王外连，王明宇，刘淑贞，2013. 中国跨境电子商务的现状分析及建议 [J].
电子商务 (9)：23-24.

王伟，2012. 新加坡：智慧国 [J]. 商业价值 (7)：72-75.

王晓丹，2012. 从战略到应用国外"智慧城市"概览 [J]. 上海信息化 (1)：
18-20.

王之泰，2014. 关注智能物流 [J]. 中国储运 (1).

魏燕，龚新蜀，2012. 技术进步、产业结构升级与区域就业差异——基于我
国四大经济区 31 个省级面板数据的实证研究 [J]. 产业经济研究，(4)：
19-27.

魏志华，曾爱民，李博，2014. 金融生态环境与企业融资约束——基于中国
上市公司的实证研究 [J]. 会计研究 (5)：73-80.

吴吉义，李文娟，黄剑平，等，2015. 移动互联网研究综述 [J]. 中国科学：
信息科学，45(1)：45-69.

吴启亮，2011. 全球价值链视角下国家级开发区产业转型研究 [D]. 北京：中
国石油大学.

吴卫华，2011. "云计算"环境下电子商务发展模式研究 [J]. 情报杂志，
30(5)：147-151.

吴悠悠，2015. 我国互联网金融：问题、前景和建议 [J]. 管理世界 (4)：170-171.

武晓钊，2013. 物联网时代的金融服务与创新 [J]. 中国流通经济 (7)：21-24.

武亚军，2007. 战略规划如何成为竞争优势：联想的实践及启示 [J]. 管理世
界，(4)：118-129.

武珍，2011. 民进山西省委献策"智慧山西"建设 [N/OL]. 人民政协报，

2011-05-29. http://cppcc.people.com.cn/GB/45580/45602/14584785.html.

夏国恩，2007. 基于商务智能的客户流失预测模型与算法研究 [D]. 成都：西南交通大学.

夏国恩，金炜东，张葛祥，2006. 商务智能在中国的现状和发展研究 [J]. 科技进步与对策，23(1)：173-176.

夏楠，2007. 面向信息管理的支持透明计算的 I/O 管理研究 [D]. 安徽：合肥工业大学.

项国鹏，杨卓，罗兴武，2014. 价值创造视角下的商业模式研究回顾与理论框架构建——基于扎根思想的编码与提炼 [J]. 外国经济与管理，36(6)：32-41.

肖玲玲，2013. 欧洲智慧城市建设及启示 [J]. 安徽科技 (11)：55-56.

肖叶飞，2012. 媒介融合语境下广播电视经济性规制研究 [D]. 武汉：华中科技大学.

肖志辉，2009. 移动互联网研究综述 [J]. 电信科学 (10)：30-36.

谢德仁，陈运森，2009. 金融生态环境、产权性质与负债的治理效应 [J]. 经济研究 (5)：118-129.

谢佳佳，2013. "中国智能骨干网（CSN）"项目对网络零售及物流行业的影响研究 [J]. 物流技术，32(11)：46-48.

谢军，黄志忠，何翠茹，2013. 宏观货币政策和企业金融生态环境优化——基于企业融资约束的实证分析 [J]. 经济评论 (4)：116-123.

谢平，邹传伟，2012. 互联网金融模式研究 [J]. 金融研究 (12)：11-22.

谢耀州，2012. 浅谈企业信息化建设战略发展规划 [J]. 中国高新技术企业 (4)：30-31.

新华网等，2013. 国信办副主任彭波：互联网上的垃圾和口水比以往任何时候都多 [EB/OL]. (2013-08-14)[2015-11-25]. http://www.guancha.cn/Industry/2013_08_14_165571.shtml.

胥军，2011. 智能物流将推动零售行业跨越式发展 [J]. 信息与电脑 (3)：41-43.

徐绚，王德生，2004. 应用商业智能技术推进商场管理信息化 [J]. 商场现代化 (5)：29-30.

徐延干，2011. 商务智能在企业信息化建设中的应用 [J]. 中国商贸 (3)：107-108.

薛亮，2001. 基于商业智能的商业零售企业信息系统建设 [J]. 天津城建大学学报，7(4)：267-270.

薛耀文，张朋柱，范静，2006. 基于成本约束的智能节点洗钱效用与路径分析 [J]. 清华大学学报（自然科学版），46(S1)：1165-1171.

晏楚瑜，2011. 协同商务智能综述 [J]. 经营管理者 (8X)：315.

杨建卫，2011. 基于 Agent 的金融生态环境智能决策支持系统研究 [J]. 金融理论与实践 (4)：63-65.

杨迅周，谢燕娜，2011. 河南省城区经济转型升级研究 [J]. 郑州航空工业管理学院学报，29(6)：14-18.

杨竹青，2014. 韩国松岛：智慧无处不在 [J]. 中国信息界 (1)：52-55.

姚万华，2010. 关于物联网的概念及基本内涵 [J]. 中国信息界 (5)：22-23.

叶美兰，朱卫未，2012. 新时代下物联网产业的发展困境与推进原则——工信部《物联网"十二五"发展规划》解读 [J]. 南京邮电大学学报（社会科学版），14(1)：44-48.

叶秀敏，2012. 智慧金融的概念、流程和特点 [J]. 中国信息界 (10)：13-16.

佚名，2013. 武汉：智慧城市总体规划 [J]. 城市开发（物业管理）(17)：39.

殷瑾，陈劲，2002. 顾客价值创新的战略逻辑和基本模式 [J]. 科研管理，23(5)：110-114.

殷宪龙，2014. 我国网络金融犯罪司法认定研究 [J]. 法学杂志 (2)：110-119.

尹成杰，2014. 在城镇化进程中改善乡村治理机制 [N]. 农民日报，2014-05-31.

尹彦霖，2013. 基于物联网的嵌入式智能网关的研究与实现 [D]. 北京：北京工业大学.

俞荣建，吕福新，2007. 基于模块化与网格技术的价值网格——以"浙商"为例的阻滞超越发展的建构论观点 [J]. 中国工业经济 (6)：121-128.

禹银艳，周春华，2012. 智慧基础设施建设模式的国际比较 [C]//2012 年全国科学学理论与学科建设暨科学技术学两委联合年会论文集.

元如林，2011a. 智慧金融与金融信息人才培养 [J]. 上海金融学院学报 (1)：53-57.

元如林. 2011b. 智慧金融与金融信息实验室建设 [C]//2011 2nd International Conference on Management Science and Engineering (MSE 2011)：239-243.

元如林，2012. 智慧金融与金融云计算 [J]. 上海金融学院学报 (1)：9-15.

岳建明，袁伦渠，刘悦，2012. 推动智能物流的发展 [J]. 物流技术，31(5)：213–215.

曾建光，2015. 网络安全风险感知与互联网金融的资产定价 [J]. 经济研究 (7)：131–145.

曾丽红，2013. 基于可持续发展视角的企业战略规划管理 [J]. 管理观察 (28)：92–94.

翟立柱，2010. 政府全力推动 新加坡加速迈向智慧国 [J]. 通信世界 (28)：30.

詹国枢，2012. 十八大"十大热词"解读 [J]. 中国经济周刊 (12)：15–17.

张城，2008. 商业智能系统在零售行业中的研究与应用 [D]. 青岛：青岛科技大学.

张冬青，2010. 云计算对未来电子商务发展的影响 [J]. 学术交流 (4)：135–138.

张峰，2015. 大力推动两化深度融合和"互联网＋" [N／OL]. 人民邮电报，2015–04–13. http://www.cac.gov.cn/2015–04/13/c_1114949395.htm.

张来明，2014. 切实提高大都市圈发展水平 [N]. 经济日报，2014–09–04(16).

张陶新，杨英，喻理，2012. 智慧城市的理论与实践研究 [J]. 湖南工业大学学报（社会科学版），17(1)：1–7.

张晓琴，2012. 网络计算系统的可信监测及信任模型研究 [D]. 重庆：重庆大学.

张尧学，2004. 透明计算：概念、结构和示例 [J]. 电子学报，32(12A)：169–174.

张尧学，周悦芝，2009. 从资源共享到服务共享：透明计算的机遇与挑战 [J]. 中国工程科学，11(8)：10–17.

张永民，2011. 智慧城市总体方案 [J]. 中国信息界 (3)：12–21.

张永民，2012. "智慧中国"设计初探 [J]. 中国信息界 (10)：8–12.

张振刚，张小娟，2013. 智慧城市研究述评与展望 [J]. 管理现代化 (6)：126–128.

赵大鹏，2013. 中国智慧城市建设问题研究 [D]. 长春：吉林大学.

赵卫东，2009. 商务智能 [M]. 北京：清华大学出版社.

赵园园，2014. 智能物流系统设计及应用分析 [J]. 商业经济 (1)：64–65.

郑丹青，2011. 云计算环境下中小企业信息化建设策略 [J]. 长春工业大学学报（自然科学版），32(5)：438–442.

郑永彪，肖荣阁，2008. 商业智能在企业中的运用及发展趋势初探 [J]. 现代管理科学 (8)：63–64.

中国电子商务研究中心，2014. 2013 年民生银行二维码支付交易近 10 万笔 [EB/OL]. (2014-02-28)[2015-10-20]. http://b2b.toocle.com/detail--6157043.html.

中国电子商务研究中心，2015. 2014 年中国电子商务市场数据监测报告 [R].

中国互联网络信息中心，2014. 第 33 次中国互联网络发展状况统计报告 [EB/OL]. (2014-01-16)[2014-03-05]. http://news.xinhuanet.com/tech/2014-01/16/c_126015636.htm.

中国互联网络信息中心，2015. 第 35 次中国互联网络发展状况统计报告 [EB/OL]. (2015-02-03)[2015-12-20]. http://www.cnnic.net.cn/hlwfzyj/hlwxzbg/hlwtjbg/201502/t20150203_51634.htm.

中国人民银行金融稳定分析小组，2013. 中国金融稳定报告 2013[R]. 北京：中国金融出版社.

中国商业智能网，2007. 2006—2007 年中国商业智能发展报告 [EB/OL]. (2007-01-30)[2015-12-14]. http://www.chinabi.net/Article/data/200703/266.html.

中国特色城镇化发展战略研究课题组，2013. 关于新型城镇化发展战略的建议 [N]. 光明日报，2013-11-04(07).

中国银行业监督管理委员会，2006. 银监会发布《商业银行金融创新指引》[EB/OL]. (2006-12-06)[2015-11-26]. http://www.cbrc.gov.cn/chinese/home/docView/2893.html.

中国运筹学会，2012. 中国运筹学发展研究报告 [J]. 运筹学学报，16(3)：1-48.

钟华艳，2012. 盘点全球"智慧城市"最新动态 [J]. 上海信息化 (10)：78-83.

钟晓鸣，2005. 运用商业智能，提高零售企业竞争力 [J]. 商场现代化 (24)：37-38.

周欢，李广明，胡乃静，2012. "智慧金融"论坛综述 [J]. 上海金融学院学报 (1)：118-120.

周瑾，黄立平，2009. 商务智能在企业营销决策中的应用研究 [J]. 中国管理信息化，12(2)：56-58.

周宁，陈勇跃，金大卫，等，2007. 基于移动 Agent 的电子商务应用研究 [J].

现代图书情报技术，2(8)：44-47.

朱丹丹，2013. 75家机构共同发起成立互联网金融专业委员会 [N]. 每日经济新闻，2013-12-04.

朱超才，2012. 物联网在现代物流业中的应用研究 [J]. 物联网技术 (9)：85-87.

朱张祥，2013. 云计算在商务智能中的应用及其对企业核心竞争力的影响 [J]. 信息资源管理学报 (4)：72-78.

ATZORI L, IERA A, MORABITO G, 2010. The internet of things: A survey[J]. Computer Networks, 54(15): 2787-2805.

BARRAS R, 1986. Towards a theory of innovation in services [J]. Research Policy, 15(4): 161-173.

BRANNON N, 2010. Business intelligence and E-discovery[J]. Intellectual Property & Technology Law Journal, 22(7): 1-5.

DAVENPORT T H, 2006.Competing on analytics [J].Harvard Business Review, 84(1): 98.

DAVENPORT T H, Harris J G, 2007. Competing on analytics: the new science of winning [M]. Harvard: Harvard Business School Press.

DÍAZ-MARTÍNEZ Z, SÁNCHEZ-ARELLANO A, SEGOVIA-VARGAS M J, 2011. Prediction of financial crises by means of rough sets and decision trees [J]. Innovar, 21(39): 83-100.

DIVSALAR M, FIROUZABADI A K, SADEGHI M, et al., 2011. Towards the prediction of business failure via computational intelligence techniques [J]. Expert Systems, 28(3): 209-226.

FONOONI B, MOGHADAM S J M, 2008. Designing financial market intelligent monitoring system based on OWA [C]// Proceedings of the WSEAS International Conference on Applied Computing Conference. World Scientific and Engineering Academy and Society (WSEAS): 35-39.

HAMMER M, 1990. Reengineer work: Don't automate, obliterate [J]. Harvard Business Review, 67(4): 104-112.

HANNAN M T, FREEMAN J, 1977. The population ecology of organizations [J]. American Journal of Sociology, 82(5): 929-964.

HEANY D F, 1983. Degrees of Product Innovation [J]. Journal of Business Strategy, 3(4): 3−14.

KLAES M, 2000. The history of the concept of transaction costs: Neglected aspects [J]. Journal of the History of Economic Thought, 22(2): 191−216.

KOTHANDARAMAN P, WILSON D T, 2001. The future of competition: Value−creating networks [J]. Industrial Marketing Management, 30(4): 379−389.

MAGOČ T, WANG X, MODAVE F, 2010. Application of fuzzy measures and interval computation to financial portfolio selection [J]. International Journal of Intelligent Systems, 25(7): 621−635.

MOORE J F, 1996. The Death of Competition: Leadership and Strategy in the Age of Business Ecosystem [M]. Boston: John Wiley & Sons Press.

MOORE J F, 1998. The rise of a new corporate form [J]. Washington Quarterly, 21(1): 167−181.

NORMANN R, RAMíREZ R, 1993. From value chain to value constellation: Designing interactive strategy [J]. Harvard Business Review, 71(4): 65−77.

PORTER M E, 1986, Competition in Global Industries [M]. Boston: Harvard Business Press.

RAYPORT J F, SVIOKLA J J, 1995. Exploiting the virtual value chain [J]. Harvard Business Review, 73(6): 75−85.

ROCHET J C, TIROLE J, 2002. Cooperation Among Competitors: Some Economics of Payment Card Associations [J]. RAND Journal of Economics, 33(4): 549−570.

ROCHET J C, TIROLE J, 2003. Platform Competition in Two−sided Markets[J]. Journal of the European Economic Association, 1(4):990−1029.

RODRÍGUEZ−GONZÁLEZ A, GARCÍA−CRESPO Á, COLOMO−PALACIOS R, et al., 2011. CAST: Using neural networks to improve trading systems based on technical analysis by means of the RSI financial indicator [J]. Expert systems with Applications, 38(9): 11489−11500.

SIRCAR S, 2009. Business intelligence in the business curriculum [J]. Communications of the Association for Information Systems, 24(17): 289−302.

SLYWOTZKY A J, MORRISON D J, ANDELMAN B, 1997. The Profit Zone:

How Strategic Business Design Will Lead You To Tomorrow's Profits [M]. New York: Tliree Rivers Press.

STRATEGY I T U, UNIT P, 2005. ITU Internet Reports 2005: The internet of things [R]. Geneva: International Telecommunication Union (ITU).

TRIPPI R R, LEE J K, 1995. Artificial Intelligence in Finance and Investing: State-of-the-Art Technologies for Securities Selection and Portfolio Management[M]. New York: McGraw-Hill.

VANDERMERWE S, RADA J, 1988. Servitization of business: Adding value by adding services [J]. European Management Journal, 6(4): 314-324.

WILLIAMSON O E, 1985. The Economic Institution of Capitalism [M]. New York: Free Press.

ZHANG Y, ZHOU Y, 2006. Transparent computing: a new paradigm for pervasive computing [C]// International Conference on Ubiquitous Intelligence and Computing. Springer Berlin Heidelberg, 2006: 1-11.

ZHANG Y, ZHOU Y, 2007. 4VP: A novel meta OS approach for streaming programs in ubiquitous computing [C]// Proc. of the IEEE 21st International Conference on Advanced Information Networking and Applications (AINA 2007): 394-403.

索 引
INDEX

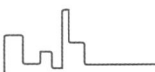